Wenn zwei sich verlieben, fühlen sie sich einander ganz nah. Doch dieser Eindruck täuscht. Wirkliche Nähe, echte Verbundenheit sind das Ergebnis eines langen Prozesses, in dem die anfänglichen Wunschbilder einer realistischeren Einschätzung der Beziehung weichen und beide Partner den eigenen Bedürfnissen wie auch denen des anderen genügend Platz einräumen. Frauen verzichten oft darauf, eigene Standpunkte zu vertreten, um eine scheinbare Nähe aufrechtzuerhalten. Ein solches Verhalten rächt sich über kurz oder lang – Wut oder Depression sind Signale dafür, daß die eigene Entwicklung zu kurz gekommen, daß Veränderung angesagt ist. Wie eine solche Veränderung vor sich gehen kann, wie Frauen lernen, zu ihren Vorstellungen und Vorhaben zu stehen, ohne dabei eine Kampfposition dem anderen gegenüber einzunehmen, zeigt die Autorin an vielen Beispielen und typischen Situationen. Doch Vorsicht: Veränderung, soll sie von Dauer sein, muß in kleinen Schritten angegangen werden. Schon die haben oft genug große Folgen. Darum lautet die Empfehlung: Zärtliches Tempo, bitte!

Harriet Goldhor Lerner, geboren 1944, hat sich mit ihren Arbeiten über Aggressionen und die Psychologie der Frau einen internationalen Ruf erworben. Bei uns wurde sie mit ihrem Buch »Wohin mit meiner Wut?« (Fischer Taschenbuch, Band 4735) bekannt. Harriet G. Lerner arbeitet als Psychologin und Psychotherapeutin bei der Menninger Foundation in Topeka, Kansas, wo sie mit ihrem Mann und ihren zwei Söhnen lebt.

Harriet Goldhor Lerner

# Zärtliches Tempo

Wie Frauen ihre Beziehungen verändern,
ohne sie zu zerstören

Aus dem Amerikanischen von
Olga Rinne

Fischer Taschenbuch Verlag

Die Frau in der Gesellschaft
Lektorat: Ingeborg Mues

Veröffentlicht im Fischer Taschenbuch Verlag GmbH,
Frankfurt am Main, Juni 1992

Titel der amerikanischen Originalausgabe:
»The Dance of Intimacy. A Woman's Guide to
courageous Acts of Change in Key Relationships«
erschienen bei Harper & Row, Publishers, Inc.,
New York, N. Y., U.S.A.
»The Dance of Intimacy« © Harriet Goldhor Lerner, 1989
Lizenzausgabe mit freundlicher Genehmigung
des Kreuz Verlages, Zürich
Für die deutschsprachige Ausgabe:
© Kreuz Verlag AG Zürich 1990
Umschlaggestaltung: Ingrid Hensinger, Hamburg
Umschlagabbildung: Elvira Bach
Druck und Bindung: Clausen & Bosse, Leck
Printed in Germany
ISBN 3-596-10115-8

# Inhalt

| | |
|---|---|
| Danksagungen | 7 |
| I Das Streben nach Nähe: Ist Beziehungsarbeit Frauensache? | 11 |
| II Veränderungen – Chancen und Schwierigkeiten | 21 |
| III Die Entwicklung des eigenen Selbst – um welchen Preis? | 31 |
| IV Der Umgang mit Ängsten – das Problem erfassen | 47 |
| V Distanz und immer mehr Distanz | 63 |
| VI Über den Umgang mit unterschiedlichen Auffassungen | 81 |
| VII Die Basis unseres Handelns | 99 |
| VIII Überfunktionieren | 115 |
| IX Heiße Eisen und Tabuthemen – Veränderung als Entwicklungsprozeß | 137 |
| X Dreieckskonstellationen | 157 |
| XI Mut zur Veränderung – Lindas Geschichte | 177 |
| XII Unsere Mütter – unser Selbst | 197 |
| XIII Konzentration auf das Selbst – die Grundlagen echter Nähe | 217 |
| Nachwort | 240 |
| Anhang: Das Genogramm | 242 |
| Anmerkungen | 249 |

*Für Steve Lerner*

# Danksagungen

Während mein erstes Buch »Wohin mit meiner Wut?« ein Unternehmen von fünf Jahren war, konnte ich dieses Buch in einem Jahr und ein paar Monaten abschließen. Glücklicherweise habe ich diesmal weniger Danksagungen auszusprechen.

Meine Freundinnen Emily Kofron und Jeffrey Anne Goudie lasen kurzfristig erste Entwürfe und versäumten nie, mich zu ermutigen und mir guten Rat zu geben. Mary Ann Clifft stellte großzügig ihre editorischen Fähigkeiten zur Verfügung und ging die Kapitel mit kriminalistischer Genauigkeit durch. Andere Freunde und Kollegen reagierten auf meine Hilferufe während des Arbeitsprozesses: Ich danke Susan Kraus, Tom Averill, Monica McGoldrick, Jo-Anne Krestan, Claudia Bepko, Meredith Titus und Nolan Brohaugh.

Besonders dankbar bin ich Katherine Glenn Kent für alles, was sie mir in den vielen Jahren unserer Freundschaft über die Theorie von Bowen und über System-Denken beigebracht hat. Ihr Einfluß spiegelt sich in meiner gesamten Arbeit, und auch dieses Buch wäre ohne sie nicht in dieser Form zustande gekommen.

Der Menninger Klinik bin ich ebenfalls zu Dank verpflichtet; ihre Atmosphäre brachte mich dazu, Klarheit in meine Gedanken zu bringen und zu schreiben. Seit ich dort 1972 nach meiner Promotion als Stipendiatin in klinischer Psychologie zu arbeiten begann, war ich mit engagierten Lehrern und Kollegen, einem hervorragenden Mitarbeiterstab, einer unvergleichlichen Fachbibliothek, flexibler Arbeitszeit und bemerkenswert vielfältigen Lernmöglichkeiten gesegnet. All das, in Verbindung mit meiner wachsenden Liebe für den Himmel von Kansas und für das einfache Leben, brachte mich dazu, das Großstadtleben aufzugeben und mich im Mittelwesten niederzulassen.

Ich hatte zum zweiten Mal das Glück, von Janet Goldstein betreut zu werden, meiner Lektorin bei Harper & Row, die dieses Buch von Anfang bis Ende beeinflußt hat und die mit Klarheit, Sensibilität und Takt Änderungen vorschlug, während sie gleichzeitig meine Bedürfnisse respektierte, auf meine eigene Weise vorzugehen.

Ich bedanke mich für die äußerst genaue und sorgfältige Lektoratsarbeit von Debra Elfenbein und Andree Pages. Meine Agentin, Sandra Elkin, war wesentlich daran beteiligt, daß dieses Buch zustande kam; auch ihr möchte ich danken.

Viele andere Menschen haben mir wichtige Hilfe geleistet. Meine Freunde in Topeka nahmen regen Anteil an meinen Frustrationen und Erfolgserlebnissen als Schriftstellerin und boten mir in den entsprechenden Stadien Mitgefühl oder Champagner an. Aleta Pennington und Chuck Baird halfen mir großmütig und geduldig über meine Computerängste hinweg. Jeannine Riddle engagierte sich in den letzten Stadien der Arbeit weit über ihre Pflichten hinaus. Betty Hoppes war mir von Anbeginn meiner Schriftstellerlaufbahn an eine große Hilfe. Judie Koontz, Marianne Ault-Riché und Ellen Safir gaben mir emotionale Unterstützung auf der privaten Ebene. Meine weitverstreute Gruppe von feministischen Freundinnen und Kolleginnen unterstützte mich in guten und in schlechten Zeiten.

Zahllose Leserinnen und Leser meines ersten Buches schrieben mir Briefe, die überwältigende Dankbarkeit und Zuneigung ausdrückten und die mich während der unvermeidlichen Tiefs meiner schriftstellerischen Arbeit daran erinnerten, daß sie sich schließlich doch lohnt.

Dieses Buch stellt keinen neuen erkenntnistheoretischen Ansatz zum Verständnis von Beziehungen dar. Ich habe vielmehr versucht, das darzustellen und lebendig zu machen, was ich in meinen persönlichen Lebenserfahrungen und in meiner Arbeit als Therapeutin als verstärkend, nützlich und sinnvoll erlebt habe. Was den theoretischen Ansatz betrifft, schulde ich Murray Bowen, dem Begründer der Bowen Family Systems Theory, den größten Dank für die Ideen und Konzeptionen, die dem gesamten Buch zugrunde liegen.

Gleichzeitig ist meine Interpretation und Anwendung der Theorie Bowens aber von meinem feministischen und psychoanalytischen Hintergrund beeinflußt und durch eine Lebenseinstellung geprägt, die von den Ansichten Bowens und des Georgetown Family Centers in wesentlichen Punkten abweicht. Aus diesem Grund ist das Buch keineswegs als reine Umsetzung der Theorie Bowens zu verstehen, und natürlich trage ich selbst die Verantwortung für den Inhalt.

Es ist begreiflicherweise schwer, Worte des Dankes für diejenigen zu finden, mit denen man am engsten verbunden ist. Ich danke meinen Eltern für alles, was sie mir mein Leben lang gegeben haben, und dafür, daß sie die Menschen sind, die ich so tief bewundern und lieben lernte. Meine Schwester Susan unterstützt meine Arbeit mit Enthusiasmus; seit wir erwachsen sind, blüht unsere Freundschaft trotz der räumlichen Entfernung, in der wir leben. Mit meinem Mann Steve verbindet mich eine innige Liebes- und Arbeitsbeziehung; ich danke ihm für seine Hilfe bei all meinen Projekten und für das gute Leben, das wir miteinander führen. Unsere Söhne Matthew und Benjamin sind eine Quelle großer Freude. Ich danke allen mir nahestehenden Menschen für das, was ich von ihnen aus erster Hand über Intimität lernte; sie erinnerten mich immer wieder daran, daß Beziehungen eine lebendige Herausforderung sind.

# I. Das Streben nach Nähe:
# Ist Beziehungsarbeit Frauensache?

Als ich meinen Dachboden aufräumte, fiel mir ein Gedicht in die Hände, das ich in meinem zweiten Collegejahr in Madison in Wisconsin geschrieben hatte. Ich erinnerte mich vage an die kurze Liebesbeziehung, die mich zu diesen Zeilen inspiriert hatte – eine spontane Leidenschaft, die sich in eine unüberbrückbare Distanz verwandelte, ehe einer von uns begriff, was geschah:

Once you held me so hard
and we were so close
that belly to belly we fused
passed through each other
and back to back
stood strangers again.
(Einst umarmtest du mich so fest
und wir waren einander so nah
daß wir Bauch an Bauch miteinander verschmolzen
einander durchdrangen
und Rücken an Rücken
wieder als Fremde dastanden.)

Weder das Gedicht noch die Romanze waren bemerkenswert, und meine Worte drückten sicherlich nicht den Schmerz aus, den ich empfand, als eine anfangs glückverheißende Beziehung auseinanderging. Aber der Fund erinnerte mich daran, was Intimität *nicht* ist – und auch, was sie wirklich bedeutet.

»Jedem Anfang wohnt ein Zauber inne«, sagt ein bekanntes Dichterwort, aber wenn es um Intimität geht, ist nicht das Stadium der ersten Verliebtheit gemeint. Erst wenn wir längere

Zeit in einer Beziehung leben – ob zwangsläufig oder aus freier Wahl –, wird unsere Fähigkeit zur Intimität wirklich auf die Probe gestellt. Nur in lang andauernden Beziehungen sind wir gezwungen, die schwierige Balance zwischen Eigenständigkeit und Verbundenheit auszusteuern, und werden mit der Herausforderung konfrontiert, beides auszuhalten, ohne das eine oder das andere zu verlieren, wenn es hart hergeht.

Intimität ist auch nicht dasselbe wie emotionale Intensität – wenn diese beiden Begriffe in unserer Kultur auch häufig miteinander verwechselt werden. Intensive Gefühle, wie positiv sie auch sein mögen, sind kaum der Maßstab für wahre und fortdauernde Verbundenheit. Tatsächlich können intensive Gefühle uns den klaren und objektiven Blick dafür verstellen, welche Art von Tanz wir mit Menschen vollführen, die für unser Leben von Bedeutung sind. Und wie mein Gedicht illustriert, kann intensive Nähe leicht in intensive Distanz umschlagen – oder sogar in intensiven Konflikt.

Außerdem ist Intimität keineswegs auf Männer, Ehe oder Liebesabenteuer beschränkt, obwohl viele Menschen Intimität vielleicht nur mit der Vorstellung erfüllter heterosexueller Partnerschaften gleichsetzen. Die zentrale Bindung an einen Mann stellt nur eine Gelegenheit zur Intimität dar in einer Welt, die reich ist an Möglichkeiten zu Nähe und Bindung.

Wie Ihre Definition von Intimität auch immer aussehen mag – dieses Buch legt es darauf an, sie zu hinterfragen und zu erweitern. Es wird Ihnen keine Tips vermitteln, wie Sie es erreichen, von ihm (oder ihr) bewundert zu werden. Es enthält auch keine Anleitungen für ein »Love-in«. Es handelt nicht einmal vom Einander-Nahesein im üblichen, vordergründigen Sinn. Und es geht mit Sicherheit nicht darum, den anderen Menschen zu verändern, weil das nicht möglich ist. In diesem Buch geht es vielmehr darum, verantwortliche und dauerhafte Veränderungen zu erreichen, die unsere Fähigkeit, wirkliche Nähe zu leben, auf lange Sicht verstärken.

## Zur Klärung der Begriffe

Versuchen wir, vorläufig zu definieren, was unter einer intimen Beziehung zu verstehen ist! Was fordert eine solche Beziehung von uns?

Zunächst heißt Intimität, daß wir in einer Beziehung wir selbst sein können und dem anderen Menschen dasselbe zugestehen. »Ich selbst sein« bedeutet, daß ich über Dinge, die mir wichtig sind, offen sprechen kann, daß ich in wichtigen emotionalen Fragen klar Stellung beziehe und daß ich klare Grenzen setze, was für mich in der Beziehung akzeptabel und tolerierbar ist. »Dem anderen dasselbe zugestehen« heißt, daß ich mit diesem anderen Menschen, der sich in seinen Gedanken, Gefühlen und Einstellungen von mir unterscheidet, emotional in Kontakt bleibe, ohne das Bedürfnis, ihn (oder sie) zu verändern, zu überzeugen oder zu »bessern«.

Eine Beziehung ist dann eine »intime Beziehung«, wenn keine Seite das eigene Selbst opfern, verraten oder unterdrücken muß und wenn beide Seiten Stärken und Verletzlichkeiten, Schwächen und Kompetenz in ausgewogener Form zum Ausdruck bringen können.

Natürlich ist die Aufgabe, zwischen Eigenständigkeit (dem Ich) und Bezogenheit (dem Wir) entlangzusteuern, viel komplexer, aber ich möchte vermeiden, das in trockener Theorie abzuhandeln. In den folgenden Kapiteln wird das Thema in all seiner Komplexität lebendig werden, wenn wir Wendepunkte im Leben von Frauen betrachten, die sich in schwierigen und konflikthaften Beziehungen zu mutigen Veränderungsschritten entschlossen. Jedesmal bildete dieser Schritt die Basis zu einem intimeren und befriedigenderen »Wir«. In keinem Fall waren die Veränderungen einfach zu erreichen oder bequem.

In den folgenden Kapiteln werden wir allmählich eine neue, komplexere Definition von Intimität entwickeln und Leitlinien für Veränderungen darstellen, die auf einer soliden Theorie der Wirkungsweise von Beziehungsmustern und ihrem Konfliktpotential beruhen. Die mutigen Entscheidungen, die wir im Detail untersuchen werden, sind die berühmten »kleinen Schritte mit großen Folgen«, die spezifischen Veränderungen, die wir in zentralen Beziehungen erreichen können – in Beziehungen, die unser Selbstgefühl und unseren Umgang mit Nähe zutiefst beeinflussen. Unser Ziel wird sein, mit Menschen – Männern und Frauen – Beziehungen zu leben, die nicht auf Kosten des eigenen Selbst gehen, und ein Selbst zu entwickeln, das nicht auf Kosten anderer geht. Das ist ein hoher Anspruch oder, genauer gesagt, eine lebenslange Herausforderung. Aber er ist das Herzstück dessen, was Intimität bedeutet.

## Caveat Emptor! (Käufer/in, paß auf!)

Ich meine, daß Frauen an Selbsthilfebücher – dieses eingeschlossen – mit einer gesunden Portion Skepsis herangehen sollten. Wir werden ständig ermahnt, uns zu verändern – bessere Ehefrauen, Geliebte, Mütter zu werden, auf Männer anziehender zu wirken oder sie weniger zu brauchen, unsere Ausgeglichenheit oder unser Familienleben zu verbessern und unsere zehn Pfund Übergewicht loszuwerden. Es sind schon mehr als genug Bücher auf dem Markt für Frauen, die zu sehr lieben oder nicht genug oder nicht auf die richtige Art oder den falschen Partner. Davon brauchen wir sicherlich nicht noch mehr. Was wir jedoch gebrauchen können in unserem eigenen Interesse, ist größere Handlungsfreiheit für Veränderungen in unseren wichtigsten Beziehungen.

Vielleicht sollten wir uns als erstes überlegen, warum die Pflege von Beziehungen, wie die Kinderpflege und das Windelnwechseln, vorwiegend Frauenarbeit ist. Es gehört zu den traditionellen Aufgaben von Frauen, sich um Beziehungen zu kümmern, an Beziehungen zu arbeiten, Beziehungsfähigkeit zu kultivieren. Wenn etwas schiefläuft, sind wir gewöhnlich die ersten, die reagieren, die leiden, Hilfe suchen und sich bemühen, Veränderungen in Gang zu bringen. Das bedeutet nicht, daß Frauen Beziehungen mehr *brauchen* als Männer. Dieses allgemeinverbreitete Klischee wurde durch Untersuchungen widerlegt, die zeigen, daß Frauen allein weitaus besser zurechtkommen als Männer in vergleichbarer Lage und daß Frauen von der Ehe weniger profitieren als Männer. Dennoch legen Männer, sobald sie in einer Partnerschaft leben, oft ein merkwürdiges Desinteresse an den Tag, Veränderungen oder Verbesserungen in der Beziehung zu erreichen. Männer haben selten den Ehrgeiz, ihre menschlichen Fähigkeiten weiterzuentwickeln, es sei denn, sie können dadurch beruflich aufsteigen oder besser konkurrieren.

Da die Dinge nun einmal so liegen, sollten wir uns einige unangenehme Fragen stellen: Warum ist es Frauen so wichtig, ihre Beziehungsfähigkeiten zu steigern? Warum stehen Männer diesem Problem so viel gleichgültiger gegenüber? Um zu verstehen, worauf diese Unterschiede beruhen, sollten wir uns die traditionellen Strukturen von Liebe und Ehe ansehen, denn hier ist das Ungleichgewicht im Hinblick auf die »Beziehungsarbeit« am auffälligsten.

## Frauen als Beziehungsexpertinnen

Ich wuchs in einer Zeit auf, in der Beziehungsfähigkeit für Mädchen und Frauen nichts Geringeres war als das Mittel zum Überleben. Die Regeln des Spiels waren klar und eindeutig: Ein Mann hatte die Aufgabe, etwas aus sich zu machen; eine Frau hatte die Aufgabe, sich einen erfolgreichen Mann zu suchen. Obwohl ich meine eigenen Berufspläne hatte, erschien mir das als der grundlegende und unveränderliche Unterschied zwischen den Geschlechtern. Ein Mann mußte jemand *sein*, eine Frau mußte jemanden *finden*. Diese Aufgabe, »einen Mann zu finden« (ganz zu schweigen von der Nachfolgeaufgabe, ihn zu »halten«), war keinesfalls auf die leichte Schulter zu nehmen. Der Scharfsinn, den meine College-Freundinnen und ich in unseren Diskussionen über Männer entwickelten, übertraf bei weitem das intellektuelle Engagement, das wir in unsere akademischen Studien investierten.

Heute werden wir Frauen nicht mehr ausschließlich über unsere Bindungen an Mann und Kinder definiert, aber wir sind immer noch die engagiertesten Expertinnen auf dem Gebiet der zwischenmenschlichen Beziehungen. Es mag schon sein, daß unser Interesse an und unsere Einfühlung in die Nuancen zwischenmenschlicher Interaktionen durch einen biologischen Faktor mitbestimmt sind; der Hauptteil unserer Weisheit stammt jedoch nicht aus der magischen Quelle der »weiblichen

Intuition« oder aus unserer genetischen Mitgift. Es ist vielmehr charakteristisch für die Beziehungen zwischen dominanten und untergeordneten Gruppen, daß die Mitglieder der untergeordneten Gruppe stets ein weitaus größeres Wissen über die Mitglieder der dominanten Gruppe und ihre Kultur besitzen als umgekehrt. Die Schwarzen zum Beispiel wissen eine Menge über die Regeln, Rollensysteme und Beziehungsstrukturen der weißen Kultur. Die Weißen haben kein vergleichbares Wissen über und keine ähnliche Sensibilität für die Kultur der Schwarzen.

Früher entwickelten Frauen ihre Beziehungstalente, um, wie es hieß, einen Ehemann zu »angeln« oder »einzufangen«, der ihnen ökonomische Sicherheit und Zugang zu einem höheren Sozialstatus bieten konnte. Die Position moderner Frauen hat sich demgegenüber nicht wirklich radikal verändert. Ein großer Teil unseres Erfolges beruht immer noch auf unserer Anpassung an die »männliche« Kultur, auf unserer Fähigkeit, Männern zu gefallen, und unserer Bereitschaft, die maskulinen Wertvorstellungen unserer Institutionen zu übernehmen. In meinem Beruf zum Beispiel haben diese Fähigkeiten und meine Bereitschaft, sie einzusetzen, großen Einfluß darauf, ob meine Arbeiten in Fachzeitschriften veröffentlicht werden, ob ich an meinem Arbeitsplatz eine höhere Position erreiche und ob meine Projekte als bedeutend oder belanglos wahrgenommen werden. In der Zeit vor der feministischen Bewegung waren Frauen, wenn es um die Gültigkeit und Verbreitung eigener Ideen und um die Definition dessen ging, was wichtig sei, völlig von Männern abhängig. Ob wir als Hausfrauen im »Pink-Collar-Ghetto« arbeiten oder in der Unternehmensleitung sitzen – Frauen können es sich nicht ohne weiteres leisten, sich von Männern abzuwenden oder die psychischen Strukturen von Männern zu ignorieren. Selbst heute büßt eine Frau, die ihren Ehemann verliert, damit im allgemeinen auch ihren Sozialstatus und ihren Lebensstandard (und den ihrer Kinder) ein.

Außerdem gesteht unsere Gesellschaft Frauen, die ohne männlichen Partner leben, immer noch nicht denselben Rang zu wie verheirateten Frauen, trotz der Tatsache, daß ein guter Mann wahrhaftig schwer zu finden ist – um so mehr, wenn wir älter und reifer werden. Da wir die Lektion »Der Spatz in der

Hand ist besser als die Taube auf dem Dach« (das heißt: Sichere dir irgendeinen Mann, bevor du gar keinen bekommst) tief verinnerlicht haben, gehen wir vielleicht Kompromisse ein, mit denen wir uns später sehr unwohl fühlen. Dann investieren wir unsere Energien in den Versuch, »ihn« zu verändern, was äußerst kräftezehrend sein kann, weil es schlicht und einfach unmöglich ist. Einen Partner zur Veränderung antreiben zu wollen ist ungefähr so effektiv wie der Versuch, Freundschaft mit einem Eichhörnchen zu schließen, indem man es jagt.

Wenn wir sagen, daß die Beziehungsorientiertheit von Frauen zum Teil auf den untergeordneten Status des weiblichen Geschlechts zurückzuführen ist, heißt das nicht, daß unsere Gefühle fehlgeleitet, übertrieben oder falsch wären. Im Gegenteil: Die hohe Wertschätzung von Intimität und Verbundenheit ist keine Schwäche, sondern ein Vorzug. Unser Engagement für Beziehungen gehört mit Sicherheit zu den positiven weiblichen Traditionen und zu unseren Stärken. Es wird jedoch problematisch, wenn wir Intimität mit dem Bedürfnis nach Bestätigung verwechseln, wenn wir in einer intimen Beziehung die einzige Quelle unseres Selbstwertgefühls sehen und wenn wir Beziehungen eingehen, für die wir unser eigenes Selbst verleugnen müssen. Es gehört zur weiblichen Rollentradition, das Ich für das »Wir« zu opfern, ebenso wie es zur männlichen Rollentradition gehört, das Gegenteil zu tun, das heißt das Ich auf Kosten verantwortungsvoller Beziehungen zu anderen aufzubauen.

## Das Desinteresse der Männer

Männer werden selten zu Lernenden, wenn es darum geht, ihre intimen Beziehungen zu verändern, denn bislang haben sie es noch nicht nötig. Frauen stellen in ihren Beziehungen zu Männern oft überraschend niedrige Ansprüche, ob es um emotionale Nähe geht oder um die Frage, wer die Küche saubermacht. Vielleicht geben wir uns bei einem Ehemann oder Geliebten mit minimalen Veränderungen zufrieden und tolerieren Verhaltensweisen und Lebensbedingungen, die wir in einer Freundschaft zwischen Frauen nicht für akzeptabel oder gerechtfertigt halten würden. Auch Eltern neigen dazu, auf der Ebene der Kommunikation und des verantwortungsvollen Umgangs mit Beziehungen von ihren Söhnen weniger zu erwarten (»Jungs sind und bleiben Jungs!«) als von ihren Töchtern, und Kinder lernen von früh auf, geringere Erwartungen an ihre Väter zu richten als an ihre Mütter. Solange wir nicht fähig sind, Männern klarzumachen, daß wir mehr erwarten, wenn wir bei ihnen bleiben sollen, und daß wir uns im übrigen um unsere eigenen Angelegenheiten kümmern, werden sie sich kaum genötigt sehen, sich zu verändern oder auch nur zuzuhören.

In der Ehe wird die Kluft zwischen Männern und Frauen, was das Engagement für Beziehungen angeht, im Lauf der Zeit oft erschreckend groß. Papa hat es gar nicht nötig zu bemerken, daß der kleine Sam Löcher in den Turnschuhen hat oder daß der Geburtstag seiner Mutter bevorsteht, wenn seine Frau stets auf dem Sprung ist, die Zügel in die Hand nimmt und sich um das Problem kümmert. Er braucht auch keine emotionale Energie in den Wochenendbesuch seiner Eltern zu investieren, wenn seine liebe Gattin die gemeinsamen Unternehmungen plant und dafür sorgt, daß Toilettenpapier im Haus ist. Solange Frauen *für* Männer »funktionieren«, brauchen Männer sich nicht zu verändern.

Männer stehen der Frage, wie sie im Umgang mit intimen Beziehungen kompetenter werden könnten, oft hilflos gegenüber, auch wenn sie ihre Ängste in der Regel durch Apathie oder Desinteresse überspielen. Viele Männer wurden von Vätern erzogen, deren auffälligster Zug ihre physische oder emotionale Abwesenheit war, und von omnipräsenten Müttern, deren weibliche Qualitäten und Züge sie in sich, als Jungen, eben nicht zulassen durften. Die traditionelle Struktur der Familie ist als Trainingsfeld für die Entwicklung eines klaren männlichen Selbst im Kontext der emotionalen Verbundenheit mit anderen denkbar schlecht geeignet. Männer neigen dazu, sich von einer Partnerin zu distanzieren (oder sich eine neue zu suchen), wenn es Konflikte gibt, statt »dranzubleiben« und für Veränderungen zu kämpfen.

Außerdem – und das ist vielleicht der wichtigste Faktor – werden Männer nicht belohnt, wenn sie ihre Energien in die emotionale Komponente menschlicher Beziehungen investieren. In unserer leistungsorientierten Gesellschaft ernten Männer keine Anerkennung, wenn sie zugunsten persönlicher Bindungen darauf verzichten, einen weiteren Klienten zu empfangen oder noch eine Arbeit mehr zu publizieren. Unter meinen Berufskollegen kursiert ein populärer Witz: Der kleine Sohn eines bekannten Psychoanalytikers wird gefragt, was er einmal werden will, wenn er groß ist. »Patient«, antwortet der Kleine, »dann kann ich meinen Vater fünfmal in der Woche sehen.« Solche Witze werden mit kaum verhülltem Stolz – und nicht etwa in kritischer Absicht – erzählt von Männern, die sich in ihrem Beruf wirklich engagieren. Machen wir uns nichts vor: Männer, die sich bemühen, ein ausgewogenes Leben zu führen, und die nicht bereit sind, ihre zentralen Beziehungen zu vernachlässigen, kommen in dieser Gesellschaft nicht zu Ruhm und Ehren. Der Gewinn, den sie von einem solchen Verhalten haben, kann nur auf der privaten Ebene liegen.

Ich meine, daß wir – Frauen und Männer – heute auf dem Gebiet der Beziehungen am meisten zu lernen haben und daß es wichtig für uns ist, unsere intimen Beziehungen zu Freunden, Geliebten und Angehörigen besser zu verstehen und befriedigender zu gestalten. Obwohl ich mich in erster Linie an Frauen wende, lade ich auch Männer ein, dieses Buch zu lesen. Wir alle entwickeln uns als Kinder in erster Linie durch unsere emotionalen Bindungen an andere Menschen, und wir bleiben auch als Erwachsene unser Leben lang auf vertraute Beziehungen zu anderen angewiesen.

Wenn wir uns von Menschen, die für uns wichtig sind, distanzieren, oder wenn wir vorgeben, wir brauchten andere nicht, geraten wir in Schwierigkeiten. Probleme entstehen auch dann, wenn wir ignorieren, daß eine Beziehung schwierig wird, und wenn wir nicht aktiv nach Veränderungsmöglichkeiten suchen. Zum Glück ist es nie zu spät, zu lernen, wie wir uns anders verhalten können. Anfangs erfüllen uns die Veränderungen, die wir vollziehen, und die ersten Reaktionen, die wir damit auslösen, vielleicht mit Frustration, Wut, Angst und mit dem Gefühl großer Einsamkeit, aber es geht auch hier, wie bei vielen Dingen im Leben, darum, eine kurze Phase von Ängsten durchzustehen, um dauerhafte, positive Wandlungen zu erreichen.

# II. Veränderungen –
# Chancen und Schwierigkeiten

Das Thema Veränderungen steht im Zentrum dieses Buches. Ich möchte Ihnen keine Liste von »Wie-werde-ich...«-Techniken zum Erreichen von Nähe vermitteln; ich wünsche mir vielmehr, daß Sie am Ende viel mehr Einblick in die Dynamik von Veränderungen gewonnen haben, als Sie es je für möglich hielten. Warum sollten wir uns verändern? Weil wir nur durch die Arbeit am eigenen Selbst im Zusammenhang mit unseren zentralen Beziehungen unsere Fähigkeit zur Intimität weiterentwickeln können. Es gibt ganz einfach keinen anderen Weg.

### Verändern oder nicht verändern...

Bei dem raschen Wandel, dem unsere Gesellschaft unterworfen ist, können wir nur auf zwei Dinge zählen, die sich nie verändern werden: der Wunsch nach Veränderung und die Angst vor Veränderung. Der Wunsch nach Veränderung motiviert uns dazu, Hilfe zu suchen. Die Angst vor Veränderung bringt uns dazu, eben dieser Hilfe Widerstand entgegenzusetzen.

Wir alle stehen Veränderungen mit zutiefst ambivalenten Gefühlen gegenüber. Wir nutzen unser eigenes Wissen nicht aus und suchen Rat bei anderen, und dann nehmen wir den Rat, den wir erbeten haben, nicht an, selbst wenn wir dafür bezahlen mußten. Wir handeln so, nicht weil wir neurotisch oder feige sind, sondern weil der Wunsch nach Veränderung und das Bedürfnis, das Bestehende zu bewahren, sich die Waage halten – aus gutem Grund. Beide Tendenzen sind wichtig für unser seelisches Wohlbefinden, und beide verdienen unsere Aufmerksamkeit und unseren Respekt.

## Ein konservativer Standpunkt

Mit dem Wort »konservativ« verbinde ich normalerweise keine sonderlich positiven Assoziationen, aber ich verwende es trotzdem, weil es meine Einstellung zu persönlichen Veränderungen am besten beschreibt. Ebenso, wie wir nach Veränderung streben, sind wir bemüht, das, was uns an uns selbst wertvoll und vertraut ist, zu »konservieren«. In einer Gesellschaft, die uns ständig unter Druck setzt, Veränderungen vorzunehmen, ist es vermutlich sinnvoll, zu hinterfragen, warum wir uns überhaupt ändern sollten und wer die Veränderungen vorschreibt.

Oft wünschen wir uns, wir könnten einen bestimmten Anteil unserer Persönlichkeit »loswerden«, so als handelte es sich um einen entzündeten Blinddarm, ohne zu erkennen, welche positiven Aspekte mit einem »negativen« Charakterzug verbunden sind. Es gibt wenige Dinge, die ausschließlich »gut« oder ausschließlich »schlecht« sind. Ich erinnere mich an ein Treffen meiner Frauengruppe, das viele Jahre zurückliegt; wir hatten alle etwas zuviel getrunken und sagten uns nun reihum, was wir aneinander »am meisten« und »am wenigsten« schätzten. Interessanterweise stellte sich heraus, daß es sich bei den »besten« und den »schlechtesten« Eigenschaften, die bei jeder Frau genannt wurden, um ein und dasselbe handelte oder, genauer gesagt, um verschiedene Variationen desselben Themas. Wenn die Tendenz einer Frau, sich in der Gruppe ständig in den Mittelpunkt zu spielen, als ihre schlechteste Eigenschaft angesehen wurde, galt ihre energiegeladene und amüsante Art als ihr bester Zug. Wenn bei einer anderen Frau ihre Unfähigkeit, offen, direkt und spontan zu sein, am unbeliebtesten war, wurde ihre Freundlichkeit, ihr Taktgefühl, ihr Respekt für die Gefühle anderer am meisten geschätzt. Bei einer dritten war es die Anspruchshaltung und das »Erst-komm-ich«, das die Gruppe auf die Palme brachte; andererseits war es ihre Fähigkeit, ihre eigenen Ziele zu definieren und ihre Interessen aktiv zu verfolgen, die am meisten bewundert wurde. Und so fort. An diesem

Abend begann sich bei mir ein neues Verständnis für die Untrennbarkeit unserer Stärken und Schwächen herauszubilden – sie sind durchaus keine Gegensätze, sondern nur polare Erscheinungen ein und derselben Kraft.

Diese Erfahrung bestärkte mich in einer Richtung, die ich beruflich eingeschlagen hatte. Am Anfang meiner Berufslaufbahn als Therapeutin hielt ich es für meine Aufgabe, Klienten dabei zu unterstützen, sich von bestimmten Eigenschaften zu »befreien«: Eigensinn, Verschlossenheit, Anspruchlichkeit, Streitsucht – oder von irgendeinem anderen Zug, der ihr Leben (und meine Arbeit) besonders schwer zu machen schien. Oder ich meinte, sie sollten ihren Vätern näherkommen, sich mehr von ihren Müttern lösen, egoistischer oder weniger selbstbezogen, durchsetzungsfähiger oder weniger ehrgeizig sein. Ich entdeckte jedoch, daß ich in therapeutischer Hinsicht viel mehr erreichen konnte, wenn ich in der Lage war, die positiven Aspekte der scheinbar negativen Eigenschaften zu benennen und zu akzeptieren. So paradox es klingt – es war gerade die Akzeptanz des Vorhandenen, die auf meine Klienten befreiend wirkte und ihnen Veränderungsschritte erleichterte.

## Probleme haben einen Sinn

Als ich später meine Interessen auf die Familientherapie auszudehnen begann, wurde mir noch stärker bewußt, daß (und wie) negative Verhaltensweisen oft wichtige, positive Funktionen erfüllen, selbst wenn diese Verhaltensweisen auf andere verletzend oder enervierend wirken. Dazu ein Beispiel:

Die siebenjährige Judy wird von ihren besorgten Eltern in Therapie gebracht, weil sie Wutausbrüche hat, unter Magenschmerzen leidet und eine ganze Reihe störender und auffälliger Verhaltensweisen an den Tag legt. Sie wird in der Familie als »das Problem« bezeichnet, sie ist die Kranke, das Kind, das »in Ordnung gebracht« werden muß. Judys Eltern hoffen, daß ich ihre Tochter »bessern« und von ihren Verhaltensauffälligkeiten befreien kann.

Nach sorgfältiger Befragung erfahre ich, daß Judys Probleme kurze Zeit nach dem Tod ihres Großvaters väterlicherseits begannen, an dem sie sehr gehangen hatte. Der Familie ist keine offene Trauer anzumerken; man spricht nicht einmal viel über den Verlust. Judys Vater ist jedoch nach dem Todesfall verschlossen und depressiv geworden. Seine wachsende Distanz zu Frau und Tochter und seine offensichtlichen Depressionen, die jedoch mit keinem Wort erwähnt werden, lösen bei allen ziemliche Beunruhigung aus. Judys Mutter spricht ihre Sorgen um ihren Mann und um die Entfremdung in der Ehe nicht offen an. Sie hat sich statt dessen verstärkt auf ihre Tochter konzentriert.

Judys Verhalten ist – teilweise zumindest – der Versuch, ein Problem in der Familie zu lösen. Außerdem spiegelt es den hohen Grad an Ängsten und Spannungen, denen die Familie in dieser Belastungssituation ausgesetzt ist. Was wir als das zu bearbeitende »Problem« ermittelt haben, ist oft genug nicht wirklich das Problem. Wie Judys Beispiel zeigt, kann es sich sogar um einen fehlgeleiteten Versuch handeln, das wirkliche Problem zu lösen. Und die »Lösungen«, zu denen wir greifen (Judys Eltern zum Beispiel konzentrieren ihre Aufmerksamkeit auf ihre Tochter und kümmern sich nicht um ihre eigenen Konflikte), rufen eben das Problem, das wir lösen wollen, hervor oder sorgen dafür, daß es bestehen bleibt.

## Kleine Veränderungen

Ein »konservativer« Umgang mit persönlichen Veränderungen bedeutet auch, daß wir langsam vorgehen, mit der Voraussicht, daß die Schritte, die wir unternehmen, mit unvermeidlichen Frustrationen und Fehlschlägen verbunden sein werden. Wenn wir in kleinen Schritten denken, gibt uns das Gelegenheit, die Auswirkungen neuer Verhaltensweisen auf ein Beziehungssystem zu beobachten und zu erproben; so lernen wir, mit den Vor- und Nachteilen von Veränderungen zurechtzukommen. Ein Denken in kleinen Schritten mäßigt auch unsere natürliche Neigung, mit einem Donnerschlag zu beginnen, dann aber völlig aufzugeben, wenn die ersten Reaktionen nicht nach unserem Geschmack sind.

Als mir eine Bekannte erzählte, sie werde auf einer Ferienreise versuchen, ihrem Vater »näherzukommen« und »seine Mauern zu durchbrechen«, ahnte ich, daß dieser Versuch zum Scheitern verurteilt sein würde. Ich wußte zwar nicht genau, was sie mit »Mauern durchbrechen« eigentlich meinte, war aber nicht überrascht, als sie mißmutig und niedergeschlagen zurückkam.

Das Resultat wäre vielleicht anders ausgefallen, wenn sie weniger ehrgeizig gewesen wäre, wenn sie einen bestimmten Schritt auf ihr Ziel hin geplant hätte. Sie hätte ihrem Vater zum Beispiel vorschlagen können, mit ihr allein auf einen Kaffee auszugehen oder auf einen kurzen Spaziergang. Da sie und ihr Vater bei Familientreffen nie miteinander allein sein konnten, wäre schon das eine wesentliche Veränderung gewesen, auch wenn sie nur über das Wetter geredet hätten. Und wenn er ihren Vorschlag abgelehnt hätte, wäre ihr klargeworden, daß sie mit einem noch kleineren Schritt beginnen müßte.

Aus einer »konservativen« Perspektive betrachtet, war es vielleicht sogar voreilig von meiner Bekannten, überhaupt einen Schritt zu unternehmen. Sie hätte sich vielleicht die Zeit nehmen sollen, erst einmal ruhiger und weniger vorwurfsvoll zu werden. Möglicherweise hatte sie unbewußt eine Form der Konfrontation gewählt, die scheitern mußte; sie verstärkte ihre eigene distanzierte Position ihrem Vater gegenüber, um sich selbst als diejenige wahrnehmen zu können, die zur Nähe fähig war. Der Versuch, die seelischen Mauern eines anderen Menschen »niederzureißen«, ist das Gegenteil einer Strategie der kleinen Schritte.

In wichtigen Beziehungen kommen substantielle Veränderungen selten durch spannungsvolle Konfrontationen zustande. Ein echter Wandel resultiert vielmehr aus sorgfältigem Nachdenken und aus der Planung kleiner, verkraftbarer Veränderungsschritte, die auf einem soliden Verständnis des Problems – und unseres eigenen Anteils daran – beruhen. Wir werden kaum fähig sein, mit Veränderungen zu beginnen, wenn wir uns die Nase zuhalten, die Augen schließen und springen!

## Der Sinn des Beharrens

Wäre es nicht schön, wenn wir entscheidende Veränderungen im Handumdrehen erreichen könnten? An Säuglingen und Kleinkindern beobachten wir verblüffende Fähigkeiten zum Wachstum und zur Veränderung, und wir könnten uns fragen, warum Erwachsene darüber nicht mehr in demselben Maß verfügen. Als mein jüngerer Sohn, Ben, sechs Jahre alt war und mein erstes Buch endlich erschien, hörte ich ihn zu einem kleinen Spielkameraden sagen: »Du, meine Mutter hat an ihrem Buch gearbeitet, solange *ich lebe*!« Das stimmte genau. Ich hatte in diesen Jahren eine Menge erreicht – und was hatte Ben in demselben Zeitraum getan? Er hatte sich von einem krabbelnden kleinen Geschöpf mit rudimentärem Sprachrepertoire und einem kaum ausgeformten Selbst zu einer kleinen Persönlichkeit mit Insider-Kenntnissen über die New Yorker Verlagswelt entwickelt. Das nenne ich Veränderung!

Später, am Nachmittag desselben Tages, stellte ich gemeinsam mit einer Freundin Überlegungen darüber an, wie unglaublich es wäre, wenn Erwachsene sich die außerordentliche Wandlungsfähigkeit der Kinder erhalten könnten. Zu Ende gedacht wäre das allerdings ein wahrer Alptraum. Gerade unsere Identität, unser Gefühl von Kontinuität und Stabilität in dieser Welt und alle unsere zentralen Beziehungen zu Menschen beruhen darauf, daß wir einen hohen Grad an Gleichmäßigkeit, Voraussagbarkeit und Unveränderlichkeit aufrechterhalten. Wenn wir unseren Vater nach drei Jahren zum ersten Mal wieder besuchen, verlassen wir uns darauf, daß er so ziemlich derselbe sein wird, der er immer war, ganz gleich, wie laut wir uns darüber beklagen, daß er so ist, wie er ist. Vielleicht verlassen wir uns sogar so sehr darauf, daß wir einige der realen Veränderungen, die er tatsächlich vollzogen hat, gar nicht bemerken und würdigen können.

Andererseits ist Veränderung ein unvermeidlicher und beständiger Faktor in unserem Leben. Ganz gleich, wie angestrengt wir Widerstand leisten, wie sehr wir uns bemühen, die Uhr anzuhalten oder unsere Welt in statischen Begriffen zu definieren (»Eines Tages wird mein Haus / mein Job / mein Körper / meine Persönlichkeit ganz genau so sein, wie ich sie haben will, und dann werde ich mich entspannen«) – wir wandeln uns ständig und stimmen unsere Bewegungen immer wieder auf den komplexen Tanz der Veränderung ab. Der Tanz, in dem wir uns allein und mit anderen drehen, ist langsam und hat seine eigenen Gesetzmäßigkeiten: Wir bewegen uns hin und her zwischen dem Willen, uns zu verändern, und dem Bedürfnis, im Gewohnten zu verharren, zwischen den Ansprüchen anderer, die wollen, daß wir uns ändern, und ihrem Protest, wenn wir es tatsächlich tun, zwischen Nähebedürfnissen, die auftauchen, wenn wir uns einsam fühlen, und Distanzbedürfnissen, die wir empfinden, wenn die Bindungen an andere zu einengend werden und uns die Luft zum Atmen nehmen.

## Wenn Beziehungen festgefahren sind

Wir sind am stärksten gefordert, uns zu verändern, wenn eine Beziehung zur Quelle von Frustrationen und negativen Energien wird und wenn unsere Versuche, die Dinge in Ordnung zu bringen, nur zur Wiederholung der alten Konflikte führen. Auf diese Situation werden wir in den folgenden Fallbeispielen unsere besondere Aufmerksamkeit richten. Festgefahrene Beziehungen sind oft zu angespannt und/oder zu distanziert, um wirkliche Intimität zu gestatten. Zu hohe Spannung oder negative Intensität in einer Beziehung bedeutet, daß eine Seite sich übermäßig auf die andere konzentriert; das kann sich in Form von Vorwürfen oder extremer Besorgtheit äußern oder durch den Versuch, den anderen Menschen zu »bessern« oder »in Ordnung zu bringen«. Oder beide Seiten fixieren sich wechselseitig aufeinander und vernachlässigen dabei ihr eigenes Selbst. Zuviel Distanz bedeutet, daß es in der Beziehung zuwenig Gemeinsamkeit gibt und daß keiner der Partner sein wahres Selbst zeigen und mitteilen kann. Man verdrängt zentrale Fragen und Probleme, statt sie zur Sprache zu bringen und zu bearbeiten. Distanzierte Beziehungen können durchaus intensiv und spannungsgeladen sein, denn Distanz ist eine Art, mit Spannungen umzugehen. Wenn Sie Ihren Exehemann nach fünf Jahren wiedersehen und mit ihm nicht über die Kinder sprechen können, ohne sich innerlich zu verkrampfen, ist das der beste Beweis, daß die emotionale Intensität immer noch sehr groß ist. Wenn die Beziehung einmal festgefahren ist, reicht der Wunsch nach Veränderung oft nicht aus, um die Dinge tatsächlich in Bewegung zu bringen. Vielleicht sind wir so sehr von starken Gefühlen überwältigt, daß wir nicht klar und objektiv über das Problem – und unseren eigenen Anteil daran – nachdenken können. Wenn wir unter starken emotionalen Spannungen stehen, re-agieren wir nur noch, statt zu beobachten und nachzudenken; wir fixieren uns auf den anderen und nehmen unser eigenes Selbst nicht mehr wahr. Schließlich geraten wir in eine extrem einseitige Position, die es uns unmöglich macht, über unsere Sichtweise des Problems hinauszuschauen und Handlungsalternativen zu finden. Wir gehen mit Beziehungen in einer Weise um, die unsere Ängste zwar kurzfristig mindert, langfristig aber unsere Fähigkeit zur Intimität untergräbt.

Außerdem haben wir vielleicht den starken Wunsch nach Veränderung, sind uns aber der tatsächlichen Ursachen von Ängsten, die ein Beziehungsproblem aufheizen und Intimität blockieren, nicht bewußt. Wir schlagen uns gegenseitig die Köpfe ein, aber die Ursache des Problems liegt ursprünglich gar nicht in dieser Beziehung, sondern an einer ganz anderen Stelle, die wir nicht wahrnehmen können oder wollen. Wir verhalten uns wie der sprichwörtliche Betrunkene, der an der dunkelsten Stelle der Allee seinen Schlüssel verloren hat, aber unter der nächsten Straßenlaterne danach sucht, weil dort das Licht besser ist. In Judys Familie zum Beispiel wurde das Verhalten der Tochter als »das Problem« wahrgenommen; tatsächlich waren die Ängste in der Familie jedoch durch den Tod eines wichtigen Menschen ausgelöst worden. Alle Beziehungen innerhalb der Familie waren gestört, weil über den Tod des Großvaters nicht gesprochen und nicht getrauert werden konnte.

Wenn wir in einer Beziehung eine besonders leidvolle Phase durchmachen, ist es dieses Leid, worüber wir reden wollen und das wir verändern möchten. Unser Bedürfnis, uns auf die Stelle zu konzentrieren, die weh tut, ist verständlich, und manchmal brauchen wir auch nicht an anderen Orten nach den Ursachen zu suchen. Oft werden die Probleme in einer Beziehung jedoch von (vergangenen oder aktuellen) Konflikten aus einem ganz anderen Bereich angeheizt. Manchmal kann man dem Partner erst wirklich näherkommen, nachdem man zum Beispiel ein unausgesprochenes Problem mit dem eigenen Vater geklärt hat, zu einer neuen Haltung der Mutter gegenüber gefunden, die eigene Rolle in einem alten Familienmuster geändert oder mehr über die Umstände des Todes von Onkel Charlie erfahren hat.

Wir werden uns in diesem Buch eingehend mit festgefahrenen Beziehungsmustern befassen und mit den spezifischen Veränderungsschritten, die einigen Frauen zu einem stabileren Selbstgefühl und zu mehr Verbundenheit mit anderen verhalfen. Wir werden beobachten, daß die Veränderung *jedes* Beziehungsproblems unmittelbar von unserer Fähigkeit abhängt, *mehr von unserem Selbst* in die fragliche Beziehung einzubringen. Ohne ein klares, ausgeprägtes, eigenständiges Selbst entsteht in Beziehungen unweigerlich übermäßige emotionale Intensität oder übermäßige Distanz – oder ein Hin- und Herschwanken zwischen beiden Extremen. Wir sehnen uns nach Nähe, werden aber allzuleicht zu ineffektiven und verwirrten Veränderungsstrateginnen, die heute mit wütenden Vorwürfen arbeiten, morgen den Rückzug in eisige Distanz antreten und weder auf die eine noch auf die andere Weise etwas Neues zustande bringen. Ohne ein klares Ich sind wir übermäßig darauf fixiert, was der (oder die) andere uns antut oder verweigert, und schließlich fühlen wir uns hilflos und unfähig, in der Beziehung einen neuen Standort zu definieren.

Unsere Gesellschaft mißt der Ich-Entwicklung große Bedeutung bei. Begriffe wie »Autonomie«, »Unabhängigkeit«, »Eigenständigkeit«, »Authentizität« und »Identität« bezeichnen populäre, wenn nicht universell gültige menschliche Entwicklungsideale. Es herrschen jedoch große Mißverständnisse darüber, was diese Begriffe eigentlich bedeuten, wer sie definiert und wie wir uns im Hinblick auf diese Ziele selbst richtig einschätzen und weiterentwickeln können. Da reife Intimität so entscheidend von der Entwicklung des eigenen Selbst abhängt, werden wir uns in den folgenden Kapiteln genauer mit diesen Fragen befassen.

# III. Die Entwicklung des eigenen Selbst – um welchen Preis?

Wir stoßen in unserer Kultur überall auf Botschaften, die uns ermahnen, unsere eigene Identität zu entwickeln, unser wahres Selbst zu entdecken und auszudrücken. Manchmal kann es jedoch ehrlicher sein, die Glorifikation des Selbst in Frage zu stellen, wie die folgende Geschichte zeigt:

Eine Schülerin mit schriftstellerischen Ambitionen hatte viel Zeit darauf verwendet, einen Aufsatz für ihren Englischkurs sprachlich auszufeilen, und hatte dennoch nur eine mäßige Note erhalten. »Sei du selbst!« hatte ihr Lehrer in großen roten Lettern daruntergeschrieben; das Wort »selbst« war mehrfach unterstrichen. Etwas weiter unten hatte er noch eine Zeile hinzugefügt, die ihm offenbar nachträglich eingefallen war: »Falls das hier dein Selbst ist, sei jemand anders!«

Das Leben wäre sicher viel einfacher, wenn alle Menschen, die prägenden Einfluß auf unsere Entwicklung haben, so offen und freimütig mit den widersprüchlichen Doppelbotschaften, die sie aussenden, umgehen könnten. Die meisten Doppelbotschaften sind jedoch so subtil und verdeckt, daß wir uns ihrer gar nicht bewußt werden, wenn wir sie aussenden oder empfangen. »Sei unabhängig!« mag die in Worten ausgesprochene Botschaft lauten, die wir von einem Elternteil oder Ehepartner hören – und darunter schwingt ein unausgesprochenes »aber sei so wie ich« oder »sei meiner Meinung« mit, das die erste Botschaft disqualifiziert. »Klammere dich nicht so an!« sagt ein Mann zu seiner Partnerin, aber unbewußt fordert er sie auf, die Bedürftigkeit und Abhängigkeit auszudrücken, vor der er selbst Angst hat und die er sich nicht eingestehen mag. »Warum raffst du dich nicht endlich dazu auf, mal etwas zu Ende zu bringen?« beschwert sich ein Ehemann, aber wenn seine Frau sich dann entschließt, ihr Diplom zu machen, reagiert er depressiv und gereizt.

Von der Wiege an fordern Familienmitglieder uns auf, »ganz wir selbst zu sein«, und geben uns gleichzeitig zu verstehen, daß wir gewisse Eigenschaften, Charakterzüge und Verhaltensweisen zeigen, andere aber verleugnen und unterdrücken sollen. Die Menschen unserer Umgebung brauchen es um ihrer selbst willen und aus einer komplexen Vielfalt unbewußter Gründe, daß wir uns auf eine bestimmte Art und Weise verhalten. Wir lernen vom Beginn unseres Lebens an, daß der Zusammenhalt unserer Familie und das Überleben unserer Beziehungen von einer bestimmten Rolle abhängt, die wir spielen müssen. Und auch wir selbst vermitteln anderen unbewußt solche Botschaften. Natürlich ist es ein notwendiger Bestandteil unserer Entwicklung zu einem zivilisierten Wesen, daß wir lernen, was andere von uns erwarten. Das »wahre Selbst« entfaltet sich nicht in einem Vakuum, unabhängig von den Einflüssen der Kultur und der Familie. Es sind jedoch die unterschwelligen oder verdeckten Botschaften – jene Formen von Kommunikation, die weder vom Sender noch vom Empfänger bewußt wahrgenommen werden –, die zu einer äußerst negativen Dynamik führen.

Die Suche nach der eigenen Identität ist für Frauen mit besonders komplexen Schwierigkeiten verbunden. Unsere historische Situation ist die einer gesellschaftlich unterdrückten Gruppe, und was als »die wahre Natur« der Frauen und »der angemessene Platz« für Frauen galt, war immer von den Wünschen und Ängsten der Männer bestimmt. Wie sollen wir es also schaffen, aus der Unzahl der ambivalenten Erwartungen und Verbote, die uns von der Wiege bis zu Bahre umgeben, ein klares, authentisches Selbst herauszuarbeiten?

Über ein authentisches Selbst verfügen bedeutet auf der einfachsten Ebene, daß wir in Beziehungen so sein können, wie wir wirklich sind, und nicht so, wie andere uns haben wollen, wie wir ihren Wünschen und Bedürfnissen nach sein sollten. Dazu gehört auch, daß wir anderen dieselbe Freiheit zugestehen können. Wenn wir mit uns selbst identisch sind, erhalten wir Beziehungen nicht auf Kosten des eigenen Selbst aufrecht (wie es Frauen in ihrer Sozialisation beigebracht wird), und wir entwickeln unser Ego auch nicht auf Kosten von anderen (wie es Männer in ihrer Sozialisation lernen). So einfach sich das anhören mag, so schwierig ist die Umsetzung in aktives Handeln. Tatsächlich ist jeder ernsthafte Schritt in Richtung »mehr Selbst« eine schwere Aufgabe und ein erhebliches Risiko.

Für Frauen ist die hohe Bewertung der eigenen Identität eine historisch junge Entwicklung. Selbstlosigkeit, Aufopferung und die Bereitschaft zu dienen waren die traditionellen »weiblichen Tugenden«, zu denen unsere Mütter und Großmütter erzogen wurden. Im Gegensatz dazu werden wir heute mit Botschaften bombardiert, die uns auffordern, starke, selbstbewußte, eigenständige, unabhängige Persönlichkeiten zu sein – theoretisch zumindest. (In einer konkreten Beziehungssituation sind die genannten Qualitäten allerdings oft mehr als unwillkommen.) Wenn es uns nun nicht gelingt, die »Wie-werde-ich . . .«-Anweisungen und aufmunternden Appelle, mit denen wir überschüttet werden, erfolgreich auf uns anzuwenden, sinkt unser Selbstwertgefühl drastisch ab. Es wird kaum wahrgenommen, von welcher Größenordnung die anstehende Aufgabe ist oder daß es auch für die Unfähigkeit, sich zu verändern, berechtigte Gründe geben mag. Das folgende Beispiel soll verdeutlichen, welche Gründe das sein können.

### »Liebe Herausgeberin . . .«

Vor einigen Jahren druckte die Zeitschrift *Ms Magazine* den folgenden Brief einer Leserin ab:
»Liebe Herausgeberin,
zu meinem großen Bedauern sehe ich mich gezwungen, mein Abonnement Ihrer Zeitschrift zu kündigen . . . Ich habe Ms jahrelang mit großem Vergnügen gelesen, aber in den letzten zwei Monaten mußte ich das Heft in meiner Küchenschublade verstecken. Mein angeblich ›liberaler und verständnisvoller‹ Ehemann glaubt, daß die Zeitschrift meine Persönlichkeit verändert und mich seinen Bedürfnissen gegenüber unflexibler macht. Um meine Ehe zu retten, trete ich also von meinem Abonnement zurück. Mir ist zum Heulen zumute . . .«

Hier haben wir also eine Frau, dachte ich, die entschlossen

ist, sich *nicht* zu verändern. Ich schnitt den Brief aus; beim Mittagessen legte ich ihn einer kleinen Gruppe von Psychologiestudentinnen und -studenten vor und forderte sie auf, ihre Meinung dazu zu sagen. Eine Studentin las den Brief und kam zu dem Schluß, daß der Ehemann der Grund für die Probleme der Frau sei. Ein Student war wütend über die Frau, die ihrem Mann die Macht eingeräumt hatte, Entscheidungen für sie zu treffen – und ihn dann für ihre Abhängigkeit verantwortlich machte. Der dritte sah die Wurzel des Übels in unserer patriarchalen Kultur und der tiefverwurzelten Dominanz des Männlichen, die wir alle verinnerlicht haben. Die vierte Studentin mampfte ihr Hühnchensandwich und sagte sarkastisch: »Die beiden haben sich gesucht und gefunden!«

Meine Gesprächspartner/innen unterschieden sich darin, wo sie Mitgefühl aufbrachten und wo sie Schuldzuweisungen vornahmen. Im weiteren Verlauf der Diskussion zeigte sich jedoch, daß sie in einem wesentlichen Punkt alle übereinstimmten: Jeder Mensch hat die Möglichkeit, sich zu verändern und eigene Entscheidungen zu treffen. Diese Frau *muß* ihre Zeitschrift nicht in der Küchenschublade verstecken, und sie ist auch nicht *gezwungen*, ihr Abonnement zu kündigen. Sie könnte sich auch anders entscheiden. »Vorausgesetzt«, fügte eine Studentin emphatisch hinzu, »daß sie sich *wirklich* verändern will.«

Wir sollten diese Annahme genau überprüfen und dabei die Frage im Auge behalten, was die Verfasserin des Briefes daran hindern mag, ihre Eigenständigkeit zu betonen und zu verstärken und dadurch eine Veränderung in ihrer wichtigsten Beziehung hervorzurufen. Diese Fragestellung wird uns helfen, das Konflikthafte an Veränderungen besser zu verstehen.

An dieser Stelle können wir eine Pause einlegen und über die anonyme Verfasserin des Briefes an die Herausgeberin – nennen wir sie Jo-Anne – nachdenken. Was denken *Sie* über Jo-Annes Bereitschaft, unter Druck so viel von ihrem eigenen Selbst aufzugeben? Was hat Jo-Anne in diese Lage gebracht, und welche gegenwärtigen Zusammenhänge halten sie in dieser Lage fest? Was wäre der schlimmste Fall – kurzfristig und auf lange Sicht –, der eintreten könnte, wenn Jo-Anne sich anders verhielte und ihrem Ehemann mit mehr Selbstbewußtsein entgegenträte? (»Ich erwarte nicht, daß du die Zeitschrift magst oder anerkennst, aber ich bestehe darauf, selbst zu entscheiden, was ich lese!«) Veränderungen haben ihren Preis; aber was ist der Preis, den Jo-Anne zahlt, wenn sie sich *nicht* verändert, wenn sie das gegenwärtige Beziehungsmuster in den nächsten zehn Jahren aufrechterhält? Welche Adjektive würden Sie verwenden, um Jo-Annes Persönlichkeit oder Charakter zu beschreiben?

## Ein Problem im Gesamtkontext

Vielleicht bringen Sie für Jo-Annes Dilemma keinerlei Mitgefühl auf. Vielleicht erscheint sie Ihnen als infantile Frau, die es insgeheim genießt, das Kind ihres Mannes zu sein, und die sich weigert, erwachsen zu werden und Verantwortung für sich selbst zu übernehmen. Vielleicht genießt sie es sogar, zu leiden und emotional verletzt zu werden – Sie wissen ja, es gibt diese masochistischen Typen, die unbewußt Befriedigung aus ihrer Opferrolle beziehen. Oder Jo-Anne ist ganz einfach unreif, träge, unmotiviert und nicht willens, die Energie aufzubringen, die für Veränderungen notwendig ist. Wenn wir Jo-Annes Persönlichkeit aus einem engen Blickwinkel betrachten und das Problem ausschließlich bei ihr sehen, neigen wir vermutlich zu dieser Art von Interpretation.

Nehmen wir einmal an, wir könnten Jo-Annes Problem in einem größeren Kontext sehen und ihre Situation gleichsam durch ein Weitwinkelobjektiv betrachten: Würden Sie ihre Entscheidung, die Zeitschrift vor ihrem Mann zu verstecken und schließlich das Abonnement zu kündigen, mit anderen Augen sehen, wenn Sie von einer der folgenden Situationen wüßten?

Sähe die Sache anders aus, wenn Jo-Anne eine Frau im mittleren Alter wäre, mit drei schulpflichtigen Kindern, ohne Berufsausbildung, vermarktbare Fähigkeiten oder irgendeine Form von finanziellem Rückhalt – wenn eine Veränderung in Richtung »mehr Selbst« für ihren Mann unerträglich genug wäre, um sie zu verlassen? Ist Jo-Annes Widerstand gegen Veränderungen verständlicher, wenn wir wissen, daß sie sozusagen nur um einen Ehemann von der Sozialhilfe entfernt ist?

Was würden Sie denken, wenn Sie wüßten, daß die Stärke und Realitätstüchtigkeit des Ehemannes auf Jo-Annes scheinbarer Unsicherheit und Schwäche beruht – daß es ihm schlechter gehen würde, sobald es ihr bessergeht? Oder nehmen wir an, der Ehemann neigte früher zu Gewalttätigkeit und schweren Depressionen, hätte sein Verhalten jedoch verändert, seit Jo-Anne sich in der Ehe angepaßter und fügsamer verhält. Was wäre dann?

Es wäre auch denkbar, daß in Jo-Annes Herkunftsfamilie die Äußerung abweichender Meinungen mit einem starken Tabu belegt war; vielleicht hat Jo-Anne in ihrer Kindheit gelernt, daß eine Betonung des Ich die wichtigsten Familienbeziehungen bedrohte, von denen sie abhängig war.

Würden Sie mehr Verständnis aufbringen, wenn Sie wüßten, daß Jo-Anne mit ihrem Entschluß, die Zeitschrift aufzugeben, genau das getan hat, was Frauen in ihrer Familie in den letzten dreihundert Jahren getan haben – daß die Anpassung an den Ehemann eine tiefverwurzelte Familientradition ist, die für Jo-Anne eine wichtige Verbindung zur Vergangenheit darstellt? Wenn Jo-Anne sich anders verhielte, würde sie damit den Lebenssinn von Generationen von Frauen in ihrer Familie in Frage stellen und – zumindest unbewußt – einen »Verrat« begehen, der mit Identitäts- und Sinnverlust verbunden wäre.

Verändert oder korrigiert eine dieser Informationen (die auch wieder nur kleine Ausschnitte eines viel größeren Bildes wären) Ihre Reaktion auf Jo-Annes Entscheidung, ihr Zeitschriftenabonnement aufzugeben? Oder glauben Sie, wie die Psychologiestudenten, daß Jo-Anne die Situation in ihrer Ehe durchaus verändern könnte, vorausgesetzt, sie wäre wirklich zur Veränderung bereit?

## Was wissen wir?

In gewisser Weise verstehen wir alle etwas von Psychologie, auch wenn es nicht unser Metier ist. Wenn wir nicht in der Lage sind, erwünschte Veränderungen zu vollziehen, werden wir eine Erklärung konstruieren, die unseren leidvollen Erfahrungen Sinn verleiht. Wir analysieren uns selbst (»Ich habe Angst vor meiner eigenen Sexualität, darum werde ich mein Übergewicht nicht los«) oder den Partner (»Er kann einfach nicht mit Nähe umgehen«). Vielleicht geben wir unseren Müttern, unseren Genen, den Hormonen oder den Sternen die Schuld – aber wir erfassen immer nur einen kleinen Teil des Problems, wie in der bekannten Geschichte von den Blinden, die den Rüssel, das Ohr, die Haut, das Bein des Elefanten befühlen und alle meinen, sie wüßten, wie der ganze Elefant aussieht.

Tatsächlich wissen wir sehr wenig über das starke Bedürfnis von Menschen, sich *nicht* zu verändern. Falls Jo-Anne zu zehn verschiedenen Therapeuten ginge und allen Bemühungen, ihr zu einer selbstbewußteren Haltung zu verhelfen, widerstände, wäre sie zum Schluß vermutlich mit zehn unterschiedlichen Interpretationen ihres Verhaltens konfrontiert. Jede dieser Interpretationen wäre das Ergebnis der speziellen Lehrmeinung oder Theorie, in deren Sinn der jeweilige Therapeut Jo-Annes Widerstände deutet. Alle diese Hypothesen und Interpretationen könnten falsch sein. Oder sie können auch alle richtig sein – in dem Sinn, daß jede Interpretation einen kleinen Ausschnitt aus einem größeren und komplexeren Bild darstellt. Man legt uns nahe, Expertenmeinungen als »Wahrheit« anzuerkennen, obwohl ein großer Teil des menschlichen Verhaltens tatsächlich ein unerforschtes Gebiet ist.

Wahr ist aber nur, daß kein Experte mit hundertprozentiger Sicherheit sagen kann, was zu einem bestimmten Zeitpunkt für Jo-Anne das Beste ist und welches Maß von Veränderung sie verkraften kann. Der Preis, den wir zahlen, wenn wir uns *nicht* verändern, ist oft klar ersichtlich. In Jo-Annes Fall kann es sich dabei um chronischen Ärger, Verbitterung, Depressionen, Ängste, schwaches Selbstwertgefühl oder sogar Selbsthaß handeln oder um Einschränkungen des Sexuallebens, Arbeitsstörungen, physische Beschwerden oder zahllose andere Symptome, die in der Fachliteratur verzeichnet sind. Wir wissen sehr wohl, daß es uns teuer zu stehen kommt, wenn wir uns selbst verraten oder aufgeben, wenn wir unter dem Druck von Beziehungskonflikten zuviel von unserer eigenen Identität aufs Spiel setzen.

Was viel schwerer vorauszusagen ist, was wir nicht mit absoluter Sicherheit wissen können, sind die Konsequenzen, die eine Veränderung in Jo-Annes Leben zu diesem Zeitpunkt nach sich ziehen würde. Auch Jo-Anne selbst könnte das erst erfahren, nachdem sie die Veränderung vollzogen hat (»Ich entscheide selbst über meine Lektüre, ob du damit einverstanden bist oder nicht«) und wenn sie trotz des Aufruhrs und der Ängste, die eine solche Veränderung unweigerlich auslöst, zu ihrer Entscheidung steht. Wie Margaret Mead so treffend bemerkte, können die Erschütterungen, die durch Veränderungen hervorgerufen werden, nur durch noch mehr Veränderung wieder aufgelöst werden – und so führt eins zum anderen. Wenn Jo-Anne sich entscheidet, ihr Abonnement auf das *Ms Magazine* beizubehalten, wird sie sich innerlich dazu gedrängt fühlen, auch in anderen wichtigen Fragen ihre Position klarzustellen. Da das alte eheliche Gleichgewicht dann gestört wäre, würde sich auch ihr Mann genötigt sehen, sich zu verändern. Welches Maß an Veränderungen können beide, als Individuen und als Paar, in einem bestimmten Zeitraum verkraften? Wir können nur konstatieren, daß wir das nicht wissen.

Veränderungen erfordern Mut, aber wenn es uns nicht gelingt, uns zu verändern, bedeutet das nicht unbedingt, daß wir keinen Mut besitzen. Wir Frauen sind mit Selbstvorwürfen schnell bei der Hand – und ernten auch leicht Vorwürfe von anderen, wenn wir nicht in der Lage sind, die Veränderungen zu vollziehen, die wir selbst wünschen oder die andere von uns verlangen. Wir haben zu wenig Respekt vor der Weisheit des Unbewußten, das dem bewußten, zum Handeln entschlossenen Ich in manchen Situationen ein entschiedenes »Nein« entgegensetzt.

Halten wir uns vor Augen, wie wenig über den Prozeß der Veränderung bekannt ist und daß es selbst für ein scheinbar sinnloses und problematisches Verhaltensmuster einen guten Grund geben mag! Dafür sahen wir an Judys Fall bereits ein Beispiel. Hier ist eine weitere Geschichte aus erster Hand.

## Der Wille, sich nicht zu verändern – eine persönliche Erfahrung

Als ich zwölf Jahre alt war, wurde bei meiner Mutter Gebärmutterkrebs in fortgeschrittenem Stadium festgestellt. Frühere Symptome der Krankheit waren als Erscheinungsformen des Klimakteriums mißdeutet worden, und als die Ärzte schließlich die korrekte Diagnose gestellt hatten, teilten sie meiner Mutter mit, daß die Prognose sehr schlecht sei. Das war in den fünfziger Jahren, als Kinder durch Schweigen und Geheimhaltung vor solchen schmerzhaften Informationen »behütet« wurden. Über die Krankheit meiner Mutter wurde nichts Genaues gesagt, obwohl es offensichtlich schien, daß sie bald sterben würde. Meine Familie lebte in einem Spannungsfeld von Ängsten, aber die Ursache der Ängste wurde nie erwähnt, das Wort »Krebs« wurde nie ausgesprochen.

Meine ältere Schwester Susan (eine typische Erstgeborene) bewältigte ihre Ängste durch »Überfunktionieren«, und ich (ein typisches jüngstes Kind) reagierte auf meine Ängste durch »Unterfunktionieren«. Im Lauf der Zeit nahmen wir polare Positionen ein, die sich allmählich verfestigten und rigide wurden. Je tüchtiger und kompetenter meine Schwester wurde, desto untüchtiger und inkompetenter wurde ich und vice versa. Das spielte sich folgendermaßen ab:

Susan, die damals im ersten Jahr am Barnard College war, fuhr täglich drei Stunden in der U-Bahn zwischen Brooklyn und Manhattan hin und her, und wenn sie nach Hause kam, organisierte sie alles und kümmerte sich um den gesamten Haushalt. Sie kochte, bügelte, putzte und tat alles, ohne zu klagen. Wenn sie ängstlich, wütend oder hilflos war, verbarg sie diese Gefühle – sogar vor sich selbst. Ich dagegen drückte soviel von diesen Gefühlen aus, daß es für die gesamte Familie reichte. Ich wurde das »böse Kind« (im selben Maß, wie Susan die »gute Tochter« war); ich machte ständig Szenen, verlangte Kleidung, die meine Familie sich nicht leisten konnte, und verwandelte meine Umgebung so schnell in ein Chaos, daß meine Schwester mit dem Aufräumen kaum nachkam. In der Schule spielte ich verrückt, und meine Eltern wurden informiert, daß der Collegebesuch für mich wohl kaum in Frage käme.

Mein Vater ging auf Distanz (ein typisch männliches Muster, mit Angst und Streß umzugehen), und meine Mutter bewältigte ihre Ängste, indem sie sich auf mich und meine Probleme fixierte. Sie lenkte ihre gesamte »Besorgtheitsenergie« in meine Richtung und war von dem Gedanken erfüllt, wenn nicht besessen, daß ich es im Falle ihres Todes niemals schaffen würde, mein Leben zu bewältigen. (Susan, hatte sie festgestellt, würde bestens zurechtkommen.) Meine Mutter, die sich selbst stolz als »zähe Kämpferin« bezeichnete, entschied, daß sie *meinetwegen* nicht sterben durfte. Und sie blieb am Leben. Selbst heute (sie geht jetzt auf die achtzig zu) hat meine Mutter sofort die Antwort parat, wenn sie gefragt wird, wie sie es schaffte, gegen jede medizinische Wahrscheinlichkeit am Leben zu bleiben. »Weißt du, ich konnte damals einfach nicht sterben«, sagt sie, als ob die Antwort vollkommen logisch wäre und keiner weiteren Erklärung bedürfte: »Harriet brauchte mich. Sie war das totale Chaos!«

Chaotisch war ich – und unverbesserlich dazu. Ich wurde zu einem Psychotherapeuten geschickt, der sein Bestes tat, um mich »in Ordnung zu bringen«, aber meine unbewußte Entschlossenheit, mich *nicht* zu verändern, war stärker als seine besten Bemühungen, mir zu helfen. Ich blieb total chaotisch, bis ich sicher sein konnte, daß meine Mutter aus dem Schlimmsten heraus war.

Blieb meine Mutter am Leben, weil ich ein »Problemkind« war? Kürzlich rief ich sie in Phoenix an und stellte ihr diese Frage direkt. Jetzt, da es in unserer Familie möglich ist, über Konflikte und emotionale Probleme offener zu reden, versuche ich diese leidvolle Phase meines Lebens in einer Weise zu verarbeiten, zu der ich damals nicht fähig war. Ich fragte meine Mutter, ob sie wirklich glaube, meine Gestörtheit hätte sie am Leben erhalten, und wie sie es heute sehe – wäre sie gestorben, wenn sie den Eindruck gehabt hätte, daß ich mit meinem Leben gut zurechtkäme?

Meine Mutter gab mir die ehrliche und wohlüberlegte Antwort, wenn sie zurückblicke, sei sie sich wirklich nicht sicher. Als die Krebserkrankung festgestellt wurde, hatte sie »kein eigenes Selbst«. Sie konnte für ihre Kinder dasein und sich um sie sorgen, aber sie war nicht in der Lage, dasselbe für sich zu tun.

Anfangs, erklärte sie, bekämpfte sie die Krebserkrankung zu achtzig Prozent für mich und zu zwanzig Prozent für sich selbst. Im Lauf der Zeit begann sich diese Gewichtung zu verschieben in dem Maß, wie meine Mutter lernte, ihr eigenes Leben als wertvoll zu betrachten und ihm Priorität einzuräumen.

War es also mein chaotischer Zustand, der es meiner Mutter ermöglichte, zu überleben? Es gibt darauf keine eindeutige Antwort. Einer Sache bin ich mir allerdings sicher: Auf der unbewußten Ebene war ich, als zwölfjähriges Kind, davon überzeugt, daß es meine Aufgabe sei, meine Mutter am Leben zu erhalten, indem ich chaotisch und schwierig war. Tief in meinem Unbewußten war das für mich ebenso klar, wie es für meine Schwester Susan klar war, daß die Integrität der Familie von ihrer Fähigkeit abhing, die durch und durch gute, verantwortungsbewußte Tochter zu sein, die jede Spur von Verletzlichkeit und Schwäche verbarg. Ich war standhaft in meiner unbewußten Entschlossenheit, allen Hilfsangeboten für meine Probleme zu widerstehen. Leider hatten wir damals nicht die Hilfe, die unsere Familie wirklich gebraucht hätte – eine Art von Unterstützung, die es uns allen ermöglicht hätte, mit der Krebserkrankung meiner Mutter in einer offenen und direkten Weise umzugehen.

Ich habe von dem in der Zeitschrift *Ms* abgedruckten Brief und von meiner persönlichen Erfahrung erzählt in der Hoffnung, daß Sie Ihre eigenen Veränderungen mit Geduld angehen. Wenn Sie an die Ideen und Vorschläge der folgenden Kapitel mit einer offenen, mutigen und experimentierfreudigen Haltung herangehen, können Sie Nutzen daraus ziehen. Denken Sie aber auch daran, daß nur Sie selber darüber entscheiden können, welche Veränderungen Sie vornehmen sollten in welchem Zeitraum und welche Risiken Sie eingehen wollen. Kein Experte, nicht einmal Ihre Therapeutin, kann mit Sicherheit wissen, wann für Sie der Zeitpunkt gekommen ist, eine Veränderung vorzunehmen, welches Maß an Veränderung Sie verkraften können und in welcher Dosierung und in welcher Weise mögliche Fortschritte oder Rückfälle Ihr seelisches Gleichgewicht, Ihr Selbstgefühl, Ihren Standort in der Realität und Ihr Immunsystem beeinflussen werden.

Zum Glück verfügt unser Unbewußtes über große Weisheit.

Was Sie von diesem Buch in sich aufnehmen, wird Ihnen immer zur Verfügung stehen – auch wenn Sie glauben, es längst vergessen zu haben. Und wenn der richtige Zeitpunkt da ist, werden Sie es zu nutzen wissen. Respektieren Sie die Tatsache, daß alles, was Sie jetzt tun und sind, sich aus einem guten Grund so entwickelt hat und einem wichtigen Zweck dient. Vertrauen Sie Ihrem eigenen Weg mehr als allen Experten, die Ihnen Veränderungen empfehlen, mich selbst eingeschlossen, denn letzten Endes gibt es nur eine Expertin für Ihren Fall: Sie selbst!

## Selbstfindung oder Selbstaufgabe – Begriffsklärung

Wenn unsere Fähigkeit zur Intimität zuallererst auf unserem fortgesetzten Bemühen beruht, *mehr wir selbst* zu werden, wie können wir dann beurteilen, auf welcher Stufe des »Weges zum Selbst« wir stehen? Wie können wir erkennen, bis zu welchem Grad wir fähig sind, in unseren engsten Beziehungen ein klares, eigenständiges, unabhängiges Selbst herauszuarbeiten? Ob wir es »das eigene Selbst« nennen oder einen anderen Begriff bevorzugen, wie »Identität« oder »Autonomie« – nach welchen Kriterien können wir bestimmen, ob wir viel davon verwirklicht haben oder nur sehr wenig? Vielleicht haben Sie Lust, Ihre eigenen Bewertungskriterien zu notieren, ehe Sie weiterlesen. Wie definieren *Sie* das Selbst, die eigene Identität oder Autonomie?

Ich möchte damit beginnen, Ihnen deutlich zu machen, was ich *nicht* meine, wenn ich diese Begriffe gebrauche: Ich meine *nicht*, »sie sitzt im Aufsichtsrat von General Motors« oder »es ist ihr egal, was andere von ihr denken« oder »er hat alles in die Reihe gekriegt – keine Probleme«. Solche Sätze beziehen sich eher auf eine Pseudo-Autonomie und nicht auf ein echtes Selbst. Wir alle brauchen andere Menschen. Wir sind alle zutiefst davon berührt, wie wir von anderen behandelt werden. Niemand von uns ist frei von Ängsten, Problemen und Verletzlichkeiten. Und trotz aller gesellschaftlichen Wertschätzung hat ein steiler Aufstieg auf der Karriereleiter nicht viel mit Identität oder Autonomie zu tun. Erfolg im öffentlichen Leben wird vielmehr oft mit einem hohen Maß an Konformität und dem Opfer persönlicher Wertvorstellungen erkauft. Wenn wir jedoch dem Glauben anhängen, Erfolg und Karriere seien der Stoff, aus dem Autonomie gemacht ist, mag es uns so vorkommen, als hätten Männer sehr viel mehr davon als Frauen. Das ist aber nicht der Fall. Wahr ist, daß viele Männer über ein stärkeres Pseudo-Selbst oder über mehr Pseudo-Autonomie verfügen, die sie oft auf Kosten anderer erworben haben: auf Kosten von Frauen, Kindern und schwächeren Männern. Wie können wir also zu objektiveren Maßstäben kommen; wie können wir »das eigene Selbst«, »Identität«, »Autonomie« anders definieren?

## Was heißt »wenig Autonomie«?

Jo-Annes Brief an die Herausgeberin gibt uns das deutliche Beispiel eines Paares, das am unteren Ende der Autonomieskala operiert. Wir können vermuten, daß der Ehemann sich von möglichen Differenzen in der Beziehung und von der persönlichen Weiterentwicklung seiner Frau bedroht fühlt. Seine Dominanzposition (er ist derjenige, der in der Beziehung die Regeln festlegt) gibt ihm vielleicht ein Gefühl von Pseudo-Identität oder Pseudo-Autonomie, die jedoch auf der angepaßten und unterlegenen Position seiner Frau beruht. Jo-Anne wiederum gibt in ihrer Ehe einen großen Teil ihrer eigenen Identität auf. Das Zeitschriftenabonnement ist sicherlich nicht die einzige Frage in der Beziehung, zu der sie keinen entschiedenen Standpunkt einnimmt; ihr Verhalten ist also nicht in Übereinstimmung mit ihren eigenen Wertvorstellungen und Überzeugungen. Es gibt natürlich Gründe dafür, daß dieses Paar sich so verhält. Das Verhalten der Partner ist lediglich eine Übersteigerung der Beziehungsform, die in unserer Kultur gefördert, verordnet und durch soziale und ökonomische Arrangements aufrechterhalten wird. Aber es ist wahrscheinlich selbst dem flüchtigsten Beobachter klar, daß weder der Ehemann noch die Ehefrau an der Spitze der Autonomieskala rangieren.

Es gibt andere Arten des Identitätsverlustes oder der Selbstaufgabe, die weniger offensichtlich und nicht so leicht festzumachen sind. Unter hohen Spannungen und Ängsten, besonders wenn diese längere Zeit anhalten, neigen wir dazu, in Beziehungen extreme Haltungen einzunehmen; das Selbst gerät aus dem Gleichgewicht, und in unseren Beziehungen bilden sich polare Positionen heraus. Ich erinnere daran, wie sich meine Familie in der extremen Belastungssituation verhielt, die auf die Diagnose der Krebserkrankung meiner Mutter folgte. Meine eigene Rolle als das »Problemkind« der Familie war eindeutig eine Position der Selbstaufgabe. Ich war nicht in der Lage, mich aus dem emotionalen Spannungsfeld der Familie zu befreien, meine Kompetenz zu nutzen und den anderen meine starken, positiven Seiten zu zeigen. Ich war überzeugt, daß die Integrität der familiären Beziehungen, vielleicht sogar mein Überleben davon abhing, daß ich mein Selbst aufgab. Anders als Jo-Anne hätte ich mein Dilemma zu diesem Zeitpunkt nicht artikulieren können. Ich gab mein Selbst nicht *bewußt* auf, wie sie es tat.

Wie stand es um meine Schwester? Sie verhielt sich so kompetent, erwachsen und verantwortungsvoll, und sie schien alles so gut zu bewältigen, daß sie sicher auf der Autonomieskala ganz oben stand. So sahen es andere, meine Eltern eingeschlossen. In ihrer Sicht war Susan diejenige, die das Schiff durch die Krise steuerte. Und dennoch war Susans überfunktionierendes Verhalten ebenso von Selbstaufgabe geprägt wie mein unterfunktionierendes Verhalten. Sie stand keineswegs höher auf der Autonomieskala – sie saß nur auf der anderen Seite der Wippe. Wir alle haben unsere Anfälligkeiten und Schwächen, ebenso wie wir unsere Stärken und unsere eigene Stabilität haben. Wenn wir nicht *beide* Seiten in einigermaßen ausgeglichener Form ausdrücken können, leben wir nicht unser ganzes, authentisches Selbst.

Was war mit meinem Vater? Er reagierte mit emotionaler Distanz, wie es viele Männer in solchen Situationen tun. Vielleicht war das sein Versuch, der Familie zu helfen; sicherlich war es aber seine Art, seine eigenen Ängste zu bewältigen. Distanzierte Menschen werden oft als »gefühllos« etikettiert; tatsächlich ist der Rückzug in die emotionale Distanz jedoch ein Weg, mit sehr intensiven Gefühlen umzugehen. Und auch das ist eine Position der Selbstaufgabe. Wir stehen nicht oben auf der Autonomieskala, wenn wir mit Familienmitgliedern nicht emotional verbunden bleiben können und wenn wir nicht fähig sind, wichtige Probleme direkt anzusprechen.

Und meine Mutter? Nach ihren eigenen Aussagen reichte ihr Selbstgefühl nicht aus, um den Weg des Überlebens in ihrem eigenen Interesse zu wählen. Mittlerweile kann meine Mutter offen und unbefangen darüber sprechen, wie ihre Krebserkrankung (und eine Reise in den Grand Canyon) sie dazu brachte, sie selbst zu werden und für ihr eigenes Leben einzustehen. Aber das kam später. Die Konzentration auf ein Kind (oder ein anderes Familienmitglied) ist eine weitere Art, Ängste zu bewältigen, aber sowohl auf Kosten des eigenen Selbst als auch auf Kosten der Person, auf die man fixiert ist.

## Auf dem Weg zum Selbst

Es ist nicht meine Absicht, meine Familie als eine Gruppe von Neurotikern zu präsentieren, die in ihrem Selbstgefühl gestört sind. Im Gegenteil: Meine Mutter, mein Vater, meine Schwester und ich verhielten uns einfach so, wie Familien und Individuen sich normalerweise unter Streß verhalten. Überfunktionieren und unterfunktionieren, streiten, andere bedrängen, sich distanzieren und auf andere projizieren sind allgemeinverbreitete Muster der Angstbewältigung. Ein Weg ist nicht tugendhafter oder besser als der andere.

Wenn die angstvollen Spannungen jedoch sehr hoch sind oder lange genug anhalten, verharren wir auf dieser unbewußten Ebene und nehmen schließlich starre und extreme Haltungen ein. Wenn unsere Beziehungen dann in polarisierten Positionen erstarrt und festgefahren sind, haben wir Schwierigkeiten, neue, kreative Möglichkeiten für unser eigenes Verhalten zu finden. Tatsächlich führen genau die Strategien, die wir anwenden, um unsere Ängste zu mindern, im allgemeinen zu ständiger Wiederholung der alten Muster und blockieren jede Möglichkeit zu echter Intimität. Die wirklichen Ursachen unserer Ängste sind uns vielleicht gar nicht bewußt, und es fällt uns schwer, sie zu erkennen und zu verarbeiten.

Wenn diese Pattsituation eintritt, müssen wir am eigenen Selbst arbeiten, und zwar immer in Richtung »mehr Autonomie«. Sie haben jetzt vielleicht schon eine Vorstellung davon, was diese Arbeit beinhaltet. Wir bewegen uns auf der Autonomieskala (und damit auch auf der Intimitätsskala) nach oben, wenn wir fähig sind:

– ein ausgewogenes Bild unserer Stärken und Schwächen zu präsentieren,

– unsere Überzeugungen, Wertvorstellungen und Prioritäten klar zu benennen und unser Verhalten konsequent danach auszurichten,

– mit Menschen, die uns wichtig sind, emotional verbunden zu bleiben, auch wenn Konflikte auftreten,

– schwierige und leidvolle Themen offen anzusprechen und in Fragen, die für unser Leben bedeutungsvoll sind, einen klaren Standpunkt zu beziehen,

– abweichende Meinungen auszusprechen und anderen dasselbe zu gestatten.

Das ist nicht alles, was Autonomie und ein eigenes Selbst ausmacht, aber es ist ein guter Anfang. Und es ist die Grundlage echter Nähe und Intimität.

In den folgenden Kapiteln werden wir sehen, daß wir uns bei allen Schritten in Richtung Intimität immer auf das Selbst als primäres Instrument der Veränderung konzentrieren müssen; das Selbst soll dabei allerdings nicht isoliert, sondern im weitesten Kontext gesehen werden. Das ist sogar unter günstigsten Bedingungen eine schwere Aufgabe. Wenn wir mit starken Ängsten konfrontiert sind, ist es noch wesentlich schwieriger.

# IV. Der Umgang mit Ängsten – das Problem erfassen

Ängste sind die Hölle«, sagte ich kürzlich zu einer guten Freundin. Ich hatte zu diesem Zeitpunkt mehr davon, als ich gebrauchen konnte. Um mich aufzumuntern, erinnerte meine Freundin mich daran, daß noch niemand an Ängsten gestorben sei und daß sie im allgemeinen irgendwann auch wieder aufhören. Das war gar kein so schlechter Hinweis. Ängste können Schwächegefühle, Benommenheit oder Übelkeit auslösen. Manchmal hat man das Gefühl, das Gedächtnis zu verlieren, wenn nicht gar den Verstand. Aber Ängste sind selten tödlich, und nach einer Weile legen sie sich tatsächlich. Damit ist natürlich noch nicht alles gesagt. Das, was wir tun, um die Erfahrung seelischer Ängste zu *vermeiden*, und unsere individuellen Verhaltensmuster, mit denen wir auf diese Ängste *reagieren*, können dazu führen, daß unsere Beziehungen und wir selbst in leidvoller Stagnation verharren. Die unbewußten Reaktionsmuster, die kurzfristig zum Ausgleich führen, können sich auf lange Sicht als destruktiv erweisen, sogar über Generationen hinweg.

Die erste Auswirkung von Ängsten auf eine Beziehung ist immer die einer erhöhten *Reaktivität*. Reaktivität ist ein angstgetriebenes, reflexhaftes Verhaltensmuster. Wenn wir ins Räderwerk dieser Art von Angstreaktion hineingeraten sind, werden wir von unseren Gefühlen überwältigt und sind nicht mehr in der Lage, darüber nachzudenken, wie wir diese Gefühle ausdrücken wollen. Tatsächlich sind wir gar nicht mehr zu einer objektiven Haltung fähig, was unser eigenes Selbst und/oder unsere Beziehungen betrifft. Wir empfinden den aufrichtigen Wunsch nach mehr Gelassenheit und größerer Nähe, tun aber dennoch reflexartig das, was wir immer tun, was unseren Prägungen entspricht – und dadurch verschärfen sich die Konflikte immer mehr.

Was immer unser individuelles Muster sein mag, unter Streß mit zentralen Beziehungen umzugehen – ob wir andere bedrängen, uns distanzieren, streiten oder uns auf ein Kind fixieren, ob wir zum Überfunktionieren oder Unterfunktionieren neigen –, in einem angstvollen emotionalen Spannungsfeld werden wir dieses Muster verstärkt und mit wachsender Begeisterung einsetzen. Das ist normal. Die wichtige Frage ist nur: Bleiben wir dabei, oder können wir uns wieder daraus lösen?

In manchen Situationen gelingt es uns vielleicht, ein bißchen Abstand zu gewinnen, uns ein wenig zurückzunehmen in unserer Reaktivität dem anderen gegenüber und unsere Probleme aktiv anzugehen. Wir werden uns allmählich darüber klar, mit welchem Bewältigungsmuster wir reagieren; wir beobachten, wie dieses Muster mit den Verhaltensmustern anderer zusammenspielt, und verändern unseren eigenen Anteil an festgefahrenen Situationen, die keine Nähe mehr zulassen. Manchmal gelingt es uns jedoch nicht, unsere Reaktivität durch einen Willensakt zu überwinden. Statt dessen müssen wir uns die Quellen der Ängste, die uns umtreiben, bewußtmachen. Oft werden unsere Überreaktionen in einer Beziehung durch Ängste aus einem völlig anderen Bereich gespeist. Sehen wir uns an, wie eine solche Dynamik sich auswirkt.

## Ängste und der Zyklus von Bedrängen und Distanzieren

Vor einigen Jahren erzählte mir meine Schwester, daß sie mit ihrem festen Freund, David, furchtbare Schwierigkeiten habe. Susan engagierte sich sehr stark in der Beziehung, aber David sagte, er brauche mehr Zeit, seine eigenen Probleme aufzuarbeiten, bevor er die Entscheidung für ein Zusammenleben treffen könne. Das war eine schwierige Situation, denn Susan und David lebten in verschiedenen Städten und mußten lange, anstrengende Wochenendtrips unternehmen, um sich zu sehen. Dieses Arrangement (und Davids Unentschlossenheit) war allerdings nichts Neues und dauerte bereits seit geraumer Zeit an.

Neu war, daß meine Schwester plötzlich in Panik geriet und David zu einer Entscheidung drängte, die zu treffen er nicht bereit war. Da Susan schon seit einiger Zeit an ihrem Problem gearbeitet hatte, sich für Männer zu engagieren, die sich in Liebesbeziehungen distanziert verhielten, konnte sie ihr eigenes Verhalten als Warnsignal wahrnehmen. Sie war jedoch nicht in der Lage, sich in ihren Reaktionen zurückzunehmen und ihre bedrängende Haltung aufzugeben. Zu der Zeit, als sie mich anrief, war Susan in einer schrecklichen Verfassung.

Als ich über die Situation meiner Schwester nachdachte, fand ich es besonders auffällig, zu welchem Zeitpunkt der Konflikt sich verschärft hatte. Susans Verzweiflungsgefühl und ihre Überreaktion auf Davids Wunsch nach mehr Zeit und Spielraum traten auf, nachdem wir gemeinsam unsere Eltern und unseren Onkel Si in Phoenix besucht hatten; Onkel Si war an einem Lungenkarzinom erkrankt und stand kurz vor seinem Tod. Seine Krankheit war ein Schock für uns, denn wir kannten ihn als einen lebhaften, vitalen Mann, von dem wir angenommen hatten, daß er alle anderen in der Familie überleben würde. Der Besuch bei ihm rief uns auch vergangene und bevorstehende Verluste geliebter Menschen, Sorgen und Krankheitsfälle in unserer Familie, die noch nicht lange zurücklagen, in Erinnerung. Was Susan und mich unter all diesen Streßfaktoren am stärksten berührte, war die Tatsache, daß bei meinem Vater vor einiger Zeit eine seltene degenerative Gehirnerkrankung diagnostiziert worden war. Da mein Vater sich aber zur Überraschung aller erstaunlich gut erholt hatte, wurde diese niederschmetternde Nachricht durch neue Hoffnung gemildert.

Während unseres Telefongesprächs fragte ich Susan, ob zwischen ihrer ängstlichen Fixierung auf David und den starken Emotionen, die durch unseren Besuch in Phoenix aufgerührt worden waren, nicht ein Zusammenhang bestände. Das leuchtete ihr auf der intellektuellen Ebene ein, erschien ihr aber andererseits ziemlich abstrakt, denn sie konnte »vom Bauch her« nichts von diesen Zusammenhängen spüren. Für die meisten von uns ist es vermutlich schwierig, zu akzeptieren, daß Schlüsselerlebnisse in unserer Herkunftsfamilie –

und die Art, wie wir darauf reagieren – unsere gegenwärtigen (oder zukünftigen) Liebesbeziehungen zutiefst beeinflussen.

Bald danach kam Susan für ein verlängertes Wochenende nach Topeka und entschloß sich, diese Zeit für eine Konsultation bei einem Familientherapeuten zu nutzen. Als Resultat davon begann sie mehr Einsicht in den Zusammenhang zwischen den Krankheitsproblemen in unserer Familie und ihrer bedrängenden Haltung David gegenüber zu entwickeln. Allein das *Nachdenken* über diesen Zusammenhang half Susan, sich aus der Fixierung auf David zu lösen und ruhiger und objektiver über ihre Situation zu reflektieren.

Susan fühlte sich nun auch herausgefordert, sich mit dem Beziehungsmuster des Bedrängens und Distanzierens, in dem sie festsaß, zu beschäftigen. Es *schien* so, als lägen hundert Prozent der Ängste und Ambivalenzgefühle, was das Zusammenleben anging, bei David. Es *schien* so, als ob Susan hundertprozentig sicher und ganz wild darauf wäre, endlich zur Sache zu kommen – absolut keine Probleme, sagte sie, ausgenommen die Frage, wie sie die gemeinsame Wohnung einrichten würden. Solche Polaritäten (sie strebt immer nach Nähe – er geht immer auf Distanz) sind ganz allgemein verbreitet, aber sie verzerren das Selbstbild und das Bild, das wir vom anderen haben, und halten uns in der Pattsituation fest.

Schließlich konfrontierte Susan sich mit der Tatsache, daß sie enorme Energien in ihre Beziehung zu David investierte und infolgedessen ihre eigene Arbeit vernachlässigte und ihre kurz- und langfristigen Berufsziele aus den Augen verlor. Einerseits war Susans Fixierung auf David verständlich, denn das Gelingen und der Bestand dieser Beziehung standen für sie an erster Stelle. Andererseits überlastet es eine Beziehung, wenn wir uns so sehr auf einen anderen Menschen konzentrieren, daß wir darüber unsere eigenen Ziele und Lebenspläne aus den Augen verlieren. Das Beste, was Susan für ihre Beziehung zu David tun konnte, war, an ihrem eigenen Selbst zu arbeiten. Diese Art der Konzentration auf das eigene Selbst ist für uns alle eine nützliche Faustregel.

## Sinnvolle Planung

Einsicht und Verständnis sind notwendige, aber unzureichende Mittel, um ein Problem zu lösen. Die nächste Aufgabe für Susan war die Umsetzung dessen, was sie erkannt hatte, in aktives Handeln. Was konnte Susan nach ihrer Rückkehr anders machen, um ihre Ängste zu mindern und eine ruhigere, ausgeglichenere Beziehung zu David zu erreichen? Als sie Topeka verließ, hatte sie sich einen Plan zurechtgelegt. In Situationen, in denen wir durch starke Ängste belastet sind, kann es außerordentlich hilfreich sein, einen klaren Plan zu haben, der nicht auf Reaktivität und einem reflexhaften Bedürfnis, »etwas zu unternehmen« (irgend etwas!), beruht, sondern auf Reflexion und auf einer fundierten Einsicht in unsere Probleme.

## Den Circulus vitiosus aufbrechen

Dies sind die neuen Schritte, die Susan nach ihrer Rückkehr unternahm: Zunächst erzählte sie David, daß sie während ihrer Abwesenheit über die Beziehung nachgedacht und einige Einsichten in ihr eigenes Verhalten gewonnen habe. »Mir ist klargeworden«, sagte sie ihm, »daß der Druck, unter dem ich stand, was unser Zusammenleben angeht, gar nicht so sehr mit unserer Beziehung zu tun hat, sondern mit anderen Ängsten, die mich belasten.« Sie erklärte David, was diese anderen Ängste waren – Familienprobleme, die sich um Krankheit und Tod drehten. David zeigte sich verständnisvoll – und war sichtlich erleichtert.

Susan sagte David auch, daß sie es wohl ihm überlassen habe, die gesamte Ambivalenz auszudrücken, die sie *beide* in der Frage des Zusammenlebens empfanden, und das sei vermutlich nicht fair. Sie erzählte ihm, daß ihre eigenen vorangegangenen Beziehungserfahrungen ihr genügend Grund gäben, sich um ihre eigene Bindungsfähigkeit Sorgen zu machen, daß sie ihre Zweifel jedoch sehr gut abwehren könne, wenn sie sich auf *sein* Problem und *seinen* Wunsch, die Entscheidung hinauszuzögern, konzentriere. Dieser Teil des Gesprächs war für Susan der schwierigste. Denn wenn in einer Beziehung die polare

Rollenverteilung von Bedrängen und Sich-Entziehen herrscht, ist die (oder der) Bedrängende überzeugt, daß sie doch nichts anderes wolle als mehr Nähe, und der (oder die) Sich-Entziehende glaubt, er wünsche sich nichts anderes als mehr Distanz. Erst wenn der Zyklus von Bedrängen und Distanzieren durchbrochen ist, kann jede Seite sowohl den Wunsch nach Unabhängigkeit als auch den Wunsch nach Verbundenheit erfahren – eine Grundambivalenz, mit der wir alle zu kämpfen haben.

Außerdem sagte Susan, daß sie ihre eigenen Arbeitsprojekte vernachlässigt habe und in Zukunft mehr Zeit und Aufmerksamkeit darauf verwenden müsse. »Am nächsten Wochenende werde ich mich also nicht ins Auto setzen und zu dir kommen«, sagte sie, »sondern zu Hause bleiben und ein paar längst überfällige Arbeiten erledigen.« Zum ersten Mal seit langer Zeit war Susan diejenige, die sich für mehr Distanz aussprach, und es war kein wütender Reflex, sondern ein ruhiger Schritt in Richtung »mehr Selbst«. Als Susan sich stärker auf ihre eigene Arbeit konzentrierte, begann sie sich tatsächlich ernsthaft Sorgen zu machen, weil sie so nachlässig damit umgegangen war.

Die Veränderungsschritte, die Susan unternahm, lösten das festgefahrene Beziehungsmuster, unter dem sie gelitten hatte, erfolgreich auf. Wenn wir selbst in der Rolle der nach Nähe Drängenden sind, kann es äußerst qualvoll sein, solche Veränderungen in ruhiger, nicht-reaktiver Weise anzufangen und aufrechtzuerhalten. Das Drängen nach Nähe ist oft eine reflexhafte Reaktion auf starke Ängste. Wenn das unser Verhaltensmuster ist und wir beginnen, davon Abstand zu nehmen, werden wir anfangs noch stärkere Ängste empfinden. Woher nehmen wir dann aber den Mut und die Motivation, eine solche Veränderung aufrechtzuerhalten? Wie eine meiner Kolleginnen erklärt, nehmen wir sie aus der Überzeugung, daß wir mit unseren alten Strategien einfach nicht mehr weiterkommen.

## Die wahren Ursachen erkennen

Bevor Susan Topeka verließ, erwog sie noch eine andere Möglichkeit, in der Beziehung zu David mehr Gelassenheit zu erreichen. Jedesmal, wenn sie wieder Angst um die Beziehung hatte und spürte, daß sie in die alte, bedrängende Rolle zurückfiel, wollte sie sich überlegen, ob sie nicht einen Brief an unseren Vater schreiben oder zu Hause anrufen sollte. Das mag auf den ersten Blick etwas weit hergeholt erscheinen, aber es hat seinen guten Sinn. Wenn Susan auf familiäre Probleme mit Distanz reagierte, konnte sie ihre Ängste auf dieser Ebene in Schach halten, aber in der Beziehung zu David kam es dann gewöhnlich zu Spannungen. Wenn es ihr aber gelänge, die *wirkliche Quelle* ihrer Ängste im Auge zu behalten, würde sie sich sicherlich mehr Sorgen um den Gesundheitszustand unserer Eltern machen, aber es wäre weniger wahrscheinlich, daß ihre Beziehung zu David durch diese Ängste überlastet würde.

Wenn wir lernen, mit Familienmitgliedern in Kontakt zu bleiben und zentrale Probleme direkt an ihrer Quelle zu bearbeiten, schaffen wir damit die Grundlagen für beständige intime Beziehungen in der Gegenwart oder in der Zukunft.

Der lebendige Kontakt zu Familienmitgliedern und das Aufarbeiten von Problemen in Familienbeziehungen sind natürlich Aufgaben, die erheblichen Zeit- und Energieaufwand erfordern. Tatsächlich können nur die Grenzen unserer Motivation dieser Arbeit ein Ende setzen. Wenn Susan in Therapie gewesen wäre, hätte sie sich vielleicht entschlossen, diese Arbeit weiterzuführen und zu vertiefen. Aber schon ein kleiner Schritt kann große Wirkungen haben. Susan erreichte schon dadurch, daß sie mit der Familie in lebendigem Kontakt blieb, einen gelasseneren Umgang mit Davids Vorsicht und gelegentlicher Distanziertheit. Das Auflösen ihrer eigenen Reaktivität war das Schlüsselelement, das ihr erlaubte, auf Kurs zu bleiben und ihr Muster, in der Beziehung die Bedrängende zu sein, zu verändern.

## Postskriptum über Partner, die sich nicht entscheiden können

Was tun Sie, wenn Ihr Partner sich nicht entscheiden kann – wenn er nicht bereit ist, über eine Heirat nachzudenken oder eine andere Beziehung aufzugeben, oder wenn er nicht sicher ist, ob er Sie wirklich liebt? Vielleicht ist er (oder sie) auch in den nächsten zwei oder zwanzig Jahren noch nicht fähig, eine Entscheidung zu treffen. Sagt Susans Geschichte, daß wir ewig abwarten sollen, daß wir uns um unsere eigenen Probleme kümmern und die Unentschlossenheit des Partners nicht thematisieren sollen? Sollen wir die Distanziertheit des Partners oder seinen Mangel an Engagement ganz einfach hinnehmen? – Auf gar keinen Fall! Die langanhaltende Ambivalenz eines Partners *ist* ein Problem, mit dem wir uns befassen müssen, vorausgesetzt, wir selbst wollen wirklich eine verbindliche Beziehung.

Wir werden das Problem der Bindungsbereitschaft – wie auch jedes andere Problem – jedoch mit dem geringsten Erfolg ansprechen, wenn wir in Reaktivität und angstvollen Spannungen befangen sind. Die Arbeit an den eigenen Ängsten ist vorrangig, denn Ängste erzeugen Reaktivität, und Reaktivität führt zur Polarisierung von Rollen (»Ihm fällt nie etwas anderes ein, als auf Distanz zu gehen« – »Sie kann nichts anderes, als mich bedrängen«). Natürlich können wir Ängste nicht einfach aus unserem Leben verbannen. Unsere intimen Beziehungen werden immer durch das alte emotionale Gepäck aus unserer Herkunftsfamilie und durch reale Probleme belastet sein, die aus allen möglichen Bereichen auf uns niederprasseln. Aber je deutlicher wir wahrnehmen, daß die Ängste, die unser Leben beeinflussen, aus den unterschiedlichsten Quellen gespeist werden, desto ruhiger und klarer können wir mit den Konflikten in unserer wichtigsten Beziehung umgehen.

## Eine klare Linie

Sehen wir uns das Beispiel einer Frau an, der es gelang, ihrem distanzierten und ambivalenten Partner mit einer klaren Haltung zu begegnen, einer Haltung, die von Reaktivität und ängstlichem Bedrängen relativ frei war.

Gwenna ist eine sechsundzwanzigjährige Immobilienmaklerin, die wegen eines besonderen Partnerschaftsproblems meine Hilfe suchte. Seit über zwei Jahren hatte sie eine Beziehung zu Greg, einem Stadtplaner, der schon zwei katastrophale Ehen hinter sich hatte und sich nicht entschließen konnte, eine dritte einzugehen. Gwenna war sich darüber im klaren, daß Greg sich nur noch weiter zurückzog, wenn er bedrängt wurde, aber sie wollte auch nicht ewig mit dem Status quo leben. Wie ging sie also mit der Situation um?

Der erste Schritt war, daß Gwenna ruhig und ohne inneren Druck das Gespräch über die Beziehung eröffnete. Sie teilte Greg mit, was in ihrer Sicht die Stärken und die Schwächen ihrer Partnerschaft seien und welche Hoffnungen sie für die Zukunft habe; dann forderte sie ihn auf, auch seine Meinung darüber zu sagen. Anders als bei früheren Gelegenheiten setzte sie ihn bei diesem Gespräch nicht unter Druck, bedrängte ihn nicht und stellte ihm keine Diagnosen über seine Probleme mit Frauen. Statt dessen stellte sie Greg einige klare Fragen, die seine Unentschlossenheit deutlich zutage brachten.

»Wie wirst du erkennen, daß du zu einer festen Bindung bereit bist? Was genau müßte in unserer Beziehung anders sein, als es heute ist?«

»Ich weiß es nicht«, sagte Greg, und als sie ihn weiter befragte, konnte er nur sagen: »Wenn es soweit ist, werde ich es schon spüren.«

»Wieviel Zeit wirst du brauchen, um eine Entscheidung für oder gegen eine feste Bindung zu fällen?«

»Ich bin nicht sicher – ein paar Jahre vielleicht, aber ich kann eine solche Frage wirklich nicht beantworten. Ich kann meine Gefühle nicht planen oder voraussagen.«

Und in dieser Art ging es weiter.

Gwenna liebte diesen Mann wirklich, aber mit der Vorstellung, zwei Jahre oder länger auf eine Entscheidung warten zu müssen, fühlte sie sich nicht wohl. Nachdem sie lange darüber nachgedacht hatte, sagte sie, sie werde bis zum Herbst warten (etwa zehn Monate); falls er sich bis dahin aber nicht zu einer festen Bindung entschließen könne, würde sie für sich die Konsequenzen ziehen. Sie sprach offen über ihren Wunsch, zu heiraten und eine Familie mit ihm zu gründen, machte aber auch deutlich, daß ein wechselseitiges Engagement das Wichtigste für sie sei. Falls Greg bis zum Herbst für sich keine Klarheit geschaffen habe, würde sie die Beziehung beenden, so schwer es ihr auch fallen würde.

Während der Wartezeit gelang es Gwenna, Greg nicht zu bedrängen und nicht ihrerseits in wütende Distanz zu verfallen, wenn sie mit seinen Zweifeln und seiner Ambivalenz konfrontiert war. Auf diese Weise ließ sie Greg genügend emotionalen Spielraum, um selbst mit seinen Bindungsproblemen fertig zu werden, und sie gab damit auch der Beziehung die beste Chance zu einer positiven Entwicklung. Ihre Grundposition (»Bis zum Herbst muß eine Entscheidung fallen«) war keine Drohung und kein Versuch, Greg »einzuwickeln«, sondern ein ehrlicher Ausdruck ihres eigenen Selbst und eine klare Bestimmung dessen, was sie für sich selbst und in der Beziehung ohne Unbehagen akzeptieren konnte.

Gwenna wäre nicht fähig gewesen, sich so zu verhalten, wenn sie andere emotionale Belastungen aus ihrer Vergangenheit und aus ihrer gegenwärtigen Lebenssituation in die Beziehung hineingetragen hätte. Während der Wartezeit setzte sie ihre emotionale Energie ein, um ihre eigenen Probleme zu klären; dazu gehörte unter anderem ihre Wut auf ihren verstorbenen Vater, der nie für sie dagewesen war, und ihre daraus resultierende Neigung, sich distanzierte Männer auszusuchen, die Schwierigkeiten mit ihrer Bindungsfähigkeit hatten. Intensive Arbeit an sich selbst ist natürlich keine Garantie dafür, daß die Dinge sich so entwickeln, wie wir es uns wünschen. Während meine Schwester und David heute glücklich zusammenleben, hatte Gwennas Geschichte einen anderen Ausgang.

Als es Herbst wurde, teilte Greg Gwenna mit, daß er noch ein weiteres halbes Jahr brauche, um sich über seine Gefühle klarzuwerden. Gwenna dachte darüber nach und kam zu dem Schluß, daß sie damit leben könne. Aber als das halbe Jahr vergangen war, hatte Greg noch immer keinen Entschluß gefaßt und bat um mehr Aufschub. An diesem Punkt traf Gwenna die schmerzvolle, aber letztlich befriedigende Entscheidung, die Beziehung zu beenden.

## Woher kommen die Ängste?

Angst. Wir alle kennen ihre Auswirkungen, von körperlichen Symptomen bis hin zu Störungen in unseren engsten Beziehungen. Wie können wir die Hauptursachen unserer Ängste und seelischen Spannungszustände erkennen?

Manchmal sind die Ursachen offensichtlich. Es gibt vielleicht ein kurz zurückliegendes belastendes Ereignis, eine negative oder sogar eine positive Veränderung, die wir als Ursache der Ängste in der Beziehung festmachen können. Wenn wir selbst die Ursache nicht sehen, weisen uns vielleicht andere darauf hin (»Es ist kein Wunder, daß du dich in letzter Zeit so oft mit Jim streitest – ihr seid erst letztes Jahr in eine andere Stadt umgezogen, und das ist eine einschneidende Veränderung!«).

Manchmal haben wir das unklare Gefühl, daß eine bestimmte Entwicklung oder eine Lebensveränderung zur Belastung wird, aber wir sind uns nicht völlig über das Ausmaß dieser Belastung im klaren. Vielleicht spielen wir die emotionale Bedeutung wichtiger Übergangssituationen herunter – die Geburt eines Kindes, den Auszug eines erwachsenen Kindes aus dem Elternhaus, ein Examen, eine Heirat, einen Berufswechsel, eine Beförderung, den Beginn des Ruhestandes, die Krankheit eines Elternteils –, weil das doch »die normalen Dinge« sind, die sich in jedem Leben ereignen. Es mag uns sogar so vorkommen, als ob andere solche Probleme »mit der linken Hand« erledigen. Wir machen uns nicht klar, daß die »ganz normalen Dinge«, wenn sie Veränderung bedeuten, unsere engsten Bindungen zutiefst beeinflussen.

In anderen Fällen wird uns einfach nicht klar, daß Problemquelle A mit Beziehungskonflikt B in Zusammenhang steht, oder wir ignorieren Schlüsselereignisse in unserer Herkunftsfamilie, die dann in anderen Beziehungen zu Spannungen führen. Meine Schwester zum Beispiel war sich anfangs nicht darüber im klaren, daß ihre heftigen Reaktionen auf Davids Unentschlossenheit auf den emotionalen Erschütterungen unseres Familienbesuchs beruhten, obwohl die Konflikte unmittelbar danach aufgetaucht waren. Wenn wir unsere Wahrnehmung völlig auf die intime Beziehung einengen, ist das weitere emotionale Feld unserem Blick entzogen.

## Das emotionale Feld

Nehmen wir Heathers Fall als Beispiel: Heather hatte sich plötzlich »rasend« in einen verheirateten Mann namens Ira verliebt und litt unter extremen Gefühlsschwankungen als Reaktion auf Iras abwechselnd leidenschaftliches und unterkühltes Verhalten. Sie fühlte sich von der Intensität ihrer Emotionen so sehr aus der Bahn geworfen, daß sie mich anrief, um eine Psychotherapie anzufangen. Nach Heathers Bericht war zu dem Zeitpunkt, als sie sich heftig in Ira verliebte, »nichts Besonderes« in ihrem Leben passiert. Als ich sie genauer befragte, erfuhr ich jedoch, daß Heathers leidenschaftliche Bindung an Ira kurz nach dem Tod ihrer Großmutter mütterlicherseits begonnen hatte. Da diese Großmutter in Heathers Leben kaum eine Rolle gespielt hatte, erschien ihr der Todesfall in emotionaler Hinsicht nicht besonders bedeutsam.

Das war jedoch ganz und gar nicht zutreffend. Heathers Mutter und ihre Großmutter, die beide verwitwet waren, hatten einander sehr nahegestanden und viel Zeit miteinander verbracht. Der Tod der Großmutter konfrontierte Heather mit unbequemen Fragen, die das Wohl ihrer Mutter betrafen, und mit der Sorge, daß sie vielleicht die nächste sei, die den leeren Platz im Leben ihrer Mutter ausfüllen müsse. Außerdem wurde sie wieder an den Tod ihres Vaters erinnert, was heftige Trauergefühle in ihr aufkommen ließ. Wie Heather erfahren mußte, ist die Distanz zu Familienmitgliedern durchaus kein Schutz vor heftigen emotionalen Reaktionen auf ihren Tod.

Die unterschwelligen Emotionen, die durch den Tod ihrer Großmutter aufgerührt worden waren, erzeugten ein angstgeladenes emotionales Feld, in dem Heathers unglückliche Bindung an Ira sich ansiedeln konnte. Jede Lebensäußerung von Ira löste die heftigsten Gefühlsreaktionen in ihr aus. Dennoch war in Heathers Sicht »nichts Besonderes« passiert, als ihre spannungsgeladene Affäre begann.

Manchmal gehen die Ängste und Spannungen, die einen gegenwärtigen Beziehungskonflikt aufheizen, auf Erfahrungen zurück, die weit in der Vergangenheit liegen – auf einen Fall von Inzest, ein frühes Verlusterlebnis oder irgendein anderes »heißes Eisen« in unserer Herkunftsfamilie –, ein Problem, das wir nie verarbeiten oder lösen konnten. Das Trauma oder das Problem, über das in der Familie nicht gesprochen werden konnte, mag fünf oder fünfundfünfzig Jahre zurückliegen. Es kann relativ einfach sein, die Verbindung herzustellen (»Ich weiß, daß meine sexuellen Schwierigkeiten mit Sam damit zu tun haben, daß ich als Kind sexuell mißbraucht wurde«). Manchmal sind wir aber auch unfähig, den Zusammenhang zu erkennen.

Lois und Frances, zwei Schwestern, beide über Vierzig, sprechen kaum mehr miteinander, seit ihre Mutter vor sechs Jahren gestorben ist. Lois ist immer noch wütend auf Frances, die sich in der schwersten Zeit zu wenig um die Mutter kümmerte; Frances meint aber, Lois habe eigenmächtige Entscheidungen über die Pflege der Mutter getroffen, ohne sie, die Schwester, um Rat zu fragen. Die beiden Schwestern haben sich auf eine wechselseitige Vorwurfshaltung festgelegt und sind auf dem Weg zu einem totalen Bruch in ihrer Beziehung, der sich dann vermutlich in den folgenden Generationen wiederholen wird. Jede ist überzeugt, die andere sei für das Problem verantwortlich. Keine von beiden ist sich darüber im klaren, daß die Spannungen in ihrer Beziehung (die sie erst durch Streit, dann durch Distanz zu bewältigen versuchten) aus den starken Ängsten resultieren, die durch den Tod ihrer Mutter ausgelöst wurden.

Dadurch, daß sie an ihrer Wut und an ihrer Distanz festhalten, schützen Lois und Frances sich vor der vollen Erfahrung ihrer Trauer, der sie sich stellen müßten, wenn sie sich versöhnten und einander näherkämen. Lois schützt sich außerdem davor, Wut auf ihre verstorbene Mutter zu empfinden, die Frances mehr als die Hälfte des Vermögens hinterließ, weil Lois einen reicheren Ehemann hatte. Ihre festgefahrenen Positionen hindern sie daran, über den Verlust ihrer Mutter zu trauern, das Problem des Erbes aufzuarbeiten und ihre wichtige Beziehung als Schwestern zu erneuern.

Sechs Jahre nach dem Tod ihrer Mutter haben Lois und Frances sich noch immer nicht aus der Reaktivität gelöst, die ihren Umgang miteinander bestimmt. Vielleicht wird eine von beiden irgendwann durch eine Krise oder eine andere lebensverändernde Erfahrung dahin kommen, den ersten Schritt in

Richtung Offenheit und Nähe zu tun. Das würde viel Mut erfordern, aber sicherlich zu einer grundlegenden Veränderung führen.

## Die Wiederkehr traumatischer Erfahrungen

Unsere engsten Beziehungen sind wie Blitzableiter, die Ängste und Spannungen aus allen möglichen Quellen absorbieren – auch solche, deren Ursachen weit in der Vergangenheit liegen. Lebensabschnitte oder Daten, die in der Vergangenheit mit wichtigen Ereignissen verbunden waren, werden immer Angst aufrühren, ob wir uns dessen bewußt sind oder nicht. Für mich stellt der Eintritt ins mittlere Lebensalter eine besondere Herausforderung dar, weil bei meiner Mutter die erste Krebserkrankung diagnostiziert wurde, als sie Ende Vierzig war – und ihre Mutter starb im Alter von vierundvierzig Jahren. Ich vertraue darauf, daß die Jahre um Fünfzig für mich leichter sein werden, wenn alles so bleibt, wie es ist – was natürlich nie geschieht. Wenn es in Ihrer Familie zu einer Krise kam, als Sie sechs Jahre alt waren, können Sie sicher sein, daß Sie in einem spannungsgeladenen Feld operieren werden, wenn Ihr Kind sechs Jahre alt wird oder wenn Sie selbst das Alter erreichen, in dem Ihre Mutter damals war.

Das bedeutet allerdings nicht, daß wir bei der Wiederkehr wichtiger Lebensabschnitte oder Daten auch wirklich stärkere Ängste *empfinden*. Wenn Ihre Tochter neun Jahre alt wird und Sie neun Jahre alt waren, als Ihre Eltern geschieden wurden, erinnern Sie sich vielleicht gar nicht an dieses Ereignis. Aber es könnte sein, daß Sie Ihrem Ehemann kritischer gegenüberstehen oder auch mehr Nähe suchen und sich unsicherer fühlen. Vielleicht stellen Sie auch fest, daß die Beziehung zu Ihrer Tochter distanziert geworden ist oder daß Sie sich jeden Tag mit ihr streiten über Schulprobleme oder über die Auswahl ihrer Freunde.

Was wir bei der Wiederkehr wichtiger Lebensabschnitte oder Daten am häufigsten beobachten, sind die *Folgen* hoher Angstspannungen, jene voraussagbaren Verhaltensmuster, in die Menschen unter Streß verfallen und die in unseren Beziehungen zu rigiden und polarisierten Positionen führen. Manchen Menschen gelingt es, die Verbindung herzustellen (»Mir wird allmählich klar, daß ich den Wunsch habe, Joe zu verlassen, seit ich in das Alter gekommen bin, in dem meine Mutter ihren Nervenzusammenbruch hatte«). Aber den meisten von uns gelingt es nicht. Statt dessen geraten wir einfach in eine reaktive Dynamik hinein, und eine bestimmte Beziehung nimmt eine negative Wendung. Oder wir neigen in allen Lebensbereichen zu Überreaktionen. Der Chef kritisiert unsere Arbeit, und wir versinken für den Rest des Tages in der schwärzesten Depression. Der Partner verlangt mehr Freiheitsspielraum, und wir geraten in Panik. Wir sind einfach anfälliger für automatisch ablaufende, intensive Reaktionen, aus welchen Quellen sie auch immer gespeist sein mögen.

Das alles ist natürlich nicht so neu. Wir alle wissen, daß es eine Vielzahl von Streßfaktoren gibt, die sich zu einer bestimmten Zeit negativ auf eine bestimmte Beziehung auswirken. Und es ist uns auch bewußt, daß Ängste und ungelöste Probleme aus unserer Kindheit uns hier und jetzt in Schwierigkeiten bringen können. Dennoch ist es keine leichte Aufgabe, die Hauptursachen unserer Ängste zu erkennen. Und die Arbeit an diesen Ängsten ist noch wesentlich schwieriger.

## Wo liegt das Problem?

Die meisten von uns verwechseln die *Folgen* hoher Angstspannungen mit ihren *Ursachen*. In meiner Familie zum Beispiel wurde *ich* in der Zeit der ersten Krebserkrankung meiner Mutter als »das Problem« betrachtet und in Therapie geschickt. Ebensoleicht hätten die Ängste ihren Ausdruck in heftigen Auseinandersetzungen oder Entfremdung in der Ehe finden können, und in diesem Fall wäre ein »Ehekonflikt« als das Problem benannt worden. In einer anderen Familie hätte der Vater vielleicht zur Flasche gegriffen, oder die Mutter hätte eine schwere Depression entwickelt, auf die sich die anderen Familienmitglieder in kontraproduktiver Weise fixiert hätten. Wenn die Mitglieder einer Familie über ihre Bewältigungsmöglichkeiten hinaus mit hohen Angstspannungen belastet sind, werden sie in der Therapie das Problem in einer der drei folgenden Weisen definieren:

1. Fixierung auf ein Kind – man betrachtet das Kind als »das Problem«, während alles andere als konfliktfrei dargestellt wird.
2. Ehestreit oder Entfremdung zwischen den Ehepartnern – hier ist die Ehe »das Problem«.
3. Symptombildung – einer der Partner geht in die Rolle des Unterfunktionierenden oder entwickelt ein bestimmtes Krankheitssymptom.

Wenn *eine* Person oder *eine* bestimmte Beziehung als »das Problem« etikettiert wird, geraten andere Konflikte außer Sichtweite. Wenn meine Schwester zum Beispiel Davids distanzierte Haltung (oder ihre eigene bedrängende Haltung) als »das wirkliche Problem« betrachtet hätte, wäre ihr das Entscheidende entgangen. Einerseits war es hilfreich für sie, ihren eigenen Anteil an der Dynamik von Distanz und Nähe in der Beziehung, unter der sie litt, zu erkennen. Andererseits war es genauso wichtig für sie, ihre Wahrnehmung zu erweitern und andere Angstquellen zu erkennen, die ihrer Reaktivität Nahrung gaben. Es ist nicht leicht, die Wahrnehmung für weitere Zusammenhänge offenzuhalten. Natürlich wollen wir uns auf die Stelle konzentrieren, die weh tut, und anderen Konflikten aus dem Weg gehen. Wenn wir zum Beispiel unser Kind in Therapie bringen, wollen wir, daß die Behandlung sich auf das Kind konzentriert. Unsere Sorge um das Kind ist echt und ganz real. Wir bieten jedoch enormen Widerstand auf, wenn es darum geht, einen Blick auf unsere eigene Reaktivität in der Beziehung zum Vater oder zur Stiefmutter des Kindes zu werfen oder uns darüber klarzuwerden, wie wir gerade mit unserer eigenen Mutter umgehen.

Wir sehen nur das, was wir sehen wollen. Je höher die Angstspannung ist, desto extremer engen wir unsere Wahrnehmung ein und desto leichter werden wir von schmerzhaften Gefühlen überwältigt. Wie das nächste Kapitel erneut zeigen wird, können wir jedoch nicht am Problem der Intimität arbeiten, wenn wir unsere Aufmerksamkeit auf eine Beziehung oder auf eine zu enge Definition des Problems fixieren.

# V. Distanz und immer mehr Distanz

Adrienne meldete sich zur Therapie an, um an ihren Eheproblemen zu arbeiten. Sie faßte den Konflikt mit folgenden Worten zusammen: »Frank und ich kamen in den ersten Jahren sehr gut miteinander aus. Aber nach der Geburt unseres zweiten Kindes fingen wir an, uns sehr oft zu streiten. Und als wir dann beide genug davon hatten, gingen wir einfach auf Abstand und lebten nebeneinander her wie zwei Leute, die sich eine Wohnung teilen. Ich war entsetzt, als ich herausfand, daß er eine Freundin hat, aber eigentlich hätte ich es wissen müssen. Ich war selbst an einem anderen Mann interessiert, wenn ich das auch nicht konkret auslebte.«

Wenn Adrienne nicht die schmerzvolle Entdeckung gemacht hätte, daß ihr Mann mit einer anderen Frau zusammen war, hätte sie vielleicht nie Hilfe gesucht. »Ich wußte, daß es zwischen uns keine Nähe mehr gab, weder physisch noch emotional«, erklärte sie, »aber das störte mich gar nicht so sehr. Vielleicht habe ich das Problem verleugnet, aber ich dachte, das Leben sei einfach so. Bei vielen Paaren hört die Intimität auf, wenn Kinder da sind. Hin und wieder war ich schon unzufrieden mit der Entfremdung zwischen uns, aber gleichzeitig nahm ich es nicht so ernst. Ich glaube, ich hatte mich daran gewöhnt.«

Als Adrienne zu mir in Therapie kam, sah sie die Entfremdung als das Problem in ihrer Ehe an. Zuvor hatte sie die häufigen Auseinandersetzungen als das Problem betrachtet. Distanziertheit und Streit sind jedoch nie »das Problem« in einer Beziehung. Beides sind vielmehr ganz normale Strategien, um Ängste zu bewältigen, die eine wichtige Beziehung belasten.

Wenn wir eine gewisse Zeitspanne und die unvermeidlichen Belastungen, die der Lebenszyklus mit sich bringt, voraussetzen, können wir davon ausgehen, daß es selbst in »idealen« Paarbeziehungen phasenweise zu reaktiven Auseinandersetzungen und zur Entfremdung zwischen den Partnern kommt. Die »Kampf- oder Flucht«-Reaktion ist in jeder Spezies präsent – unsere eigene eingeschlossen. Das Ausmaß von Konflikten, das wir in einer bestimmten Partnerschaft erleben, hängt von zwei Faktoren ab: Der erste ist der Grad von Streß und Ängsten, der aus den verschiedensten Quellen in Vergangenheit und Gegenwart auf eine Beziehung einwirkt. Der zweite ist der Grad von Autonomie, den wir in der Beziehung verwirklichen können. Je weniger es uns in unserer Herkunftsfamilie gelungen ist, ein klares und festumrissenes Ich auszubilden, desto stärker werden wir uns gefährdet fühlen, uns im »Sog der Nähe« in der Beziehung mit anderen zu verlieren. Das Streiten oder das Streben nach Distanz ist eine fast instinktive Reaktion auf die Angst vor dieser Fusion, dieser Nähe, die uns mit Selbstverlust bedroht.

Die spezifische Art, *wie* wir in Konflikte geraten, hat mit unserem individuellen Stil der Angstbewältigung zu tun und mit bestimmten Beziehungsmustern, in denen wir befangen bleiben. An Adriennes Beispiel können wir eine häufige, wenn nicht universell verbreitete Art der Angstbewältigung, die auf lange Sicht in jeder Beziehung Konflikte auslöst, genauer betrachten: emotionale Distanz und das Abbrechen des Kontakts.

## Distanziertheit: das Problem oder die Lösung?

Was ist eine distanzierte Beziehung? Adriennes Beschreibung ihrer Ehe mit Frank ist ein gutes Beispiel. Zu dem Zeitpunkt, als sie die Liebesaffäre ihres Mannes entdeckte, hatten sie zwar selten Streit, aber sie waren einander auch nicht nahe und sprachen selten miteinander über ihre Gefühle, Gedanken und Erfahrungen. Statt sich mit der Distanz in ihrer Beziehung direkt zu konfrontieren, richteten beide ihre emotionalen Energien auf eine andere Person. Frank hatte eine Freundin, und obwohl Adrienne keine andere sexuelle Beziehung eingegangen war, hatte sie doch starkes Interesse an einem anderen Mann.

In gewisser Hinsicht waren Franks Liebesaffäre und Adriennes Untreuephantasien ein Schutz für ihre Ehe. Adrienne bewahrte sich durch ihr erotisches Interesse an einem anderen Mann davor, ihre Unzufriedenheit in der Ehe mit Frank voll zu empfinden; also kamen die tieferliegenden Probleme ihrer Ehe nicht mit wirklicher emotionaler Kraft an die Oberfläche. Wenn wir uns später mit der komplexen Dynamik von Dreiecksverhältnissen befassen, werden wir sehen, daß die dritte Partei tatsächlich dazu dient, die Beziehung zu stabilisieren und die wirklichen Konflikte nicht an die Oberfläche kommen zu lassen. »Die Lösung« und »das Problem« sind oft identisch. Adrienne hatte sich so sehr in ihrer sinnentleerten Beziehung zu Frank verschanzt, daß es einer wirklichen Krise – ihrer Entdeckung der »anderen Frau« – bedurfte, um sie zu einer ernsthaften Überprüfung ihrer Ehesituation und ihres Lebens zu bringen.

Die meisten von uns greifen zu irgendeiner Form von Distanz, um Spannungen in zentralen Beziehungen zu bewältigen, Konflikte in unserer Herkunftsfamilie eingeschlossen. Vielleicht ziehen wir in eine andere Stadt oder ein anderes Land, um die ambivalenten Gefühle zu vermeiden, die ein engerer Kontakt mit unseren Eltern oder anderen Familienmitgliedern in uns auslöst. Oder wir leben mit unseren Verwandten in einem Haus zusammen, ziehen uns aber emotional zurück, indem wir die Gespräche auf einer oberflächlichen Ebene halten, wenig über uns selbst mitteilen und gewisse Themen gar nicht berühren. Vielleicht haben wir sogar den Kontakt zu Geschwistern abgebrochen und sprechen nur mit ihnen, wenn wir zufällig bei einem Familientreffen auftauchen.

Emotionale Distanz kann ein wichtiger erster Schritt sein, um unsere seelische Gesundheit oder sogar unser Überleben zu sichern. Wie wir alle aus eigener Erfahrung wissen, können Beziehungen so konfliktgeladen sein, daß Abstand die einzige konstruktive Lösung ist. Und wenn wir in Gefahr sind, mißhandelt oder mißbraucht zu werden, ist es von allerhöchster Bedeutung, aus der Gefahrenzone herauszukommen, um zu verhindern, daß wir verletzt werden.

Distanz ist ein sinnvoller Weg, Konflikte zu bewältigen, wenn sie uns aus einer Situation hoher Reaktivität erlöst und uns erlaubt, Ruhe zum Nachdenken zu finden, zu planen und

Alternativen für unser Verhalten zu entwickeln. Oft benutzen wir die Distanz oder das Abbrechen des Kontakts jedoch, um uns permanent (emotional oder physisch) aus einer Beziehung zurückzuziehen, ohne daß wir die Probleme angesprochen oder geklärt hätten. Kurzfristig mag dieser Weg der einfachste sein und das geringste Leid verursachen. Aber alles, was ungelöst und unverarbeitet geblieben ist, wird zu Konflikten führen, wenn wir das nächste Mal das Wagnis einer Beziehung eingehen. Auf lange Sicht zahlt man einen hohen Preis für eine kurzfristige Erleichterung.

In Adriennes Ehe hatte die Distanz extreme Formen angenommen. Gleichzeitig jedoch sorgten die Dreieckskonstellationen (Franks Liebesaffäre und Adriennes starkes Interesse an einem anderen Mann) für eine Stabilisierung der Ehe, so daß keiner der Partner sich um Veränderung bemühte – das heißt so lange, bis die Katze aus dem Sack war und es keine Möglichkeit mehr gab, die Konflikte zu verschleiern.

## Zurück zum emotionalen Feld

Wir alle, ohne Ausnahme, haben Schwierigkeiten, mit Intimität umzugehen, und im Lauf der Jahre lernen wir entweder dazu – oder wir fallen noch weiter zurück. Warum fiel Adrienne zurück, und warum kam es in ihrer Ehe zu einer extremen Distanz? Nach Adriennes Bericht waren die Eheprobleme nach der Geburt des zweiten Sohnes, Joe, »einfach da«. Aber Beziehungskonflikte sind nicht »einfach da«, und Menschen verstricken sich auch nicht »einfach so«, ohne Grund, in hartnäckig andauernde Streitigkeiten oder ein Nebeneinanderherleben. Was war also der Hintergrund von Adriennes und Franks Beziehungsproblemen? Was geschah um die Zeit, als es zwischen ihnen zu ständigem Streit und dann zu unüberbrückbarer Distanz, zum Mangel an Kommunikation und zur Untreue kam? Laut Adrienne »nichts von Bedeutung«. Bei sorgfältigem Nachfragen stellte sich dieses »Unbedeutende« jedoch als schwerwiegend genug heraus.

Obwohl Adrienne selbst sagte, daß die Ehekonflikte nach der Geburt ihres zweiten Sohnes begonnen hatten, brachte sie diese beiden Ereignisse nicht miteinander in Verbindung. Der Zusammenhang war eigentlich klar ersichtlich. Die Geburt eines Kindes bedeutet immer eine zusätzliche Belastung für eine Ehe, und bei diesem Paar war das Thema »zweiter Sohn« außerdem besonders konfliktgeladen. Was dieses Thema so spannungsvoll machte, war die Geschichte »zweiter Söhne« in der vorangegangenen Generation der Familien beider Partner.

In Adriennes Familie war das zweite Kind, Greg, von Geburt an schwer retardiert und wurde im Alter von drei Jahren in eine Institution für geistig Behinderte gegeben. Als Adrienne ihre Therapie begann, hatte sie ihren jüngeren Bruder seit elf Jahren nicht besucht, denn, so sagte sie, »er erkennt ohnehin niemanden, und es hat keinen Sinn«. In Franks Familie war der zweite und jüngste Sohn das »Problemkind« gewesen und wurde immer noch als das schwarze Schaf der Familie betrachtet. Mit dieser emotional aufgeladenen Geschichte zweiter Söhne als Hintergrund ist es nicht erstaunlich, daß Joes Eintritt in die Familie eine ordentliche Portion unbewußter Ängste und Spannungen freisetzte.

In Joes erstem Lebensjahr wurde bei Adriennes Vater Magenkrebs in fortgeschrittenem Stadium festgestellt. Obwohl Adrienne sich furchtbare Sorgen machte, bewältigte sie ihre Angstgefühle, indem sie auf Distanz ging. Sie sah ihren Vater zwar nicht seltener als vorher, aber die gesamte Kommunikation über seine Krankheit und ihre Sorgen um ihn liefen über ihre Mutter, die auf dem Standpunkt stand, der Vater dürfe die Wahrheit nicht erfahren. Als ich Adrienne kennenlernte, war ihr Vater im letzten Stadium seiner Krankheit, aber sie hatte noch keinen Weg gefunden, die Krebserkrankung im Gespräch mit ihm auch nur zu erwähnen, von ihm Abschied zu nehmen oder ihm zu sagen, wie sehr sie ihn als Vater liebte.

Zu diesem Zeitpunkt, als die Probleme in der Ehe sich verschärften, kämpfte Adrienne auch mit beruflichen Problemen. Nach der Geburt von Joe hatte Frank seine Ängste dadurch bewältigt, daß er sich auf seine Arbeit zurückzog und in Überstunden flüchtete. An der Oberfläche reagierte Adrienne darauf mit Vorwürfen über seine ständige Abwesenheit, aber sie beneidete ihn auch um seine Fähigkeit, sich an seine Projekte zu verlieren. Ihren eigenen Job als Labortechnikerin erlebte sie mehr und mehr als unbefriedigend; sie war aber auch nicht in der Lage, Alternativen zu entwickeln, und konnte sich nicht darüber klarwerden, was sie tun wollte. Durch einen heftigen Flirt mit einem Arbeitskollegen lenkte Adrienne sich von ihren Berufsproblemen ab und trug damit außerdem zur Stabilisierung ihrer Ehe bei – während sie und Frank immer weiter auseinandertrieben.

Es war ein wichtiger erster Schritt für Adrienne, die hohen Belastungen, denen sie seit der Geburt ihres zweiten Sohnes ausgesetzt war, zu erkennen und die Schlüsselereignisse zu identifizieren, die zu der wachsenden Entfremdung in ihrer Ehe beigetragen hatten. Diese Ereignisse waren:
– die Geburt des zweiten Kindes, die in Adrienne starke (wenn auch unbewußte) Erinnerungen an ihren behinderten Bruder und seine Stellung in der Familie auslöste,
– die Diagnose der Krebserkrankung ihres Vaters,
– Adriennes Berufsprobleme und ihre Schwierigkeiten, eigene Ziele zu definieren.

Außerdem war die Erkenntnis, daß Distanz und heftige Auseinandersetzungen in der Ehe Ausdruck hoher, anhaltender Spannungen und Ängste sind, beruhigend für Adrienne.

## Von der Einsicht zum Handeln

Als Adrienne sorgfältig und objektiv beobachtete, wie sie unter Streß mit anderen wichtigen Beziehungen umging, stellte sie fest, daß Distanznehmen für sie selbst und für andere Mitglieder ihrer Familie ein alteingewurzeltes Verhaltensmuster war. Distanz war tatsächlich die ihr vertraute und von ihr bevorzugte Art, Belastungen zu bewältigen, insbesondere in der Beziehung zu Männern. Sie hatte den männlichen Mitgliedern ihrer Herkunftsfamilie – ihrem Vater und ihrem behinderten Bruder – nie nahegestanden; ihre Mutter nahm den Platz in der Mitte ein und vermittelte Informationen zwischen den Parteien.

Durch die Therapie begann Adrienne zu erkennen, daß es zwischen ihrer distanzierten Haltung den männlichen Mitgliedern ihrer Familie gegenüber und der extremen Distanz, die nun in ihrer Ehe herrschte, einen Zusammenhang gab.

Wäre es nicht wundervoll, wenn Einsicht automatisch zu Veränderungen führte? Leider ist es aber nicht so. Wenn wir die Ursachen eines Problems verstehen, heißt das nicht gleichzeitig, daß wir das Problem auch lösen können. Als Adrienne in der Psychotherapie mehr über sich selbst erfuhr, versuchte sie, in ihrer Ehe neue Wege zu gehen in der Hoffnung, dadurch mehr Nähe zu erreichen. Einige ihrer Veränderungsschritte erwiesen sich schließlich als produktiv. Sie erzählte Frank zum Beispiel, daß die Psychotherapie ihr helfe, sich ihres eigenen Anteils an der Entfremdung in ihrer Ehe bewußt zu werden, und daß sie an diesem Problem arbeite. Sie sagte ihm auch klar und eindeutig, daß sie seine Beziehung zu der anderen Frau nicht akzeptieren könne; wenn er von ihr erwarte, daß sie die Ehe mit ihm weiterführe, müsse er diese Beziehung beenden. Das tat er auch. Aber ein großer Teil der Bemühungen Adriennes, »Nähe herzustellen«, bewirkten gerade das Gegenteil. Sie war von der Vorstellung beherrscht, daß Intimität das wichtigste Ziel sei, machte Nähe zum Hauptgegenstand ihrer Gespräche mit Frank und bestand darauf, daß auch er sich wie sie um mehr Nähe bemühen solle. Je mehr sie Frank bedrängte, je mehr sie sich auf seinen Mangel an Wärme, Interesse und Aufmerksamkeit konzentrierte, desto distanzierter wurde er. Und je mehr er sich zurückzog, desto stärker wurde Adriennes Drängen.

Wie gelang es Adrienne, den Zyklus von Bedrängen und Distanzieren zu durchbrechen? Sie erreichte das, indem sie Frank mehr Raum ließ, ohne in ihre alte Position kühler Distanz zurückzufallen. Frank reagierte darauf mit vorsichtigen Versuchen, ihr näherzukommen. An diesem Punkt war Adrienne jedoch plötzlich unzugänglich; sie wollte in Ruhe gelassen werden. »Um ehrlich zu sein«, sagte sie in der Therapiestunde, »ich glaube, vielleicht ist es zu spät. Oder ich will gar keine so große Nähe zu ihm. Aber meine Ehe will ich auch nicht aufs Spiel setzen.«

Adrienne wurde sich allmählich ihrer eigenen Angst vor Nähe bewußt, und dadurch erkannte sie auch, daß sie in ihrer Herkunftsfamilie Veränderungen anstreben mußte, bevor sie in ihrer Ehe neue Wege beschreiten konnte. Diese Erkenntnis gab Adrienne den Mut, sich mit der Situation auseinanderzusetzen: Ihre Ehe würde immer durch emotionale Spannungen überlastet bleiben, wenn sie den extremen Abstand zu ihrem Vater und ihrem Bruder beibehielte und die Konfliktthemen in diesem Bereich nicht aufarbeitete. Und sie würde auf die Überlastung weiterhin mit Distanz oder mit Streit reagieren.

## »Vater, ich werde dich vermissen«

Wie versuchte Adrienne, die Distanz in ihrer Herkunftsfamilie zu überwinden? Zuerst bemühte sie sich ernsthaft, mit ihrem Vater direkt über seine Krankheit zu sprechen, statt die Einzelheiten über ihre Mutter zu erfahren. Nach dem typischen alten Muster fragte Adrienne ihren Vater zu Beginn ihrer Besuche immer: »Wie geht es dir?«, worauf er eine oberflächliche Antwort gab (»unverändert«) oder mit einem sarkastischen Witz reagierte (»die Ärzte sagen mir, ich bin so gesund, daß ich jeden Augenblick tot umfallen könnte«). Dann wechselte Adrienne für gewöhnlich das Thema, und sie sprachen über das Wetter oder über die Kinder.

Adrienne machte einen großen Schritt vorwärts, als es ihr gelang, die distanzierte Haltung ihres Vaters (die *sein* Versuch war, sie vor der Wahrheit zu schützen) zu durchbrechen und ihn direkt zu fragen: »Vater, was sagen die Ärzte über deinen Magenkrebs? Ich möchte wirklich gern von dir wissen, wie es steht!« Als er seine übliche abwehrende und oberflächliche Antwort gab, sagte sie ihm direkt, daß seine Krebserkrankung – und ihre Furcht, ihn zu verlieren – zwar sehr schmerzvoll für sie sei, daß sie sich aber besser fühlen würde, wenn sie die Fakten kenne und auf dem laufenden sei. Als er sagte: »Mutter wird dich auf dem laufenden halten«, antwortete sie: »Ja, das tut sie, aber ich möchte es doch gern von dir selbst hören.« Dieses kurze Gespräch war ein wichtiger Schritt für Adrienne, mit dem bevorstehenden Tod ihres Vater offener umzugehen. Es war auch das erste Mal, daß jemand in der Familie das Wort »Krebs« in Gegenwart des Vaters offen ausgesprochen hatte. Anfangs schien ihm das unangenhm zu sein, aber später reagierte er mit Erleichterung und mit größerer Offenheit.

Natürlich gab es Zeiten, in denen Adriennes Vater nicht über seine Krankheit sprechen wollte, und Adrienne respektierte seine Stimmungen. Es ist von zweifelhaftem Wert, einem Menschen die Diskussion über ein Problem aufzudrängen, weil *wir* glauben, daß dies nötig sei. Aber oft verwechseln wir Sensibilität mit einer überbeschützenden Haltung, und die Kommunikation in einer Familie sinkt auf den Nullpunkt, weil jeder von jedem annimmt, er (oder sie) wolle nicht über das Problem sprechen oder könne nicht damit umgehen.

Ursprünglich war Adrienne davon überzeugt, daß ihr Vater nicht über seinen bevorstehenden Tod sprechen wolle (»er kann es nicht verkraften«) und daß es verletzend sei, das Thema anzuschneiden. Diese Einstellung wurde von Adriennes Mutter unterstützt, die darauf bestand, der Vater habe »nie mit der Realität umgehen können«. Und Adrienne hatte ihrem Vater nie Fragen gestellt, die ihm deutlich machten, daß sie eine offenere Kommunikation wünschte. Es war ein mutiger Veränderungsschritt in der Beziehung zu ihrem Vater, als sie begann, ihm ruhige und klare Fragen zu stellen.

Was waren das für Fragen? Adrienne drückte ihr Interesse an den Tatsachen aus, wie sie von den Ärzten gesehen wurden (»Hast du die Untersuchungsergebnisse bekommen? Was sagt der Arzt – wie ist die Prognose?«). Sie fragte ihren Vater auch nach seiner eigenen Einschätzung seiner Krankheit (»Bist du derselben Meinung wie die Ärzte, oder siehst du es anders? Was denkst du selbst über deine Prognose?«), und ihre Fragen drückten ihr Interesse daran aus, was ihr Vater über den Tod dachte und mit welchen Gefühlen er ihm entgegenging. Durch ihre Fragen und dadurch, daß sie ihre eigenen Empfindungen offen aussprach, machte Adrienne ihrem Vater ihr echtes Bedürfnis nach Austausch deutlich, und es stellte sich heraus, daß er bereitwillig die Gelegenheit ergriff, über seinen Zustand zu sprechen. Eine Woche bevor er starb, sprach er mit Adrienne über seine »Philosophie des Todes«, und sie weinten gemeinsam. Wenig später sagte sie mir: »Es war eine gute Art zu weinen – nicht depressiv, sondern offen und emotional.«

Als Adrienne ihre emotionale Energie dafür einsetzte, in

ihrer Familie echten Kontakt herzustellen im Zusammenhang mit dem bevorstehenden Tod ihres Vaters, war sie von starker Trauer erfüllt, hatte aber auch das Gefühl, als sei eine große Last von ihrer Ehe genommen worden. Sie war nicht mehr so sehr von der Vorstellung beherrscht, daß der »Mangel an Nähe« die Hauptschwierigkeit in ihrer Ehe sei, und paradoxerweise fiel es ihr leichter, engeren Kontakt herzustellen. Als ihre Ehe von der emotionalen Last eines verdrängten Trauerprozesses befreit wurde, konnte Adrienne auch leichter und offener mit Frank darüber sprechen, was sie in der Konfrontation mit dem Sterben ihres Vaters durchmachte. Sie konnte sich auf ihren eigenen Umgang mit ihren Problemen konzentrieren, statt zu beobachten, ob Frank auf ihre Selbstenthüllungen auch »richtig« reagierte. Die Folge davon war, daß sie mit Frank viel häufiger Augenblicke echter Verbundenheit erlebte.

## »Mein Bruder bedeutet mir nichts«

Die distanzierteste Beziehung in Adriennes Leben war die zu ihrem Bruder. Sie ging damit wie mit einer »Null-Beziehung« um und tat ihr Bestes, Greg in ihrer seelischen Landschaft unsichtbar zu machen. Eine »Null-Beziehung« zu Eltern oder Geschwistern ist aber gar nicht möglich. Distanz und das Abbrechen des Kontakts bewirken nur, daß die emotionale Intensität unbewußt wird und an anderer Stelle wieder an die Oberfläche kommt.

In der Therapie wehrte Adrienne sich lange gegen jeden Gedanken an ihren Bruder, und ein Besuch in dem Heim, in dem er untergebracht war, wäre ihr nicht in den Sinn gekommen. Jedesmal, wenn ich eine simple Auskunft über Greg verlangte oder fragte, wie seine Behinderung und sein Leben in einem Pflegeheim sich auf die Familie auswirkten, gab Adrienne dieselbe voraussagbare Antwort: »Ich kenne ihn im Grunde gar nicht – für einen wirklichen Kontakt ist er zu behindert –, er bedeutet mir nichts.«

Seit mehr als zehn Jahren hatte Adrienne ihren Bruder nicht gesehen, und auch davor war ihr Kontakt zu ihm minimal gewesen. Sein Status als »unsichtbares Familienmitglied« war offensichtlich. Adriennes ältester Sohn, der fünf Jahre alt war, wußte nicht einmal, daß seine Mutter einen Bruder hatte. Frank war Greg nie begegnet und hatte auch nie ein Foto von ihm als Erwachsenem gesehen. Adrienne selbst hätte Greg vermutlich nicht erkannt, wenn sie ihm auf der Straße begegnet wäre.

Wenn Adrienne über ihre lebenslange Distanz zu Greg sprach, schien sich darin nur Desinteresse zu spiegeln (»Ich sehe ganz einfach keinen Grund, warum ich mir die Mühe machen sollte, ihn zu besuchen«). Sie hatte nicht das geringste Bewußtsein von den unterdrückten Gefühlen, die bei einem Versuch, den Kontakt wiederherzustellen, unweigerlich an die Oberfläche kommen würden. »Es mag gefühllos klingen«, sagte sie ganz ruhig, »aber ich sehe ihn einfach nicht als Teil der Familie.«

Oft verwechseln wir Distanz oder Gefühlsabwehr mit Herzlosigkeit. Wir begegnen dieser Verwechslung in der Alltagssprache und sogar in den Aussagen von Fachleuten. Eine Mutter, die darauf verzichtet, ihr Kind selbst aufzuziehen, oder die vor der Verantwortung flieht, ein Vater, der sich von Frau und Kindern trennt und sich nie wieder blicken läßt, ein Bruder, der den Kontakt zu seiner Schwester abbricht, wenn sie in psychiatrische Behandlung kommt – solche Menschen werden automatisch als »lieblos« oder »herzlos« etikettiert.

Es ist wichtig, zu begreifen, daß Distanz oder das Abbrechen des Kontaks zwischen Familienmitgliedern nichts mit einem Mangel an Gefühlen, an Liebe oder Interesse zu tun hat. Distanz und Trennung sind Strategien zur Bewältigung von Ängsten. In ihnen spiegelt sich nicht Gefühllosigkeit, sondern spannungsgeladene Gefühlsintensität. Die Gefühle können sich auf Konfliktthemen beziehen, die sich im Verlauf mehrerer Generationen herausgebildet haben und die man nur mit Schwierigkeiten aufarbeiten, ja vielleicht nicht einmal ansprechen kann

Adrienne erfuhr zum ersten Mal, was es heißt, hohe emotionale Spannungen zu ertragen, als sie bei dem Heim anrief, in dem ihr Bruder untergebracht war, einen Besuchstermin vereinbarte und die lange Fahrt in den Nachbarstaat plante. In der Woche, die dem Besuch vorausging, konnte sie nicht schlafen, hatte furchtbare, bedrohliche Alpträume und erlebte eines Tages im Bus auf der Fahrt zur Arbeit ihren ersten ausgewachsenen Panikanfall. Aus Gründen, die sie nicht benennen konnte, fühlte sie sich außerstande, ihre Mutter von dem Besuch zu unterrichten; also hielt sie ihren Plan geheim.

Diese dramatischen Reaktionen auf den geplanten Besuch zwangen Adrienne zu der Erkenntnis, daß die Beziehung zu ihrem Bruder emotional durchaus nicht unbedeutend für sie war. Die unterdrückten Gefühle, die sie durch Distanz und durch das Abbrechen des Kontaks in Schach gehalten hatte, konnte sie jedoch erst *nach* dem Besuch bei Greg identifizieren und bearbeiten.

## Die Folgen der Veränderung

Nach all den vorangegangenen Ängsten fand Adrienne den wirklichen Besuch bei Greg beruhigend. Ihre Begegnung verlief undramatisch, und obwohl Adrienne überzeugt war, daß Greg sie nicht als seine Schwester erkannte, schien er über ihre Anwesenheit doch erfreut zu sein. Die Möglichkeit, Greg zu sehen, mit ihm zusammenzusein, seine Umgebung und einige Mitglieder des Pflegepersonals kennenzulernen, die täglich mit ihm zu tun hatten, machten Greg für Adrienne zu einer »realen Person« und erlaubten ihr, die Phantasien über ihren Bruder durch ein realistischeres Bild zu ersetzen. Was auf Adrienne den stärksten Eindruck machte, war jedoch, daß einer der jungen Pfleger Greg offensichtlich gern hatte und daß Greg diese Gefühle zu erwidern schien. »Ich wäre nie auf die Idee gekommen, daß jemand wirkliche Zuneigung zu ihm empfinden könnte und daß er selbst auch so reagiert!« rief Adrienne in ihrer nächsten Therapiestunde aus. »Also, dieser Typ schien Greg wirklich zu mögen, so als hätten sie eine echte Beziehung zueinander!«

Da Adrienne den Besuch bei ihrem Bruder anfangs als beruhigend erlebte, war sie auf seine emotionalen Nachwirkungen nicht vorbereitet. Einige Wochen nachdem sie ihrer Mutter von diesem Ereignis erzählt hatte, kam Adrienne in einem nahezu hysterischen Zustand in die Therapiestunde. Elaine, ihre Mutter, war in akute Depressionen verfallen und hatte Adrienne gegenüber Suizidphantasien geäußert, obwohl sie keine konkreten Selbstmordabsichten hatte. In der Woche darauf kamen Adrienne und ihre Mutter gemeinsam zu einem Gespräch.

Bei den folgenden Therapiesitzungen mit Adrienne und Elaine kam ein entscheidender Familienkonflikt an die Oberfläche – ein Konflikt, der seit Gregs Geburt wie ein unterirdischer Vulkan gebrodelt hatte. Dieses »heiße Eisen« war Gregs Behinderung bzw. die unausgesprochene Frage in der Familie: Wer war daran schuld? Was Elaine unter Strömen von Tränen und in tiefster Verzweiflung hervorbrachte, waren die heftigsten Schuldgefühle und Selbstvorwürfe über den Zustand ihres Sohnes.

Adriennes extreme Distanz zu ihrem Bruder hatte die Mutter vor dem bewußten Erleben dieser Gefühle geschützt und die ganze Familie davor bewahrt, sich mit einem Problem zu befassen, das allen zu bedrohlich schien. Auf der unbewußten Ebene hatte Adrienne das als Kind sehr wohl wahrgenommen. Das ist bei den meisten Kindern so.

Während der gemeinsamen Therapiesitzungen konnte Adriennes Mutter ihrer Tochter offen eingestehen, welche Fragen sie seit der Geburt ihres Sohnes gequält hatten: War sie an seiner Behinderung schuld? Waren es die Gene ihrer Familie? War es die Flasche Wein, die sie im ersten Monat getrunken hatte, als sie noch nicht wußte, daß sie schwanger war? Elaine sprach auch über die tiefe Schuld, die sie empfand, weil sie sich entschlossen hatte, Greg in ein Pflegeheim zu geben. Mit einer Stimme, in der eher Verzweiflung als Vorwurf mitklang, sagte sie zu Adrienne: »Als du immer wieder erzähltest, wie sehr dieser junge Pfleger Greg mochte und wie positiv die Beziehung zwischen ihm und Greg ist, da dachte ich, du hieltest mich für ein Monster, weil ich ihn weggegeben habe.«

In mancher Hinsicht war das alles neu für Adrienne. Aber in anderer Hinsicht war es durchaus nichts Unbekanntes, denn sie hatte die unausgesprochene Spannung, die das Thema »Greg« umgab, immer gespürt. Als die beiden Frauen einander ihre Gedanken und Gefühle über dieses Konfliktthema mitteilen konnten, lösten sich Elaines Depressionen bald auf. Gleichzeitig kam jedoch ein anderes »heißes Thema« zur Sprache, als Elaine sich der unterdrückten Wut auf ihren verstorbenen

Mann bewußt wurde. Sie hatte immer das Gefühl gehabt, daß die Familie ihres Mannes ihre Entscheidung, Greg in ein Pflegeheim zu geben, mißbilligte und daß ihr Mann sie nicht verteidigt hatte. Sie und ihr Mann hatten nie offen darüber gesprochen, aber dieses Thema bildete den Hintergrund für die wachsende Distanz in ihrer Ehe. Tatsächlich hatten Elaine und ihr Mann sich nach der Geburt ihres zweiten Kindes einander entfremdet – ein Muster, in dem Adrienne sich nun selbst wiederfand.

Beide Frauen fanden es äußerst mühsam und schwierig, über diese belastenden Dinge zu sprechen, aber letzten Endes erwies es sich doch als Gewinn. Nachdem die Karten auf dem Tisch waren, entwickelte sich zwischen Mutter und Tochter eine echte Vertrautheit, und beiden fiel es leichter, mit Greg in emotionalem Kontakt zu bleiben. Elaines Selbstenthüllung verhalf Adrienne zu der Erkenntnis, daß auch sie sich schuldig fühlte: schuldig, weil sie als Kind den kleinen Konkurrenten nicht gewollt hatte, weil sie vom Augenblick seiner Geburt an gewünscht hatte, der kleine Bruder möge wieder verschwinden, und weil – in den omnipotenten Vorstellungen des kindlichen Unbewußten – diese »bösen Gefühle« Gregs Ausschluß aus der Familie verursacht hatten. Schuldig fühlte sie sich außerdem, weil ihr Leben so leicht und so privilegiert erschien, im Vergleich zu den Härten, die Greg durch seine Behinderung auferlegt waren.

Als Adrienne diese Schuldgefühle aussprechen, reflektieren und ihrer Familie mitteilen konnte, als ihr klar wurde, daß es natürliche Gefühle waren und daß sie verstanden wurden, mußte ihr Unbewußtes nicht mehr für ihre Sünden »Buße tun«.

Zu ihrer eigenen Überraschung ging sie plötzlich viel kreativer mit ihren beruflichen Problemen um, denn ihre Schuldgefühle wegen ihres behinderten Bruders wirkten nun nicht mehr als hemmende Kraft. Adriennes Schuldgefühle kamen jedoch nicht ausschließlich aus unbewußten Quellen. Sie fühlte sich auch schuldig, weil sie ihren Bruder aus ihrem Leben ausgestoßen und so getan hatte, als existiere er nicht. Da es Frauen stets nahegelegt wird, sich schuldig zu fühlen – und die Verantwortung für alle menschlichen Probleme auf sich zu nehmen –, ist es oft schwer, herauszufinden, ob es tatsächlich einen berechtigten Grund für Schuldgefühle gibt. Wenn ich von einem »berechtigten Grund« spreche, meine ich die Schuld, die wir spüren, wenn wir es versäumt haben, in einer Beziehung eine verantwortungsvolle Haltung einzunehmen – eine Haltung, die mit unseren eigenen selbstformulierten und -erkämpften Wertvorstellungen und Überzeugungen in Übereinstimmung ist, unabhängig vom Druck der familiären und kulturellen Verhaltensvorschriften.

Erst *nachdem* Adrienne ihren Bruder besucht und das alte Distanzmuster durchbrochen hatte, wurde sie sich der starken Schuldgefühle wegen ihres Desinteresses bewußt. Dieses Bewußtsein führte zu einer veränderten Haltung. Adrienne fand allmählich ein gutes Maß für den Kontakt zu ihrem Bruder und sorgte auch dafür, daß ihre Kinder und ihr Mann ihn kennenlernten. Als Adrienne ihre Therapie beendete, war nicht vollständig klar, ob Greg sie als seine Schwester erkannte und wie weit er ihre Besuche voll wahrnahm. Sie hatte sich jedoch entschlossen, mit ihm in Verbindung zu bleiben – um ihrer selbst willen.

## Adriennes Ehe

Adrienne war mit einem einzigen Ziel und einer einzigen Sorge in Therapie gekommen: Sie wollte ihre Ehe retten. Sie hatte nicht das Bedürfnis, über den bevorstehenden Tod ihres Vaters zu sprechen, und ihr Bruder war erst recht kein Thema für sie gewesen. »Ich habe einfach keine Lust, über diesen Familienkram zu reden«, sagte sie mir oft. »Was hat das mit meinen Problemen zu tun?«

Adriennes Haltung war durchaus verständlich. Unser Bedürfnis, die schmerzhafte Stelle nicht zu berühren, hat einen Sinn und sollte immer respektiert werden. Unter diesen Voraussetzungen begannen Adrienne und ich die therapeutische Arbeit, und wir hätten nicht unbedingt über das von ihr benannte Problem hinausgehen müssen. In den meisten Fällen können Paare jedoch keine größere Nähe und Intimität erreichen, wenn sie ihre Wahrnehmung eng auf ihre Beziehung begrenzen. Da Konflikte in unseren gegenwärtigen Beziehungen von unserem erlernten Umgang mit Familienbeziehungen beeinflußt werden, kommen wir einfach nicht weiter, wenn wir uns auf eine begrenzte Sichtweise beschränken.

Als Adrienne das eingefahrene Muster des Auf-Distanz-Gehens in ihrer Familie wahrnehmen konnte (ein Verhaltensmuster, das über mehrere Generationen weitergegeben worden war) und als sie dann fähig wurde, mit den Mitgliedern ihrer Familie in direkteren Kontakt zu treten, begann sich auch ihr Verhalten Frank gegenüber allmählich zu wandeln. Statt zwischen wütendem Rückzug und dem Drängen nach Nähe hin und her zu schwanken, fand sie einen ausgeglicheneren Mittelweg. Sie gab ihre kontraproduktiven Versuche, Nähe herzustellen, auf (vorher hatte sie Frank zum Beispiel Vorwürfe wegen seiner Distanziertheit gemacht und ihn bedrängt, sich mit ihr auszusprechen) und entwickelte neue, konstruktive Ansätze (sie sagte Frank, daß sie sich ein gemeinsames Wochenende in der Stadt wünschte, teilte mehr von sich mit und fixierte sich nicht darauf, ob er auch »richtig« reagierte). Als Adrienne gelernt hatte, die Probleme in ihrer Herkunftsfamilie direkt anzusprechen, statt ihnen auszuweichen, konnte sie auch die Schwierigkeiten in ihrer Ehe ruhiger und objektiver betrachten. Es gab noch einen anderen Grund dafür, daß Adriennes Bedürfnis nach Nähe unerfüllt blieb, solange sie ihre Wahrnehmung ausschließlich auf ihre Ehe konzentrierte. Paradoxerweise verringert sich bei Paaren die Fähigkeit zur Intimität, wenn die Partner auf dieses Thema fixiert sind und ihre Hauptaufmerksamkeit darauf richten. Nähe entsteht grantiert *nicht*, wenn sie in einer Beziehung verlangt und hartnäckig angestrebt wird, sondern sie entsteht nur dann, wenn beide Partner konsequent an ihrem eigenen Selbst arbeiten. Mit der »Arbeit am eigenen Selbst« meine ich nicht, daß wir uns einseitig auf Selbstverwirklichung, Steigerung des Selbstvertrauens oder auf die Karriere konzentrieren sollten. Das sind männlich definierte Vorstellungen von Identität, die wir durchaus kritisch hinterfragen sollten. »Arbeit am Selbst« meint die Klärung der eigenen Überzeugungen, Wertvorstellungen und Lebensziele, den verantwortungsvollen Kontakt zu Menschen in der eigenen Familie, die Abgrenzung des eigenen Ich in zentralen Beziehungen und das direkte und unmittelbare Ansprechen wichtiger emotionaler Probleme.

Natürlich war es wichtig für Adrienne, die Distanz in ihrer Ehe als Problem ernst zu nehmen. In der Zeit, bevor sie die Liebesaffäre ihres Mannes entdeckte, hatte sie es nicht ernst genug genommen. Dennoch war es genauso wichtig für sie, sich aus ihrer obsessiven Beschäftigung mit der Nähe als dem wichtigsten Ziel zu lösen, um zu wirklicher Nähe fähig zu sein.

Als Adrienne ihre Aufmerksamkeit auf die wichtigen Beziehungen innerhalb ihrer Herkunftsfamilie richtete, entwickelte sie ein stärkeres Selbstgefühl und reagierte nicht mehr reflexhaft auf jede Lebensäußerung von Frank. Die Lösung aus der eigenen Reaktivität ist immer eine schwierige Aufgabe, aber sie ist die Grundvoraussetzung für eine produktive Arbeit an Partnerschaftsproblemen. Natürlich ist die Aufgabe besonders schwierig, wenn der andere uns auf die Palme bringt, weil er nicht so denkt, fühlt und reagiert wie wir selbst – oder wie wir meinen, daß er es tun sollte.

# VI. Über den Umgang mit unterschiedlichen Auffassungen

»Mein Bruder macht mich krank mit seinen Ansichten über Ehescheidung!«

»Ich kann es einfach nicht akzeptieren, daß meine Schwester unseren Vater nicht im Krankenhaus besucht!«

»Es macht mich wütend, daß meine beste Freundin nicht bereit ist, sich um XY zu kümmern, wo er (sie) es doch so dringend braucht!«

»Warum kann er nicht sagen, wenn ihn etwas stört?!«

Es ist schwer, jemandem nahe zu sein, mit dem wir nicht einer Meinung sind. Sicherlich wären unsere Beziehungen ausgeglichener und wesentlich einfacher, wenn alle genauso dächten, fühlten und reagierten, wie wir es tun. Es ist menschlich, zu glauben, daß nur eine Auffassung von der Realität (gewöhnlich unsere eigene) die richtige sei, daß von unterschiedlichen Arten, zu denken und in der Welt zu sein, immer eine »richtig« und die andere »falsch« sein müsse. Gewöhnlich verwechseln wir Nähe mit undifferenzierter Gleichheit und sehen Intimität als die Verschmelzung zweier Einzel-Ich in einer gemeinsamen Lebensauffassung an. Manche Arten von Meinungsverschiedenheiten lösen unweigerlich Wut, Isolationsgefühle oder Ängste aus, und aus diesem Grund fällt es uns vielleicht so schwer, im Auge zu behalten, daß es vor allem die Unterschiede sind, an denen wir lernen. Wenn unsere Welt – oder auch unsere Partnerschaften – nur aus Menschen zusammengesetzt wäre, die genauso sind wie wir, käme unsere individuelle Entwicklung abrupt zum Stillstand.

Wichtiger ist aber die Tatsache, daß Menschen nun einmal unterschiedlich sind. Wir alle sehen die Welt durch eine andere Brille, und es gibt so viele Ansichten über die Wirklichkeit, wie es Menschen gibt. Wir sehen die Welt durch den einzigartigen Filter unseres Alters, unseres Geschlechts, unseres ethnischen und religiösen Hintergrunds, unserer Klassenzugehörigkeit. Das Bild der Wirklichkeit, das wir für das »richtige« halten, ist in seinen feineren Details außerdem durch unsere Familiengeschichte bestimmt – eine Geschichte, die über Generationen hinweg besondere Mythen, Fraktionsbildungen und Traditionen hervorgebracht hat und damit auch bestimmte Voraussetzungen für Zugehörigkeit und Veränderung. Intellektuell ist das ohne weiteres zu begreifen, emotional jedoch nicht. Und solange wir das nicht können, werden wir immer wieder zu einer verzerrten Wahrnehmung neigen. Ein bißchen Streß genügt, um uns zu Überreaktionen auf das Verhalten des anderen zu bringen und unser eigenes Selbst zu vernachlässigen.

Damit soll das starke menschliche Bedürfnis, Gleichem zu begegnen, nicht verleugnet werden. Sicherlich empfinden wir besondere Nähe zu Menschen, die unsere tiefsten Überzeugungen und Lebensansichten teilen, die ähnliche Interessen und Aktivitäten verfolgen wie wir und die in ähnlicher Weise mit den Dingen umgehen. Aber in jeder engen Beziehung werden unweigerlich unterschiedliche Auffassungen zutage kommen, in den Wertvorstellungen, Überzeugungen, Prioritäten, Gewohnheiten und auch in der Art, wie wir Ängste bewältigen und unter Streß mit Beziehungen umgehen. Wenn die Ängste lange genug andauern, können sich diese Unterschiede zu übertriebenen Positionen verfestigen, wie es in meiner Familie während der Krankheit meiner Mutter der Fall war. Und wenn wir heftig auf Unterschiede in den Auffassungen reagieren (durch Distanz und durch negative Fixierung auf den anderen), kommen wir vom Regen in die Traufe.

Die folgenden Beispiele sollen illustrieren, welche Herausforderungen auf uns warten, wenn wir unterschiedliche Auffassungen akzeptieren und weniger heftig und reflexhaft auf diesen anderen Menschen reagieren, der uns auf die Nerven geht oder sich nicht so verhält, wie wir es erwarten. Wir werden sehen, daß dies unter manchen Bedingungen eine vergleichsweise leichte Aufgabe sein und unter anderen Bedingungen geradezu unmöglich erscheinen kann.

## Unterschiedliche Standpunkte

Suzanne war eine Anthropologin, die mehrere Jahre in Südostasien verbracht hatte, um die Sozialisationspraktiken verschiedener Gesellschaften zu studieren. Sie konnte sich fließend in drei Fremdsprachen ausdrücken und war sowohl durch ihre Ausbildung als auch durch ihre persönlichen Neigungen stark an Menschen anderer Kulturen interessiert.

Das ruhige, vorurteilsfreie und objektive Beobachten unterschiedlicher Verhaltensweisen gehörte zu Suzannes beruflichem Rüstzeug. Aber wie es so häufig der Fall ist, konnte sie diese Fähigkeiten nicht auf ihre intimen Beziehungen übertragen. Als Suzanne zum ersten Mal zum Beratungsgespräch in meine Praxis kam, war sie wütend auf John, ihren Mann, der ihrer Meinung nach »am Schürzenzipfel seiner Eltern hing«. John, der seine Frau widerwillig zu dieser Sitzung begleitet hatte, saß mürrisch dabei; erst zu einem viel späteren Zeitpunkt nahm er aus eigener Initiative an den Therapiesitzungen teil.

Ich erfuhr, daß John der älteste von drei Brüdern war, unter den Geschwistern die höchste Berufsqualifikation erreicht hatte und als einziger aus dem New Yorker Stadtviertel weggezogen war, in dem seine italienischen Großeltern sich nach ihrer Einwanderung niedergelassen hatten. Vor sechs Monaten hatte seine Mutter einen Schlaganfall erlitten, und John kämpfte mit Schuldgefühlen, weil er so weit von seiner Familie entfernt lebte und seinen beiden jüngeren Brüdern und dem Vater die Hauptlast der täglichen Fürsorge für die Mutter überließ. Suzanne empfand immer weniger Mitgefühl mit den Problemen ihres Mannes, der endlose, emotional aufgeladene Telefongespräche mit seiner Familie führte. »John hat sich nie wirklich von seinen Eltern gelöst«, erklärte Suzanne bei unserem ersten Treffen mit unverhohlenem Unmut. »Mein Mann ist viel stärker an seine Familie gebunden als an mich!«

Suzanne hatte sich ursprünglich wegen ihrer Eheprobleme an mich gewandt, aber es wurde bald deutlich, daß sie John und seine »klettenhafte und anspruchsvolle Familie« als das Problem betrachtete. Wie leicht vorauszusehen war, hielt John

Suzanne für das Problem. Nach seinen Aussagen verhielt sie sich kühl und überkritisch und brachte kein Verständnis für sein Dilemma auf.

## Eine Frage des ethnischen Hintergrunds

Die ethnische Zugehörigkeit ist einer der vielen Filter, durch die wir die Welt wahrnehmen, und da Suzanne Anthropologin war, erschien es logisch, ihre Schwierigkeiten von dieser Seite aus anzugehen und ihr so zu einer reflektierteren Haltung zu verhelfen. Suzannes Hintergrund war die angelsächsisch-protestantische Kultur, Johns Hintergrund die italienisch-katholische Kultur. Konnte Suzanne die unterschiedlichen Prägungen durch diese Kulturen mit derselben Objektivität, Neutralität und Gelassenheit betrachten, mit der sie die Sozialisationspraktiken in Amerika und China studiert hatte und einander gegenüberstellte? Natürlich nicht. Aber vielleicht würde es ihr gelingen, sich ein wenig in diese Richtung zu bewegen. Das war die Aufgabe – und sie war keineswegs einfach, insbesondere weil Suzanne unter dem Druck starker Gefühle stand.

## Was bedeutet »Familie«?

Suzanne wußte einiges über die unterschiedlichen kulturellen Hintergründe, aus denen sie und John kamen, aber sie hatte sich nicht wirklich ernsthaft damit befaßt. Als sie neugierig genug geworden war, um sich mit der Literatur zu diesem Thema zu beschäftigen, studierte sie, welche Auffassungen in beiden ethnischen Gruppen über die Familie herrschten und wie die Verantwortung der älteren Generation gegenüber definiert wurde. Bei diesen Studien fühlte sie sich ganz in ihrem Element.

Italienische Familien legen das Schwergewicht auf Verbundenheit. Man sieht das Individuum nicht als wirklich getrennt von der Familie an, und die Kernfamilie ist nicht klar von der Familie im weiteren Sinn geschieden. Die Heirat eines Kindes bedeutet nicht, daß der Sohn oder die Tochter in die Welt entlassen wird, sondern daß eine weitere Person in die Familie eintritt. Da auf den Zusammenhalt der Familie so hoher Wert gelegt wird, ist es eigentlich undenkbar, daß jemand *außerhalb* der Familie Rat oder Hilfe sucht.

Die Auffassung, die angelsächsische Protestanten britischen Ursprungs von der Familie haben, steht dazu in scharfem Kontrast. Für Menschen mit Suzannes ethnischem Hintergrund ist die Familie eine Ansammlung von Individuen, die ihre Gemeinsamkeit von einigen bemerkenswerten Ahnen herleiten (derer man sich jedoch nicht zu rühmen hat). Es wird viel Wert darauf gelegt, daß die Kinder in angemessenem Alter das Elternhaus verlassen und sich in der Welt als eigenständige, selbstbewußte und kompetente Persönlichkeiten bewähren.

Es ist also nicht verwunderlich, daß Suzanne und John in den zentralen Fragen der familiären Verbundenheit und Loyalität und der Fürsorge für alte Eltern unterschiedliche Auffassungen vertraten. Für ihre Familien galt dasselbe. Johns Familie fand, er solle da sein, wo er hingehöre – nämlich zu Hause. Sie waren stolz auf seine Erfolge, fühlten sich aber betrogen und verstanden nicht, daß er so weit weggezogen war und sich von seinen Wurzeln entfernt hatte. Suzannes Eltern legten dagegen großen Wert auf die Unabhängigkeit der einzelnen Familienmitglieder. Von erwachsenen Kindern wurde erwartet, daß sie sich in familiären Krisen kompetent und verantwortungsbewußt verhielten; aber Verantwortung wurde durchaus nicht mit Verbundenheit gleichgesetzt, denn Nähe wurde in Suzannes Familie eher als unangenehm empfunden, besonders unter Streß.

## Warnung vor Generalisierungen

Als Suzanne ihre Ehe unter dem Gesichtspunkt der ethnischen Hintergründe betrachtete, entwickelte sie mehr Respekt und Verständnis für die unterschiedlichen Lebensauffassungen, die aus verschiedenen kulturellen Prägungen resultieren. Dennoch sollten wir uns vor Verallgemeinerungen hüten, denn man kann sie auch benutzen, um stereotype Urteile über Menschen zu fällen, statt die jeweils individuellen Voraussetzungen zu erkennen, durch die unsere Erfahrungen der Wirklichkeit gefiltert werden. Wenn wir generalisieren (»die Iren . . .«, »die ältesten Geschwister . . .«, »die Frauen . . .«), übertreiben wir die Ähnlichkeiten innerhalb einer Gruppe und verkleinern die Ähnlichkeiten zwischen verschiedenen Gruppen. Innerhalb jeder Gruppe gibt es eine immense Vielfalt, und für jede Regel gibt es zahllose Ausnahmen.

Bei Verallgemeinerungen, die Mitglieder unterprivilegierter Gruppen betreffen, müssen wir besonders wachsam sein. Jahrhundertelang wurden im Namen Gottes, der Natur und der Wissenschaft Verallgemeinerungen über Frauen geäußert, die den Interessen der herrschenden männlichen Kultur dienten, Frauen auf einen untergeordneten Platz verwiesen und die Notwendigkeit sozialer Veränderungen verschleierten. Da Frauen sich seit Generationen diesen Generalisierungen unterwarfen und sich den Klischeevorstellungen darüber, was für ihr Geschlecht gut und richtig sei, anpaßten, sind die negativen Folgen ins unermeßliche gewachsen.

Verallgemeinerungen sagen nichts über gut oder schlecht, falsch oder richtig, natürlich oder gottgegeben aus; sie sind nur dann sinnvoll, wenn sie zu größerem Respekt vor den unterschiedlichen Konstruktionen von Realität führen, die aus verschiedenen Lebenszusammenhängen erwachsen. In Suzannes Fall war die Beschäftigung mit den ethnischen Hintergründen ihrer Familie und der Familie ihres Mannes hilfreich; Suzanne gab es auf, psychologische Diagnosen über die Loyalitätskonflikte und Schuldgefühle ihres Mannes zu stellen, und begann in seinem Verhalten eine andere Lebensauffassung zu sehen, die auf natürliche Weise aus den Traditionen und Verhaltensmustern seiner Familie hervorgegangen war. Als sie sich aus ihrer Reaktivität löste und weniger auf das Verhalten ihres Mannes fixiert war, unternahm sie die ersten Schritte, um den rigiden Ehekampf zu beenden und die Beziehung in Richtung einer ruhigeren und respektvolleren Form von Verbundenheit zu steuern.

## Gegensätze ziehen sich an – und dann?

Für die Beziehung zwischen Suzanne und John galt das alte Sprichwort: »Gegensätze ziehen sich an.« Unterschiede können uns mit magnetischer Kraft zu einem anderen Menschen hinziehen; später sind es jedoch dieselben Unterschiede, die abstoßend auf uns wirken. Was uns anfangs reizvoll erscheint und was später zum »Problem« erklärt wird, ist gewöhnlich ein und dasselbe – wie bei den »besten« und den »schlechtesten« Eigenschaften der Frauen in meiner Gruppe.

John kam aus einer Familie mit festem Zusammenhalt, die nach dem Motto »Einer für alle – alle für einen« agierte. Als er um seine eigene Identität zu kämpfen begann, reagierte er zunehmend allergisch auf das hohe Maß an Nähe, Verbundenheit und Emotionalität in seiner Familie. Als Gegenreaktion fühlte John sich von Frauen angezogen, die emotionale Gelassenheit und Distanz ausstrahlten. Er verliebte sich in Suzanne, deren Familie emotionale Unabhängigkeit schätzte und bei den einzelnen Familienmitgliedern großen Wert auf ruhiges Selbstvertrauen legte.

Suzanne, für ihren Teil, reagierte allergisch auf die Unverbindlichkeit und Oberflächlichkeit in ihrer Familie. Sie fühlte sich stark zu Johns großer, lebhafter, weitläufiger Familie hingezogen. Aber worüber beklagte sie sich nach fünf Jahren Ehe? Suzanne fühlte sich nun durch die »Anspruchshaltung« von Johns Familie eingeengt und erdrückt (»Es ist wie in einem großen, klebrigen Kokon«), und sie war wütend auf John, weil er sich nicht »abnabeln« konnte. Und für John war nun die »kühle und klare« Ausstrahlung Suzannes, die ihn zuerst angezogen hatte, die Hauptquelle der Unzufriedenheit.

## Konzentration auf das eigene Selbst

Als Suzanne ihre Eheprobleme unter dem Aspekt der »kulturellen Unterschiede« betrachten konnte, fühlte sie sich erleichtert. Und je gelöster sie reagierte, desto besser war John in der Lage, sich mit seinen eigenen Problemen auseinanderzusetzen. Suzanne mußte nicht wirklich zur Expertin in Kultursoziologie werden, um ihre Beziehung zu verändern. Kulturelle oder ethnische Unterschiede, oder auch der Platz, den wir in der Geschwisterreihe einnehmen, machen immer nur einen von zahllosen Faktoren aus, die unsere Definition von Identität, unsere Lebensgestaltung und unseren Umgang mit Beziehungen bestimmen. Für Suzanne war der »wissenschaftliche« Zugang jedoch eine Hilfe, sich aus der negativen Fixierung auf Johns Probleme zu lösen. Ihre neugefundene Objektivität war ein wesentlicher erster Schritt in Richtung Veränderung.

In dem Maß, wie Suzanne sich aus ihren Überreaktionen auf Johns Schwierigkeiten löste, wurde sie fähig, ihre eigenen ungelösten Konflikte in ihrer Herkunftsfamilie genauer zu betrachten. Suzanne reagierte zum Teil deshalb so gereizt auf Johns lange Telefonate mit seinen Angehörigen, weil sie sich ihrer eigenen Familie entfremdet hatte. Sie begann allmählich direkteren emotionalen Kontakt zu ihren Eltern und ihrer Schwester herzustellen und konzentrierte sich nun weniger darauf, was John mit seinen Eltern und Verwandten tat oder ließ. Wenn wir nicht genügend Aufmerksamkeit darauf verwenden, wie wir die Kontakte zu unserer eigenen Familie gestalten, werden wir überreagieren, was die Familie unseres Partners angeht oder seine Art, mit Familienbeziehungen umzugehen.

Obwohl Suzanne lernte, sich aus Johns Familienangelegenheiten herauszuhalten, sagte sie in Fragen, die sie unmittelbar betrafen, durchaus ihre Meinung. Als John und Suzanne planten, eine Woche an der Ostküste zu verbringen, bestanden Johns Eltern darauf, sie während der gesamten Zeit bei sich zu Gast zu haben. Suzanne fand dieses Arrangement zu »klaustrophobisch«; sie wollte bei Freunden wohnen und Johns Familie nur tagsüber besuchen. Anfangs vertrat John den Standpunkt, daß seine Familie ein solches Arrangement nie verstehen oder akzeptieren werde, und er wollte es nicht einmal in Erwägung ziehen.

Nach dem alten Beziehungsmuster wäre Suzanne nun in der Nähe geblieben, wenn John seine Telefongespräche führte, hätte die besitzergreifende Haltung und die übertriebenen Ansprüche seiner Eltern kritisiert und ihrem Mann Anweisungen gegeben, wie er sich gegen seine Familie zu behaupten habe.

Jetzt hielt Suzanne sich aus Johns Verhandlungen mit seinen Eltern heraus, vertrat jedoch in den Punkten, die sie direkt angingen, klar ihre Meinung. Sie sagte John zum Beispiel, daß es ihr wichtig sei, gelegentlich mit ihm allein sein zu können, und erklärte ihm, wie anstrengend sie diese Besuche fand, wenn sie die gesamte Zeit mit der Familie verbrachten. John teilte seinen Eltern schließlich mit, daß er und Suzanne drei Nächte zusammen in einem Hotel verbringen würden, weil sie etwas Zeit für sich allein brauchten. Suzanne machte auch eigene Pläne, um ohne Johns Familie sein zu können, wenn sie spürte, daß sie Abstand brauchte. Wenn John darauf bestanden hätte, während der gesamten Zeit bei seinen Eltern zu wohnen, hätte sie entweder entschieden, daß sie damit leben könnte, oder sie hätte ein anderes Arrangement für sich selbst getroffen.

Für John war es eine echte Herausforderung, sich mehr von seinen Eltern abzugrenzen, wenn der »Sog der Nähe« übermächtig wurde. Umgekehrt sah Suzanne sich mit der Aufgabe konfrontiert, ihrer Familie näherzurücken, wenn die »Distanzkräfte« voll in Aktion traten. Durch diese Arbeit, die jeder Partner für sich allein leisten mußte, konnten Suzanne und John schließlich ihre ständigen Auseinandersetzungen beenden und in ihrem Zusammenleben zu ihrem eigenen Gleichgewicht von Distanz und Nähe finden.

## Die Moral der Geschichte

Vielleicht können sich manche von uns mit den Besonderheiten von Suzannes Geschichte nicht identifizieren. So wie die tradierten Geschlechterrollen angelegt sind, ist es weitaus häufiger, daß *er* sich distanziert verhält und *sie* nach Nähe strebt und daß die Töchter, nicht die Söhne, mehr mit den Problemen der Fürsorge und der Verantwortung für andere in der Familie zu kämpfen haben.

Dennoch ist Suzannes Problem ein universelles. Wir alle kommen aus unterschiedlichen »familiären Kulturen«, mit bestimmten Regeln und Rollenvorschriften, die sich über Generationen herausgebildet haben. Ob es sich um die schwerwiegenden Fragen handelt (Wer kümmert sich um die Alten in der

Familie? Wie geht man mit Geld um? Wie werden die Kinder erzogen?), um die mittelschweren (Wie weit ist es akzeptiert, wenn jemand herumjammert, angibt, sich in den Mittelpunkt stellt?) oder um die unbedeutenden (Sollen die Zwiebeln in Würfel oder in Ringe geschnitten werden?) – in jedem Fall sind wir tief von familiären Mustern und Traditionen beeinflußt und halten sie vielleicht für das Nonplusultra, statt in ihnen eine Möglichkeit unter vielen anderen zu erkennen. Vor allem aber haben wir meistens Schwierigkeiten damit, die Unterschiede in den vorgeprägten Mustern zu akzeptieren, nach denen sich Individuen unter Streß in Beziehungen verhalten. Wenn es unserem eigenen Bewältigungsmuster entspricht, in Belastungssituationen über unsere Gefühle zu sprechen und mehr Nähe zu suchen, regen wir uns über den anderen auf, dessen Stil es ist, sich in der gleichen Situation auf sich selbst zurückzuziehen. Wenn wir dazu neigen, Ängste durch eine überverantwortliche Betriebsamkeit zu kompensieren, sind wir fassungslos über den anderen, der unter Streß die Dinge nicht mehr in den Griff bekommt oder etwas durcheinander ist. Und je intensiver wir auf unserem Kurs beharren, desto hartnäckiger verfolgen die anderen den ihren. Wer zum Distanzieren neigt, distanziert sich noch mehr, wenn er (oder sie) bedrängt wird. Wer unterfunktioniert, wird noch untüchtiger, wenn er (oder sie) es mit Überfunktionierenden zu tun hat. Und umgekehrt. Je mehr wir uns auf das Verhalten des anderen konzentrieren, statt auf unser eigenes, desto tiefer geraten wir in die Sackgasse.

Je höher das Angstniveau in einer Beziehung ist und je länger die Ängste anhalten, desto mehr neigen wir dazu, unterschiedliche Auffassungen zu Polarisierungen auszubauen und uns darin zu verschanzen. Wir tendieren dazu, unsere Ängste zu bewältigen, indem wir uns in Beziehungen in zwei Lager spalten, und wir verlieren sehr schnell unsere Fähigkeit, Probleme von unterschiedlichen Blickwinkeln aus zu betrachten.

Diese Dynamik wird sehr gut durch die Geschichte eines Paares illustriert, das kurz vor der Scheidung stand, als es in Therapie kam. Das einzige Kind aus dieser Ehe, ein sechsjähriges Mädchen, hatte nach einem Autounfall, der zwei Jahre zurücklag, eine körperliche Behinderung zurückbehalten. Im Lauf desselben Jahres wurde bei dem Vater des Ehemannes die

Alzheimersche Krankheit diagnostiziert. Es ist klar, daß die Familie unter einer dauernden starken Belastung stand; Deborah, die Tochter, wurde schwierig und begann in der Schule aufzufallen.

Die Eltern, die – durch einen Berater in der Schule angeregt – zum ersten Mal Hilfe für ihre Probleme suchten, waren kaum in der Lage, miteinander zu sprechen. »Ich kann das Zusammensein mit meiner Frau einfach nicht mehr ertragen«, sagte der Ehemann. »Für sie ist alles grau und öde; es geht nur noch darum, wie deprimiert sie wegen des Unfalls ist; ständig redet sie über Deborahs Probleme. Sie tut dauernd so, als wäre jemand gestorben.« Die Ehefrau hielt dagegen: »Mein Mann kann nicht mit seinen Gefühlen umgehen. Er will nicht darüber reden, was passiert ist; er geht den Problemen so weit wie möglich aus dem Weg. Und ich halte es einfach nicht mehr aus, damit so allein zu sein!«

Als Reaktion auf die Behinderung ihrer Tochter hatten die Ehepartner extrem polarisierte Positionen eingenommen. Beide hatten den Kontakt zu wichtigen Teilen ihrer eigenen Erfahrung verloren, die der jeweils andere in übertriebener Form auslebte. Die Mutter versank völlig in ihrem Kummer. Der Vater war völlig von seinen Gefühlen abgeschnitten und vertrat den Standpunkt, das Leben müsse weitergehen. Wenn man die wütende Kritik hörte, die sie gegeneinander vorbrachten, hätte man leicht vergessen können, daß *beide* trauern mußten und daß *beide* ihr Leben weiterleben mußten, wenn auch vielleicht nicht auf genau dieselbe Art und nach demselben Stundenplan.

## Reaktivität – wie wir uns daraus lösen können

Es ist unsere eigene Reaktivität, die uns in Beziehungen zu übertriebenen Haltungen treibt – Haltungen, die so extrem polarisierte Formen annehmen, daß wir uns weder auf die kompetenten noch auf die inkompetenten Seiten des anderen beziehen können und auch im eigenen Selbst die tüchtigen und untüchtigen Seiten nicht mehr erkennen. Statt dessen richten wir übertriebene Aufmerksamkeit auf die Inkompetenz des anderen und zuwenig Aufmerksamkeit auf die Inkompetenz des eigenen Selbst. Wir werden unfähig, mehr als eine Seite des Problems zu sehen, Alternativen zu suchen und unseren eigenen Anteil an einem festgefahrenen Beziehungsmuster zu erkennen und zu verändern.

Wir alle können in den Kreislauf der Reaktivität hineingeraten, und wir wissen auch ganz genau, wann es wieder soweit ist. Die bewußte andere Person braucht nur aus dem Flugzeug zu steigen, den Raum zu betreten, zehn Minuten zu spät nach Hause zu kommen, ein bestimmtes Thema zu erwähnen – und schon fühlen wir, daß wir uns verkrampfen, daß wir wütend oder depressiv werden, daß uns ein schwerer Druck auf dem Herzen liegt. Suzanne erlebte jedesmal eine solche heftige, automatisch einsetzende emotionale Reaktion, wenn sie hörte, daß ihr Mann den Telefonhörer aufnahm, um seine Familie in New York anzurufen. Das Paar mit der behinderten Tochter machte fast jedesmal diese Erfahrung, wenn sie miteinander allein waren und über ihr Kind zu sprechen versuchten. Reaktivität kann sich in Form eines Migräneanfalls oder plötzlichen Durchfalls äußern, der grundsätzlich am ersten oder am letzten Tag eines Besuchs bei der eigenen Familie auftritt. Je länger wir in einem reaktiven Verhaltensmodus steckenbleiben, desto mehr verhärten sich die unterschiedlichen Auffassungen und entwickeln sich schließlich zu extremen Positionen.

## Offiziell geschieden – seelisch verheiratet

Sehen wir uns June und Tom an, die wie viele geschiedene Paare offiziell, aber nicht emotional getrennt waren. Die Unterschiede in ihren Lebensauffassungen und Verhaltensweisen waren selbst für den flüchtigsten Beobachter unübersehbar. June bewältigte ihre Ängste durch Überfunktionieren, was für ihre Position in der Geschwisterreihe – sie ist die älteste von vier Töchtern – typisch ist. Das heißt, wenn Spannungen auftraten, legte sie sofort ein überverantwortliches Verhalten an den Tag und nahm die Dinge in die Hand. Je höher die angstvolle Spannung stieg, desto mehr fühlte sie sich gezwungen, tüchtig und zuverlässig zu sein, und desto mehr fixierte sie sich auf andere, die ihre Verpflichtungen nicht erfüllten oder die

Dinge nicht in den Griff bekamen. Die Menschen, die June gern hatten, bewunderten ihre Kompetenz, ihre Reife und ihre Zuverlässigkeit. Diejenigen, die sie nicht mochten, nannten sie herrisch, streng, dogmatisch und fordernd. Dieses Porträt ist charakteristisch für eine älteste Schwester in einer nur aus Mädchen bestehenden Geschwistergruppe.

Anders als June neigte Tom unter Streß zum Unterfunktionieren. Er wurde zerstreut und nachlässig und lud andere geradezu dazu ein, ihn zu kritisieren oder die Dinge für ihn in die Hand zu nehmen. Er versprach June zum Beispiel, daß er die Kinder am Sonntagabend um sechs Uhr nach Hause bringen werde, tauchte dann aber erst kurz vor sieben auf. Meistens schaffte er es nicht, bei June anzurufen und ihr zu sagen, daß er später kommen werde, obwohl er wußte, daß Unpünktlichkeit für sie das rote Tuch war. Menschen, die Tom mochten, bewunderten seine Warmherzigkeit, seinen Charme und seinen gelassenen, entspannten Verhaltensstil. Die anderen fanden, daß er endlich erwachsen werden müsse und daß er sich anderen gegenüber zuverlässiger und rücksichtsvoller verhalten sollte. Tom war in vieler Hinsicht ein typisches jüngstes Kind.

Die Unterschiede zwischen June und Tom spiegelten sich auch in ihrem jeweiligen Lebensstil. June war eine ehrgeizige und erfolgreiche Geschäftsfrau, die keinen Hehl daraus machte, daß sie die guten Dinge des Lebens zu schätzen wußte. Status und materielle Bequemlichkeit waren ihr sehr wichtig, und sie setzte alles daran, ihren Kindern und sich selbst ein angenehmes Leben zu ermöglichen. Tom dagegen arbeitete für ein geringes Gehalt mit behinderten Kindern und war sehr stolz auf seine antimaterialistische Einstellung. Er war eng mit einer Gruppe von Künstlern befreundet, die alle mit sehr bescheidenen Mitteln auskommen mußten.

Als June und Tom zum ersten Mal zum Beratungsgespräch zu mir kamen, waren sie in aggressiver Weise aufeinander fixiert, wie sie es während des größten Teils ihrer Ehe gewesen waren. Nur die gemeinsame Sorge um ihre Kinder, eine Tochter und einen Sohn, die beide Anzeichen seelischer Störungen zeigten, konnte sie dazu bringen, denselben Raum zu betreten. Während unserer ersten Beratungssitzungen gaben sie einander gegenseitig die Schuld an den Problemen der Kinder. June war fest davon überzeugt, daß Toms Verantwortungslosigkeit und Unreife auf die Kinder, insbesondere auf den jüngeren Sohn, negativen Einfluß habe. Tom fand Junes Wertvorstellungen und ihren Lebensstil als Erziehungseinfluß ebenso schädlich (»Können Sie sich vorstellen, daß man einem siebzehnjährigen Mädchen einen neuen Sportwagen kauft? Was will sie dem Kind damit beweisen?«).

Durch ihre unterschiedlichen Lebensauffassungen hatten June und Tom sich ursprünglich sehr zueinander hingezogen gefühlt. Tom, der in einer chaotischen Familie aufgewachsen war, suchte bei June die Stabilität und Zuverlässigkeit, nach der er sich immer gesehnt hatte. June war ein ernstes und allzu verantwortungsbewußtes Kind gewesen und sah in Tom einen Menschen, der ihr beibringen könnte, sich zu entspannen und Spaß am Leben zu haben. Aber wie es nun einmal geht, wurden die Unterschiede, die sie füreinander so anziehend gemacht hatten, sehr schnell zum Gegenstand wütender Auseinandersetzungen.

Jetzt, achtzehn Jahre nach der Heirat und sechs Jahre nach der Scheidung, war ihre wechselseitige wütende Reaktivität der Kitt, der sie zusammenhielt und sie daran hinderte, sich auf der emotionalen Ebene wirklich voneinander zu lösen. Solange sie dieses Spiel aufrechterhielten, waren sie so verheiratet wie eh und je. Durch ihre Reaktivität blieben sie einander nahe (wenn auch in einem negativen Sinn), und keiner von beiden war bereit, loszulassen.

Wer war der Schurke und wer war das Opfer in diesem Drama? Junes Freunde schlugen sich auf ihre Seite, Toms Freunde sympathisierten mit ihm. In Wahrheit waren sowohl Tom als auch June in ihren Elternrollen kompetent, und weder sein Lebensstil noch der ihre war an sich schlecht für sie selbst oder für ihre Kinder. Sie waren einfach verschieden.

Dasselbe gilt für die Verhaltensweisen, die wir als »Überfunktionieren« oder »Unterfunktionieren« bezeichnen – es sind verschiedene, aber normale, vorgeprägte Arten der Angstbewältigung. Wenn wir jedoch in extreme, polarisierte Positionen geraten, geht unser Verhalten sowohl auf Kosten des anderen als auch auf Kosten es eigenen Selbst.

Da waren die beiden Kinder, die ernstzunehmende Störungen entwickelten. Wo lag also das Problem, und wessen Problem war es? Das Problem lag jedenfalls nicht in den individuellen Eigenarten, Charakterzügen oder Wertvorstellungen der beiden Eltern. Sowohl Tom als auch June hatten ihre Stärken und ihre Schwächen. Das Problem war ihre wechselseitige unnachgiebige und intensive Reaktivität.

Wenn Tom die Kinder eine Stunde zu spät nach Hause brachte, schwieg June vielleicht dazu, aber die Atmosphäre im Raum war so geladen, daß man die Spannungen, wie ihre Tochter sagte, mit den Händen greifen konnte. Fünf Minuten nachdem Tom gegangen war, saß June am Telefon und erzählte ihrer besten Freundin, wie unverantwortlich und unreif Tom sei und wie sehr sie über den schlechten Einfluß besorgt sei, den er auf die Kinder habe. Sie war außerstande, Toms Kompetenz als Vater zu sehen und sich darauf zu beziehen.

Tom trug natürlich seinen Teil dazu bei, den Topf am Brodeln zu halten. Nicht nur, daß er genau wußte, wie er seine Exfrau provozieren und in Atem halten konnte (indem er es zum Beispiel unterließ, anzurufen, wenn es später wurde) – er reagierte mit derselben irrationalen Heftigkeit wie June. Als seine Kinder zu einer Campingtour mit seinen Freunden mit den Sechzig-Dollar-Wanderstiefeln erschienen, die June ihnen gekauft hatte, bekam er fast einen Anfall. Er ließ während der Wandertour mehrfach giftige Bemerkungen über die »Angeberstiefel« der Kinder fallen – was natürlich als Kritik an der Mutter gemeint war.

Und die Kinder? Sie reagierten ebenso heftig auf die Spannungen zwischen ihren Eltern. Besonders der jüngere Sohn war verunsichert und reagierte zunehmend aggressiv, weil er mit dem Problem kämpfte, zu wessen »Lager« er gehörte. Er konnte weder zur Mutter noch zum Vater eine eigenständige Beziehung entwickeln, die von den Spannungen zwischen den beiden ungetrübt war; das führte dazu, daß er in der Schule auffällig wurde und in alle möglichen Schwierigkeiten geriet.

Nach mehreren Beratungssitzungen brachen June und Tom die therapeutische Arbeit mit mir ab. Einige Monate später rief June mich an, um mir mitzuteilen, daß sie beide Kinder in individuelle Therapie gegeben habe. Sie hoffte, daß die Kinder dadurch die Chance erhielten, mit den Problemen fertig zu werden, die sie und ihr Mann ihrer Meinung nach verursacht hatten. Tom wehrte sich vehement gegen diese Lösung und weigerte sich, die Kinder zu ihren Therapiesitzungen zu fahren oder den Therapieprozeß in irgendeiner Weise zu unterstützen. Wie June erzählte, war der neue Therapeut mit ihr der Meinung, daß die Kinder es seien, die Behandlung brauchten, und daß Tom der unverantwortliche Elternteil sei, der nicht im Interesse der Kinder handelte. Die Spannungen zwischen Tom und June waren eskaliert und hatten den negativsten Punkt seit dem Beginn ihrer Beziehung erreicht. Ich weiß nicht, ob die Dinge inzwischen besser oder schlechter stehen.

Das ist die Geschichte einer Dreieckskonstellation, in der sich die Partner auf die Kinder als dritte Partei konzentrieren; wir werden später genauer betrachten, welche Dynamik in einem solchen Dreieck herrscht. Die Geschichte zeigt auch, daß verschiedene Menschen (Therapeuten eingeschlossen) ein Problem sehr unterschiedlich auffassen und benennen können. Ich nehme an dieser Stelle Toms und Junes Situation als Beispiel, um einige zentrale Punkte zu verdeutlichen:

Erstens sind die unterschiedlichen Lebensauffassungen als solche selten das Problem in einer Beziehung; das Problem ist vielmehr die Reaktivität, die sich an diesen Unterschieden entzündet. Kinder können mit einer Scheidung sehr gut zurechtkommen, selbst wenn die Eltern in ihren Wertvorstellungen, ihrem Lebensstil und ihren Formen der Angstbewältigung so unterschiedlich sind wie Tag und Nacht. Es geht Kindern jedoch sehr schlecht, wenn die Reaktivität oder die emotionalen Spannungen zwischen den Eltern übermächtig werden, insbesondere wenn sie, die Kinder, der Fixpunkt dieser Spannungen sind. Und natürlich bleiben die Eltern ebenfalls in ihrer Sackgasse stecken.

Zweitens führt Reaktivität dazu, daß die unterschiedlichen Positionen überbetont werden und sich verfestigen. Junes übertriebene Konzentration auf die Inkompetenz ihres Mannes (und ihr mangelndes Bewußtsein für ihre eigenen Defizite) führte nur zu einer weiteren Steigerung seines nachlässigen Verhaltens und zu einer starken Polarisierung in ihrer Beziehung. In ähnlicher Weise trug Toms wütende Fixierung auf die konsumorientierte Haltung seiner Frau (und sein Bedürfnis, sich selbst als das Gegenteil darzustellen) dazu bei, daß die beiden keine Gemeinsamkeiten in ihren Wertvorstellungen, Überzeugungen und Bedürfnissen mehr wahrnehmen konnten. Natürlich fühlten die Kinder sich unter Druck gesetzt, zu entscheiden, ob sie »wie Mama« oder »wie Papa« sein sollten (ein unlösbarer Loyalitätskonflikt), und konnten sich nicht mit den unterschiedlichen Eigenschaften beider Elternteile, die ihnen gefielen, identifizieren.

Der wesentliche und vielleicht schwierigste Schritt, um die Barrieren zu beseitigen, die Intimität verhindern, oder generell um zwischenmenschliche Probleme zu lösen, ist die Bewältigung unserer eigenen Reaktivität. Ich schickte Suzanne in die Bibliothek mit dem Auftrag, »ethnologische Studien« zu treiben, weil sie auf diesem Weg lernen konnte, über die unterschiedlichen Auffassungen in ihrer Ehe *nachzudenken*, statt nur reflexhaft darauf zu reagieren. Aus demselben Grund stellte ich ihr die Aufgabe, mit ihrer eigenen Herkunftsfamilie in engeren Kontakt zu treten, damit die Entfremdung in diesem Bereich sie nicht anfälliger für heftige Reaktionen in ihrer Ehe oder in einer anderen zentralen Beziehung machte. Wie wir am Beispiel meiner Schwester Susan und an Adrienne sahen, kommt es erst dann zu Veränderungen, wenn wir über das eigene Selbst nachdenken und am eigenen Selbst arbeiten, statt auf den anderen und seine Reaktionen fixiert zu bleiben.

Was heißt es genau, die eigene Reaktivität zu bewältigen, wenn wir mit dem verantwortungslosen Verhalten des Ehepartners, der überkritischen Haltung des Chefs, der Distanziertheit des Bruders, dem Alkoholismus des Vaters, den ständigen Klagen der Mutter konfrontiert sind? Wenn wir die Unterschiede zwischen Menschen akzeptieren und respektieren – heißt das dann, daß wir uns in einer Beziehung einfach anpassen? Sollen wir eine Laissez-aller-Haltung einnehmen? Sollen wir innerlich vor Wut kochen, aber den Mund halten? Selbstverständlich nicht!

Loslösung aus der Reaktivität und der Fixierung auf das Verhalten des anderen bedeutet nicht Distanz, das Abbrechen des Kontakts, Schweigen oder Anpassung. Wir sollten auch nicht aus Angst, die Situation zu verschlimmern, Probleme ignorieren, die uns belasten. Uns aus der Reaktivität zu lösen bedeutet vielmehr, daß wir unsere Energien dafür einsetzen, den Kontakt wiederaufzunehmen und in wichtigen Beziehungsfragen unseren eigenen Standpunkt klarzustellen, aber in einer neuen Weise, die auf das eigene Selbst und nicht auf den anderen bezogen ist. Sehen wir uns an, wie das geht.

# VII. Die Basis unseres Handelns

»Früher habe ich mich furchtbar darüber aufgeregt, daß mein Vater Alkoholiker ist«, erzählte Kristen in der Gruppentherapie, »aber schließlich habe ich diese Haltung aufgegeben.« Kristen sprach zu Alice, einer anderen Teilnehmerin der Gruppe, die immer noch versuchte, ihren Mann vom Trinken zu »heilen«. »Ich mußte auf die harte Art lernen, daß ich ihn einfach nicht ändern kann«, fuhr Kristen fort. »Ich habe es ungefähr zehn Jahre lang mit allen Mitteln probiert. Ich versuchte, ihm in ruhiger Form vernünftige Ratschläge zu geben. Ich brüllte ihn an. Ich warf ihm vor, daß seine Krankheit die ganze Familie ruiniert. Zweimal meldeten meine Mutter und ich ihn zur Entziehungskur an und verfrachteten ihn in die Klinik. Es hat alles nichts genützt. Ich habe zehn Jahre gebraucht, um damit zurechtzukommen, daß ich meinen Vater nicht am Trinken hindern kann und daß er sich nicht ändern wird.«

Alice hörte mit gespannter Aufmerksamkeit zu. Sie wußte nur zu gut, daß ihre eigene Methode, die Schnapsflaschen am Küchenausguß auszuleeren, nicht funktionierte, und sie war eifrig auf neue Ratschläge aus. »Und wie gehst du jetzt damit um, daß dein Vater Alkoholiker ist?« fragte sie. »Ich ignoriere es«, sagte Kristen mit Nachdruck. »Am letzten Wochenende war ich bei meinen Eltern und wußte sofort, daß mein Vater getrunken hatte. Als ich kurz nach Mittag ankam, hatte er schon eine schwere Zunge und sah furchtbar aus. Am Sonntag war er kaum in der Lage, ein normales Gespräch zu führen; er war die meiste Zeit völlig weggetreten. Als er dann unten in seinem Zimmer war, sagte meine Mutter, daß er immer mehr trinkt und daß er nicht einmal zum Arzt geht, um sich untersuchen zu lassen. Mein Vater verleugnet nach wie vor, daß er ein

Alkoholproblem hat. Aber ich diskutiere nicht mit ihm. Ich habe mich damit abgefunden, daß ich ihm nicht helfen kann.«

»Willst du damit sagen, es ist dir egal, daß dein Vater Alkoholiker ist?« fragte Alice. »Du kümmerst dich nicht darum?«

»Ja, ganz recht!« sagte Kristen. »Ich habe lange gebraucht, um zu erkennen, daß ich gar keine andere Wahl habe. Er trinkt, und das ist seine Entscheidung. Und wenn du immer noch versuchst, deinem Mann das Trinken abzugewöhnen, wirst du damit auch nicht weiterkommen.«

Kristens Problem ist nicht ungewöhnlich und keineswegs auf die Frage des Alkoholismus einzugrenzen. Ihre Geschichte wirft die allgemeinere Frage auf, wie wir in einer Beziehung reagieren, wenn jemand, der uns nahesteht, chronisch unterfunktioniert oder Verhaltensweisen an den Tag legt, die wir nicht ohne weiteres akzeptieren oder tolerieren können. Was hilft uns, und was bringt uns nicht weiter?

Wenn wir erkennen und wirklich akzeptieren können, was uns nicht weiterbringt, haben wir schon den halben Weg zurückgelegt. Kristen erzählte der Gruppe, was in der Auseinandersetzung mit der Alkoholabhängigkeit ihres Vaters nichts genützt hatte: Es hatte nichts genützt, daß sie heftig auf sein Trinken reagierte und ängstlich darauf fixiert war. Es hatte nichts genützt, daß sie ihm Ratschläge gab oder versuchte, das Problem für ihn zu lösen. Sie hatte keinen Erfolg mit ihren Bemühungen, ihn zu bessern oder zu retten – nicht einmal die Annahme, daß dies möglich sei, konnte sie aufrechterhalten. Es war auch nutzlos, zu lügen, Entschuldigungen für sein Verhalten zu finden oder sein Trinken vor anderen geheimzuhalten. Kritik, Schuldzuweisungen und Vorwürfe hatten ebenfalls nichts verändert. Wie Kristen selbst sagte, hatte sie zehn Jahre gebraucht, um wirklich zu begreifen, daß alle diese alten Strategien nicht funktionierten.

Es ist tatsächlich so, sie haben nicht die mindeste Wirkung. Ob es sich bei dem Problem um Alkoholabhängigkeit, Depressionen, Schizophrenie, verantwortungsloses Verhalten handelt – was auch immer; jede der obengenannten »Lösungsstrategien« macht es nur um so unwahrscheinlicher, daß die fragliche Person selbst die Verantwortung übernehmen und das Problem lösen wird. Viele von uns brauchen mehr als ein Jahrzehnt –

vielleicht ein ganzes Leben –, um wirklich einzusehen, daß mit diesen Methoden nichts zu erreichen ist. Tatsächlich gehen sie eher auf Kosten der unterfunktionierenden Seite und verhindern jede Möglichkeit einer Verbundenheit, die auf gegenseitigem Respekt basiert.

Die Erkenntnis, daß wir mit den alten Strategien nicht weiterkommen, gibt uns Gelegenheit, innezuhalten, nachzudenken, Informationen zu sammeln, uns den Tatsachen zu stellen und Alternativen für unser eigenes Verhalten zu entwickeln. Aber es wäre eine ungewöhnliche Leistung, das in einem angstgeladenen emotionalen Spannungsfeld zuwege zu bringen. Zu welcher »Lösung« griff Kristen, als sie versuchte, sich aus dem alten Muster zu lösen? Nach ihren eigenen Aussagen ignorierte sie das Verhalten ihres Vaters – und das ist eine Form der emotionalen Distanz. Wie wir wissen, ist das Distanzieren von einem Problem oder einer Person immer noch eine Position der Reaktivität, eine Haltung, die von Ängsten gesteuert wird. Sie sorgt dafür, daß die Spannungen in einem Bereich unter der Oberfläche bleiben, macht uns aber in anderen Bereichen verletzlicher und anfälliger für heftige emotionale Reaktionen.

Die Tatsache, daß Kristen schwieg und so tat, als sei nichts, wenn ihr Vater betrunken war, daß sie zu einem Konflikt, der sie stark belastete und ihr die Luft zum Atmen nahm, keine eindeutige Stellung bezog – all das sprach mehr für Reaktivität als für eine bewußte Einstellung zu einer zentralen Beziehung.

Kristen sprach mit ihrer Mutter *über* ihren Vater, aber sie sprach nicht direkt *zu ihm*, was die bereits etablierte Distanz zwischen beiden nur noch weiter verstärkte. Die familiäre Dreiecksituation, in die Kristen eingebunden war, ist nicht selten: Mutter und Tochter festigen ihre Bindung aus Frustration und Enttäuschung über den Vater und tragen ihre jeweiligen Beziehungsprobleme nicht mehr direkt mit ihm aus. Der Vater tut seinerseits alles dazu, um seine Rolle des Unfähigen und des Außenseiters in diesem Dreieck aufrechtzuerhalten.

Kristens Beziehung zu ihrem Vater (ähnlich wie die zuvor geschilderte Beziehung zwischen Adrienne und Frank) spiegelt zwei typische Strategien der Angstbewältigung, die viele von uns sicherlich aus eigener Erfahrung kennen: Die erste ist eine Haltung *offener* Reaktivität, bei der ein großer Teil der eigenen

Lebensenergie in Form von Wut oder von Sorge auf den anderen gerichtet ist in dem erfolglosen Bemühen, ihn zu ändern oder ihm die Schuld zuzuweisen. Die zweite Strategie ist eine Haltung *verdeckter* Reaktivität; wir vermeiden die Erfahrung negativer emotionaler Intensität, indem wir uns von einem Menschen oder von einem bestimmten Problem distanzieren. Wenn diese Verhaltensweisen keine vorübergehenden Reaktionen auf starke Ängste bleiben, sondern zur festen Gewohnheit werden, müssen wir in die Sackgasse geraten.

Wo liegt also die Mitte zwischen dem überfunktionierenden und überverantwortlichen Verhalten einerseits und dem distanzierten und kontaktvermeidenden Verhalten andererseits?

## Stellung beziehen

Kristen hatte lange und ernsthaft an sich selbst gearbeitet, als sie schließlich in der Beziehung zu ihrem alkoholabhängigen Vater zu einer neuen Basis für ihr Handeln fand. Was heißt das genau?

Zunächst gab sie nicht mehr vor, das Alkoholproblem ihres Vaters nicht wahrzunehmen. Sie machte ihm klar, daß sie nicht in seiner Wohnung bleibe und auch nicht am Telefon mit ihm rede, wenn er getrunken hatte. Es gelang ihr, das relativ ruhig und ohne Vorwurf zu sagen und dabei klarzustellen, daß sie das für sich selbst tat und nicht für oder gegen ihren Vater. Bei manchen Gelegenheiten war es schwierig für Kristen, an dieser Position festzuhalten; sie mußte zum Beispiel alternative Unterbringungsmöglichkeiten für sich und ihre Kinder organisieren, wenn sie nach vierstündiger Autofahrt am Wohnort ihrer Eltern ankam und ihren Vater betrunken vorfand. Mit der Hilfe der Therapiegruppe und einer Angehörigengruppe der Anonymen Alkoholiker gelang es Kristen, auf Kurs zu bleiben oder, genauer gesagt, nach Fehlschlägen immer wieder zu ihrem neuen Verhalten zurückzukehren.

Wenn ihr Vater zum Beispiel mit schwerer Zunge anrief und seine Sprachschwierigkeiten mit einer Erkältung erklärte, sagte Kristen ruhig: »Vater, du behauptest, du hättest nicht getrunken, aber ich kann jetzt nicht mit dir weiterreden. Ich lege auf.«

Wenn ihr Vater nüchtern war, bemühte Kristen sich sehr, die alten Vorwürfe und die Schuldzuweisungen zu vermeiden (»Warum tust du uns das an? Hast du überhaupt gemerkt, wie verletzt Mutter neulich war?«). Sie versuchte statt dessen, nur Aussagen über sich zu machen, ohne in die Vorwurfshaltung zurückzufallen.

Bei einem Wochenendbesuch änderte Kristen ihre Pläne und entschloß sich, nicht bei ihren Eltern zu übernachten. Da ihr Vater offensichtlich unter Alkoholeinfluß stand, ging sie nach dem Abendessen mit ihren Kindern in ein nahe gelegenes Motel. Sie erklärte den Kindern, warum sie sich entschieden hatte, nicht im Haus ihrer Eltern zu bleiben, wenn ihr Vater betrunken war. Gegen Ende derselben Woche teilte sie ihrem Vater folgendes mit:

»Wenn du getrunken hast, Vater, halte ich mich an meinen Vorsatz, wegzugehen. Das bedeutet nicht, daß mir nichts an dir liegt – im Gegenteil. Ich weiß aber, daß ich dir nicht helfen kann, und ich leide zu sehr darunter, wenn ich dich in betrunkenem Zustand sehe, besonders wenn ich daran denke, daß ich dich vielleicht nicht mehr lange um mich haben werde.«

Als ihr Vater defensiv wurde und ihr vorwarf, sie übertreibe und mache aus einer Mücke einen Elefanten, ließ Kristen ihn ausreden und sagte dann: »Da bin ich anderer Meinung. Ich sehe das Problem als sehr viel schwerwiegender an als du, und du kennst auch meine Überzeugung, daß es behandelt werden müßte. Jedenfalls fühle ich mich innerlich zu sehr angespannt, und ich kann einfach nicht mit dir zusammensein, wenn ich auch nur den Verdacht habe, daß du getrunken hast. Also, selbst wenn ich manchmal überreagiere, werde ich weiterhin meine Sachen packen und gehen, wie ich es am letzten Samstag gemacht habe.«

## Testsituationen

In einem emotional spannungsgeladenen Feld wie diesem ist es außerordentlich schwierig, nachzudenken statt zu reagieren, besonders, wenn die Gegenreaktion und »Tests« der anderen Seite anrollen.

Eines Abends rief Kristens Vater zu ziemlich später Stunde aus einer Telefonzelle in der Nähe von Kristens Wohnung an. Er war den Tag über in der Stadt gewesen, um geschäftliche Dinge zu erledigen, und war offensichtlich nicht in der Verfassung, mit dem Auto nach Hause zu fahren. Kristen rief sofort ihre Mutter an; die Mutter reagierte hysterisch und forderte Kristen auf, den Vater sofort abzuholen, ehe er sich selbst oder andere Leute in Lebensgefahr bringe. Aber Kristen (die nicht zum ersten Mal in dieser Situation war) hatte ihrem Vater bereits gesagt, daß sie ihm nicht mehr aus der Patsche helfen werde, wenn er getrunken habe, denn das sei ihr zu strapaziös und sei außerdem auch keine für sie akzeptable Form der Beziehung.

In diesem Augenblick war Kristen jedoch so sehr von Ängsten beherrscht, daß sie nicht klar nachdenken konnte. Sie wußte, daß sie mit ihren alten Methoden, ihren Vater zu »retten«, nichts ändern konnte. Gleichzeitig wollte sie aber in einer akuten Notsituation angemessen reagieren. Sie griff noch einmal zum Telefon und rief den Leiter der Angehörigengruppe bei den Anonymen Alkoholikern an. Das Gespräch beruhigte sie und versetzte sie in die Lage, sich die nächsten Schritte zu überlegen. Schließlich rief sie die Polizei an und erklärte die Situation; dann informierte sie ihre Mutter. Die Polizei griff ihren Vater auf – und Kristen begann sich auf die vulkanischen Reaktionen ihrer Familie vorzubereiten, die nun auf sie zukommen würden.

## »Wie konntest du Vater so etwas antun?«

Es kam wie erwartet. Gegenschläge und »Sei-wie-du-früher-warst«-Reaktionen sind völlig normal, wenn wir unsere Rolle in einem eingefahrenen Beziehungsmuster verändern, aber das Wissen um diese Tatsache macht es uns nicht leichter, mit der Situation umzugehen. Kristens Eltern waren furchtbar aufgebracht, ja fast bereit, jede Verbindung zu ihrer Tochter abzubrechen. In Telefongesprächen griffen sie Kristen in so gehässiger Weise an, daß sie am liebsten den Hörer aufgelegt hätte. Wie konnte sie es wagen, die Familie so zu demütigen? War sie sich darüber im klaren, daß ihr Vater vielleicht den Führerschein verlieren würde und daß sie seinen geschäftlichen Ruf geschädigt hatte? Und die hohe Geldstrafe, die er zu zahlen hatte – hatte sie daran vielleicht gedacht? Wie kann eine Tochter die Polizei auf ihren eigenen Vater hetzen?

Kristen fühlte bei diesen Telefongesprächen eine enorme Wut in sich aufsteigen, aber es war ihr klar, daß sie im Augenblick besser nicht antworten sollte. Sie hatte große Lust, loszuschreien, daß nicht *sie* es war, die ihrem Vater etwas angetan hatte, daß er selbst für seine Handlungen verantwortlich war und daß er endlich die Konsequenzen seines Verhaltens tragen müsse. Aber sie widerstand der Versuchung, das alles herauszuschreien, denn sie wußte, daß sie damit den Konflikt nur weiter aufheizen würde. Kristen ließ ihre Eltern reden, solange sie es ertragen konnte. Dann sagte sie, sie werde jetzt auflegen, über das Gespräch nachdenken und sich wieder bei ihnen melden. »Die Mühe kannst du dir sparen«, war die wütende Antwort ihres Vaters. Offensichtlich war er ziemlich nüchtern.

Wenn man auf emotionale Intensität mit noch mehr Intensität und auf Reaktivität mit noch mehr Reaktivität antwortet, führt das nur zur Eskalation. Kristen schrieb ihren Eltern statt dessen einen im Plauderton gehaltenen Brief, der mit dem Bericht über die letzten Erfolge ihrer Tochter auf dem Fußballfeld begann. Den aktuellen Konflikt sprach sie nur in einigen kurzen Sätzen an und vermied dabei lange Erklärungen oder Rechtfertigungen, die nur zu neuen Spannungen geführt hätten. Kristen blieb sachlich und direkt und wich nicht von ihrer Linie ab. Zuerst entschuldigte sie sich und erklärte, es tue ihr leid, daß ihr Anruf bei der Polizei ihrem Vater Kummer, Demütigung und eine Geldstrafe eingebracht habe und daß es nicht ihre Absicht gewesen sei, ihn zu verletzen oder die Familie in Schwierigkeiten zu bringen. »Ich sah ganz einfach keine andere Alternative«, schrieb sie, »und dazu stehe ich auch jetzt. Ich war nicht dazu bereit, dir aus der Patsche zu helfen, denn ich habe gelernt, daß ich keine für mich akzeptable Beziehung zu dir haben kann, wenn ich das tue. Aber ich mußte etwas unternehmen, weil ich Angst hatte, daß du dich in Gefahr bringen würdest. Das einzige, was mir in dieser Situation einfiel, war, die Polizei zu rufen, und das habe ich getan. Um ehrlich zu sein, ich würde es auch noch einmal tun, wenn ich keinen anderen Ausweg sähe.« Als Kristens Bruder sich einmischte (»Wie konntest du Vater das antun?«), gab sie ihm dieselbe kurze Erklärung.

## Die Reaktion der Mutter

Kristen war sehr überrascht, daß ausgerechnet ihre Mutter am heftigsten auf ihr verändertes Verhalten reagierte. Diese Reaktion war jedoch normal und voraussehbar. Für gewöhnlich reagieren *alle* Mitglieder einer Familie (wir selbst eingeschlossen) mit heftigen Ängsten, wenn ein Familienmitglied aus dem alten Beziehungsmuster ausbricht. Kristens Mutter fühlte sich in diesem Fall verständlicherweise besonders stark bedroht, denn das veränderte Verhalten ihrer Tochter konfrontierte sie mit ihrer eigenen Haltung (beziehungsweise mit ihrem Mangel an Haltung) dem Alkoholproblem ihres Mannes gegenüber. Ihre feste Überzeugung, daß sie alles tue, was sie nur könne, und daß nichts anderes möglich sei, war durch Kristens Handlungsweise in Frage gestellt worden.

In den langen Jahren ihrer Ehe hatte Kristens Mutter ihre Energien mehr und mehr auf die Alkoholabhängigkeit ihres Mannes gerichtet und immer weniger Energie in die Vorstellung investiert, wie sie ihr eigenes Leben am besten gestalten könnte. In der Beziehung zu ihrem Mann war sie betont realitätstüchtig und tendierte zum Überfunktionieren (sie half ihm immer wieder aus der Klemme und erledigte alles für ihn); was sie selbst anging, verhielt sie sich jedoch regressiv und neigte zum Unterfunktionieren (sie entwickelte keine klare Vorstellung über ihre eigenen Lebensziele, grenzte sich nicht ab, was die Alkoholabhängigkeit ihres Mannes anging, und stellte nicht klar, was sie nicht mehr tolerieren würde). Sie hatte gelernt, daß Alkoholabhängigkeit eine Krankheit ist, und benutzte das als Rechtfertigung für die häusliche Situation; sie sagte ihrem Mann nicht, was sie von seinem *Umgang* mit seiner Krankheit hielt. Kristens Mutter hatte zu keiner eigenen Haltung gefunden, das heißt, sie verstrickte sich in einen endlosen Zyklus von Streitigkeiten, Klagen und Vorwürfen, war aber unfähig zu sagen: »Das kann und werde ich in unserer Beziehung nicht mehr tolerieren.« Da sie fest davon überzeugt war, *ohne* ihre Ehe nicht leben zu können, konnte sie *in* ihrer Ehe keine klaren Verhältnisse schaffen.

Von Zeit zu Zeit drohte Kristens Mutter ihrem Mann mit der Scheidung, aber diese Drohungen waren nur ein Ausdruck von Reaktivität in unerträglich spannungsgeladenen Situationen (»Wenn du das noch einmal tust, werde ich dich verlassen«). Oft waren die Scheidungsdrohungen der letzte, verzweifelte Versuch, ihren Mann zu einer Verhaltensänderung zu bewegen.

Eine eigene Haltung entsteht aber nur aus der Konzentration auf das eigene Selbst, aus dem tiefempfundenen Erleben der eigenen Bedürfnisse (das man nicht vortäuschen kann) und aus einem klaren Bewußtsein der eigenen Toleranzgrenzen. Wenn wir uns eine Basis für unser Handeln schaffen, tun wir das nicht primär, um den anderen zu verändern oder zu kontrollieren (obwohl dieser Wunsch sicherlich besteht), sondern um die Würde, die Integrität und das Gleichgewicht des eigenen Selbst zu bewahren. Es gibt keine »richtige« Basislinie für unser Handeln, die für alle Menschen gleich ist, aber wenn wir gar *keine* Basislinie haben, können unsere Beziehungen zu Menschen, die uns nahestehen, nur chaotischer und unbefriedigender werden. An dieser Tatsache ändert sich nichts, auch wenn wir davon überzeugt sind, daß das Verhalten des anderen durch Krankheit, eine schwere Jugend, schlechte Gene, Trägheit oder böse Geister verursacht ist.

Seit fast vierzig Jahren hatte Kristens Mutter mit ihrem Mann einen sinnlosen Kampf ausgefochten, der auf Kosten aller Beteiligten ging, und sie hatte sich selbst davon überzeugt, daß sie alles getan habe, was in ihren Kräften stand. Kristens neugewonnene Fähigkeit, sich aus der ängstlichen Fixierung auf die Alkoholabhängigkeit ihres Vaters zu lösen und im Hinblick auf seine Trinkgewohnheiten und auf die Vater-Tochter-Beziehung eine eigene Linie zu behaupten, war ein direkter Angriff auf die zentralen Überzeugungen, Einstellungen und Verhaltensweisen ihrer Mutter. Ihr gesamtes Bild der Realität – wie die Dinge sind und wie sie sein müssen – war damit in Frage gestellt. Außerdem weckten die neuen Ereignisse in Kristens

Mutter verschüttete Erinnerungen an ihre eigene Kindheit. Kristens Großeltern mütterlicherseits hatten sich buchstäblich selbst geopfert, um einen Sohn zu betreuen, der an einer Psychose litt. Sie waren bis an die Grenzen ihrer Kräfte gegangen, indem sie die ungeheuerlichsten Ausbrüche und Vorfälle ertrugen, ohne klare Grenzen zu ziehen. Auch sie hatten keine Alternative für ihr Handeln gesehen (»Wir können unseren Sohn schließlich nicht auf der Straße aussetzen, oder?«) und hatten ihn, oder seine Krankheit, für ihr unglückliches Leben verantwortlich gemacht. Professionelle oder kommunale Hilfe stand ihnen nicht zur Verfügung, und die Ratschläge, die sie bekamen (»Schmeißt ihn raus, wenn ihr es nicht mehr ertragen könnt«) nutzten ihnen nichts.

Kristens Mutter wiederholte das familiäre Muster mit ihrem Ehemann und übernahm das Bild, das ihre Familie von der »Realität« hatte (»Man kann sich einem kranken Familienmitglied gegenüber nicht abgrenzen«). Dadurch, daß sie dieses Muster nachlebte, konnte Kristens Mutter ihre Wut auf ihre eigene Herkunftsfamilie verdrängen, in der sich alles um den kranken Bruder gedreht hatte. Indem sie *dasselbe tat*, versuchte sie sich zu beweisen, daß man nichts anderes tun konnte, daß es keinen anderen Weg gab. Es versteht sich von selbst, daß es für jeden Menschen außerordentlich schwierig ist, in seinem eigenen Handeln klare Grenzen zu ziehen und die eigene Integrität zu wahren, wenn die eigenen Eltern im Umgang miteinander oder mit anderen Familienmitgliedern dazu nicht in der Lage waren.

Erst wenn wir das weitere, mehrere Generationen umspannende Bild mit einbeziehen, können wir die Größenordnung der Veränderungen ermessen, die Kristen vollzog. Man stellt das Erbe von Generationen nicht in Frage, ohne heftige Emotionen zu wecken. Es war vorauszusehen, daß Kristens Mutter das neue Verhalten ihrer Tochter als bedrohlich empfinden mußte und daß sie ihren Ängsten durch wütende Vorwürfe gegen Kristen Ausdruck verleihen würde. Es war nun Kristens Aufgabe, mit den Reaktionen ihrer Mutter fertig zu werden, ohne den Kontakt abzubrechen und ohne sich wieder in das alte Muster hineinziehen zu lassen. Der Umgang mit Gegenreaktionen ist der Kernpunkt aller wirklichen Veränderungen.

Schön wäre es ja, wenn wir Veränderungen mit einem einzigen kraftvollen Schlag erreichen könnten; aber leider sind Veränderungen langsame Prozesse, die wir durchstehen müssen, so gut wir können. Nach Kristens Anruf bei der Polizei stand die ganze Familie unter hoher Spannung, und es ist verständlich, daß Kristen große Schwierigkeiten hatte, den Kontakt zu ihren Angehörigen zu halten, die entweder mit offener Wut reagierten oder ihr die kalte Schulter zeigten. Wenn Kristen jedoch an einer echten, dauerhaften Veränderung interessiert war, mußte sie Kreativität entfalten und Wege finden, mit ihren Eltern ein vernünftiges Maß an Kontakt zu halten und nur zeitweilig auf Distanz zu gehen, wenn es notwendig war. Durch ein völliges Abbrechen des Kontakts wäre die Möglichkeit, eine neue, befriedigende Form der Beziehung zu etablieren, verspielt gewesen. Und wenn Kristens Vater eine besonders dramatische Gegenreaktion produziert hätte (zum Beispiel einen Autounfall mit schweren Verletzungen), wäre Kristen vielleicht ohne eine verantwortungsvolle Verbindung zu ihren Eltern mit ihren Ängsten und Schuldgefühlen wegen ihres neuen Verhaltens nicht fertig geworden. Obwohl das *wirkliche* Risiko ernsthafter Verletzungen und Tragödien innerhalb des alten Musters viel größer ist, bleibt das ein wichtiger Punkt.

Das Wichtigste ist aber, daß die Fähigkeit, mit Familienmitgliedern in verantwortungsvollem Kontakt zu bleiben und in Familienbeziehungen ein solides Selbst zu definieren, uns hilft, auch in anderen intimen Beziehungen »mehr Selbst« zu entwickeln. Wenn die Erfahrungen mit familiären Beziehungen besonders leidvoll waren und wenn es in der vorangegangenen Generation zum Abbruch von Beziehungen gekommen ist, wird es uns selbst auch sehr schwer, die Verbindungen aufrechtzuerhalten. Aber extreme Distanz oder das Abbrechen des Kontakts zu Familienmitgliedern ist immer nur ein Kompromiß. Der Vorteil ist, daß wir die unangenehmen Gefühle vermeiden, die durch den Kontakt zu bestimmten Familienmitgliedern unweigerlich hervorgerufen werden. Die Nachteile sind nicht so offensichtlich, aber dennoch von Bedeutung. Selbst wenn die familiären Beziehungen durch starke Ängste belastet und schwierig sind, ist die Verbundenheit mit der Familie eine notwendige Grundvoraussetzung, um die eigenen intimen Beziehungen außerhalb der Familie so zu gestalten, daß sie von schwerwiegenden Symptomen, von exzessiven Ängsten und von Reaktivität frei bleiben.

Wenn wir Spannungen dadurch bewältigen, daß wir den Kontakt zu Familienmitgliedern (die Familie im weiteren Sinn eingeschlossen) abbrechen, bringen wir diese Spannungen in andere Beziehungen ein, insbesondere in unsere Beziehungen zu Kindern – wenn wir Kinder haben. In manchen Familien mag es Jahre dauern, bis wir einen Weg gefunden haben, mit einem bestimmten Verwandten wieder in Kontakt zu treten; aber wenn wir uns allmählich in diese Richtung bewegen können, statt in Richtung weiteren Kontaktverlusts, ist das von großem Vorteil sowohl für das eigene Selbst als auch für die kommende Generation.

Kristens Geschichte ging so aus, wie wir es alle gern haben: Ihre Mutter ging in Therapie, um ihre Rolle als »Co-Alkoholikerin« zu verändern. Ihr Vater bekam seine Alkoholabhängigkeit tatsächlich in den Griff, und alle Familienmitglieder begannen nun, ihre Beziehungen sinnvoller und realistischer zu gestalten.

Ein solches »Happy-End« ist gar nicht so selten. Ebenso häufig geht es aber auch anders aus. Das Wichtige an dieser Geschichte ist *nicht*, daß Kristens verändertes Verhalten schließlich auch bei ihren Eltern positive Veränderungen hervorrief. Wichtig ist, daß Kristen *für sich* zu einer verantwortlichen Position in ihrer Familie fand – einer Position, die ihr auch für die Gestaltung anderer Beziehungen eine solide Basis gab und die auch die Chancen aller anderen Familienmitglieder erhöhte, ihre eigene Kompetenz zu nutzen.

## Abwarten!

Wenn Kristens Geschichte Sie beeindruckt hat, weil Sie in einer ähnlichen Situation sind, tun Sie gut daran, vorerst *nur darüber nachzudenken*. Die meisten Menschen versuchen, Veränderungen zu erreichen, ehe sie innerlich wirklich dazu bereit sind, oder ein zentrales, konfliktgeladenes Thema anzusprechen, ehe sie kleinere Probleme verarbeitet haben. Wenn Sie dieses Buch zu Ende gelesen haben, werden Sie besser einschätzen können, wie, wann und ob Sie Veränderungen vollziehen wollen. Es ist jedenfalls nicht sinnvoll, mit der schwierigsten Stelle anzufangen.

Kristens Geschichte ist ein Beispiel der schwierigsten Art von Veränderung. Wir sollten im Auge behalten, daß zwischen dem »Vorher« und dem »Nachher« in ihrer Geschichte ein langer Prozeß lag, bei dem sie die Unterstützung einer Therapiegruppe und einer Angehörigengruppe der Anonymen Alkoholiker hatte. Die konstruktive Veränderung in der Beziehung zu ihrem Vater geschah nicht von heute auf morgen. Solche Veränderungen erfordern grundsätzlich sorgfältige Vorbereitung, Planung und Übung, und in manchen Fällen sind sie nicht ohne professionelle Hilfe zu erreichen.

Eins können Sie allerdings hier und jetzt tun: Sie können Kristens Geschichte als Denkanstoß benutzen, um über Ihre eigenen Reaktionsmuster in der Beziehung zu einem wichtigen Menschen zu reflektieren, der unterfunktioniert oder dessen Verhalten Sie nicht akzeptieren können. Wir werden uns weiter mit der Frage befassen, was es bedeutet, in einer Beziehung ein eigenes Selbst zu definieren, und was es heißt, eine eigene Linie zu vertreten. Denken Sie daran, daß Geduld die Grundvoraussetzung für Veränderungen ist. Wir lernen nicht schwimmen, indem wir auf das Zehnmeterbrett steigen und uns hinunterstürzen.

Kristens Geschichte sagt nicht nur etwas über das Problem der Alkoholabhängigkeit aus. Bei allen Veränderungsschritten, die sie vollzog, ging es um das Problem, in einem spannungsgeladenen emotionalen Feld von Familienbeziehungen ein eigenes Selbst zu definieren. Dieser Prozeß ist für uns alle lebenswichtig und von zentraler Bedeutung. Da wir nicht außerhalb der Zeit leben, machen wir in unseren Beziehungen ständig Entwicklungen durch, die in Richtung eines geringeren oder eines höheren Grades von Autonomie gehen können.

Wir alle kommen besser mit unserem Leben zurecht, wenn wir mit Menschen, die wichtig für uns sind, ein vernünftiges Maß an Kontakt halten können, wenn wir ihnen zuhören können, ohne sie verändern, überzeugen oder bessern zu wollen, und wenn wir ruhig klarstellen können, wie wir die Dinge sehen, in einer Form, die auf Nachdenken und nicht auf bloßem Reagieren beruht. Wir alle leben zufriedener, wenn wir ein wichtiges Problem (wie die Alkoholabhängigkeit des Vaters in Kristens Fall) ansprechen und dazu klar Stellung beziehen können, statt uns in Schweigen oder in eine unproduktive Vorwurfshaltung zurückzuziehen. Es geht uns allen besser, wenn wir eine klare Linie vertreten (»Ich bin nicht bereit, diese Verhaltensweisen zu akzeptieren und damit zu leben«), statt durch unser eigenes Verhalten zu vermitteln, daß wir alles so laufen lassen, wie es läuft. Wir haben mehr davon, direkt mit unseren schwierigsten Familienmitgliedern zu sprechen, als mit anderen Verwandten *über* sie zu sprechen. Und schließlich ist es für uns alle besser, wenn wir uns aus der angstvollen Fixierung auf das Problem des anderen lösen und unsere Energien darauf verwenden, uns Klarheit über unsere eigenen Überzeugungen, Wertvorstellungen und Prioritäten zu verschaffen und Lebensziele zu formulieren, die damit in Einklang stehen.

Kristens Geschichte zeigt einige Schlüsselaspekte des Autonomieprozesses, aber noch nicht alle. Ein authentisches Selbst entwickeln bedeutet auch, daß wir anderen sowohl unsere realitätstüchtigen als auch unsere regressiven Seiten zeigen, statt in polarisierten Positionen zu verharren, in denen wir auf die Probleme des anderen fixiert bleiben, über unsere eigenen Probleme jedoch nichts mitteilen. Jeder Mensch, ohne Ausnahme, hat sowohl starke, kompetente als auch schwache, verletzliche Seiten, aber die meisten von uns haben Schwierigkeiten damit, sich mit beiden Seiten ihrer Persönlichkeit zu identifizieren und beide Seiten auszudrücken. Besonders schwierig wird es dann, wenn sich in Beziehungen eine polare Rollenverteilung etabliert, wenn ein Partner überfunktioniert und der andere unterfunktioniert und wenn das Verhalten eines Partners das Verhalten des anderen provoziert und aufrechterhält.

Es war nicht leicht für Kristen, ihrem Vater ihre eigenen schwachen Seiten zu zeigen (»Vater, ich habe ein Problem, und ich möchte gern deine Meinung darüber hören«), ebenso wie es ihrem Vater schwerfiel, an seine eigenen starken Seiten heranzukommen und mit dem Trinken aufzuhören. Der Verhaltensstil des Überfunktionierens ist nicht leicht zu korrigieren, denn seine negativen Folgen sind meistens verdeckt. Für uns selbst und für diejenigen, die uns nahestehen, lohnt es sich jedoch, diese Aufgabe in Angriff zu nehmen.

# VIII. Überfunktionieren

Jeder weiß, daß Menschen, die notorisch unterfunktionieren, sich ändern müssen. Wenn wir unterfunktionieren – wie es bei Kristens Vater der Fall war –, erhalten wir den Patientenstatus; wir werden in Therapie geschickt, in Behandlungszentren oder psychiatrische Kliniken eingewiesen. In unseren Familien gelten wir als die Kranken, die Unreifen, die Verantwortungslosen, die Chaoten, die schwarzen Schafe. Manche Menschen distanzieren sich von uns, andere fixieren sich auf unsere Probleme, häufig in einer Weise, die uns nicht hilft. In unserer eigenen Einschätzung sind wir vielleicht Schwächlinge, Versager oder Nervenbündel, und wir meinen, daß alle anderen in unserer Familie bestens mit dem Leben zurechtkommen.

Anders ist es, wenn wir überfunktionieren; dann sind wir fest davon überzeugt, daß Gott auf unserer Seite steht. Wir haben in jeder denkbaren Weise zu helfen versucht, und unsere größte Sorge gilt dem anderen Menschen, der unfähig oder nicht bereit ist, sich zu bessern. Unglücklicherweise neigt unsere Umgebung meistens dazu, uns in unserer Einstellung und unseren einseitigen Sichtweisen zu bestärken. Manchmal wird uns aber auch vorgeworfen, daß wir die Probleme durch unser Verhalten verursachen – und das ist ein ebenso enger und verzerrter Blickwinkel.

Wir alle neigen in bestimmten Beziehungen und Situationen zum Überfunktionieren. Das muß nicht unbedingt problematisch sein, vorausgesetzt, wir bemerken es und können auch wieder davon ablassen. Nehmen wir an, unsere Tochter ruft uns weinend an, weil sie einen ersehnten Job nur auf Probe erhalten hat. Statt ihr sinnvolle Fragen zu stellen oder von einer ähnlichen eigenen Erfahrung zu erzählen, versuchen wir, sie aufzuheitern, oder sagen ihr, was sie tun soll. Später denken wir über das Gespräch nach und stellen fest, daß wir unerbetene Ratschläge gegeben und nicht richtig zugehört haben. Also rufen wir sie am nächsten Tag an und erkundigen uns einfach, wie es ihr geht. Wir stellen ihr ein paar Fragen über ihre Arbeitssituation und sagen ihr, daß wir ihre deprimierte Stimmung gut nachfühlen können.

Wenn das Überfunktionieren allerdings zu einer rigiden Haltung geworden ist, können Veränderungen äußerst mühsam werden. Überfunktionieren ist nicht einfach eine schlechte Gewohnheit, eine Fehlhaltung oder helferischer Übereifer – daraus ließe sich das Rigide nicht erklären; Überfunktionieren ist ebenso wie Unterfunktionieren ein vorgeprägtes Muster der Angstbewältigung, das wir durch unsere Sozialisation übernehmen und das tief in vorangegangenen Generationen wurzelt. Dieses Reaktionsmuster wirkt in uns fast wie ein Instinkt, ohne bewußte Kontrolle oder Absicht. Und es kann in unserer eigenen Entwicklung und in unseren Beziehungen zu unglaublicher Stagnation führen.

Erstgeborene Kinder und Einzelkinder geraten am leichtesten (wenn auch durchaus nicht immer) in die Rolle des oder der Überfunktionierenden hinein. Diese Tendenz wird noch verstärkt, wenn ein erstgeborenes Kind nur Geschwister des gleichen Geschlechts hat, und sie wird besonders intensiviert, wenn ein Elternteil physisch oder psychisch nicht in der Lage ist, die Elternrolle befriedigend auszufüllen. Das Kind wird dann oft in eine überverantwortliche Rolle gedrängt – als Vertrauensperson, Vermittler oder ähnliches. Da Menschen, die überfunktionieren, einen soliden und tatkräftigen Eindruck machen (wie meine Schwester, die in der Zeit der Krebserkrankung meiner Mutter »alles im Griff« hatte), werden ihre Bedürfnisse und Probleme leicht übersehen. Sogar sie selbst nehmen sie nicht wahr – so lange jedenfalls, bis sie krank werden oder irgendeinen anderen Weg finden, zusammenzubrechen. Manchmal kann nur eine schwere körperliche oder seelische Erkrankung die notorisch überfunktionierende Person dazu zwingen, ihre Kräfte zu schonen und ihre Aufmerksamkeit auf die eigenen Bedürfnisse zu lenken. Und wenn überfunktionierende Menschen unter dem Streß ihrer Realitätstüchtigkeit tatsächlich zusammenbrechen, nimmt das oft hochdramatische Formen an.

Was heißt überfunktionieren?

Wie wir gesehen haben, kann Überfunktionieren als individueller Stil der Bewältigung von Ängsten und des Umgangs mit Beziehungen unter Streß definiert werden. Wenn Sie zu den überfunktionierenden Menschen gehören, werden Sie die folgenden Charakteristika an sich selbst wiedererkennen: Überfunktionierende

– wissen immer, was für sie selbst und auch für andere das Beste ist,

– sind in Streßsituationen sofort bereit, Rat zu erteilen, Ordnung zu schaffen, Hilfe anzubieten und die Zügel in die Hand zu nehmen,

– haben Schwierigkeiten, sich herauszuhalten und andere allein mit ihren Problemen fertig werden zu lassen,

– vermeiden die Auseinandersetzung mit ihren eigenen Zielvorstellungen und Problemen, indem sie sich auf die Probleme anderer fixieren,

– können kaum über ihre eigenen schwachen und verletzlichen Seiten sprechen, vor allem nicht mit Menschen, die sie für realitätsuntüchtig halten,

– werden von anderen oft für »besonders zuverlässig« und »sehr tüchtig« gehalten.

Überfunktionieren ist jedoch nicht nur ein individueller Stil der Angstabwehr. Wenn wir dieses Verhalten nicht isoliert, sondern im Zusammenhang mit dem Unterfunktionieren betrachten, ist es Teil eines aufeinander bezogenen reziproken Beziehungsmusters. Unter dem Druck starker Ängste wird gewissermaßen mit verteilten Rollen gespielt; das Beziehungsmuster nimmt die Form der Polarisierung an, wie ich es am Beispiel der Rollenverteilung zwischen mir und meiner Schwester zeigte. Aus dieser Perspektive betrachtet, sind Überfunktionieren und Unterfunktionieren Eigenschaften eines Beziehungssystems, die nicht unabhängig von der Gesamtdynamik verstanden werden können. Sehen wir uns diesen Ansatz genauer an.

## Selbstverlust und Pseudo-Selbst

Als Murray Bowen, der Begründer der Familien-System-Theorie, das reziproke Muster des Überfunktionierens und Unterfunktionierens zum ersten Mal beschrieb, bezog er sich auf einen Prozeß, der in Ehen häufig zu beobachten ist: Ein Partner gibt sein Selbst auf, und der andere Partner entwickelt ein Pseudo-Selbst. Die Person, die ihr Selbst opfert, übernimmt die unterfunktionierende Rolle. Die Person, deren Selbst sich scheinbar vergrößert, ist in der überfunktionierenden Position. Wie kommt es zu dieser Rollenverteilung?

Wenn Paare zusammenzuleben beginnen, verfügen die Partner im allgemeinen über dasselbe Niveau von Autonomie und Eigenständigkeit. Das heißt, das Maß an »authentischem Selbst«, das sie in ihren Herkunftsfamilien entwickeln konnten, ist ungefähr das gleiche. Wir können auch sagen, beide Partner sind auf demselben Niveau emotionaler Reife. Nehmen wir Jo-Anne (die anonyme Verfasserin des Briefes an die Herausgeberin von *Ms*) und Hank (wie wir ihren Ehemann nennen werden) als Beispiel:

Zum Zeitpunkt ihrer Heirat hätte man ihr »Autonomieniveau« als Paar vielleicht als horizontale Linie darstellen können.

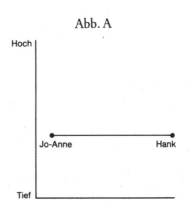

Abb. A

Wenn wir dasselbe Paar einige Jahre später betrachten, sieht das Autonomiegefälle zwischen ihnen aus wie in Abbildung B.

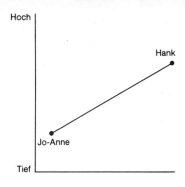

Abb. B

Jo-Anne hat im Laufe der Zeit die angepaßte, unterfunktionierende Rolle übernommen, unter dem Druck der ehelichen Konflikte klein beigegeben und sich dem Lebensprogramm ihres Partners unterworfen. Vielleicht leidet sie unter Depressionen und psychosomatischen Symptomen und hat keine individuellen Lebensziele. Dagegen hat Hank vermutlich keine seelischen oder körperlichen Krankheitssymptome und ist beruflich im Aufstieg begriffen. Für die Umwelt scheint er über »mehr Selbst« zu verfügen als seine Partnerin und macht einen lebenstüchtigen Eindruck. Im Lauf der Zeit kann die Rollenverteilung in der Ehe rigide Formen annehmen. Hank reagiert auf die unterfunktionierende Position seiner Frau vielleicht mit wütender Distanz oder mit übertriebener Konzentration auf ihre Probleme; in jedem Fall wird er ihr immer weniger von seinen Problemen und Schwächen zeigen (wenn er es je getan hat), und sie wird immer weniger in der Lage sein, ihm ihre Stärken und ihre Kompetenz zu zeigen.

Der Unterschied in ihrem Autonomie- oder Selbstniveau ist jedoch ein scheinbarer und kein realer. In den Begriffen der System-Theorie hat Hank in dem Maß an Pseudo-Selbst gewonnen, wie seine Frau Selbstverlust erlitten hat. Sie hat Teile ihres Selbst »geopfert«, und er hat Teile seines Selbst »geborgt«. Man kann diese Dynamik mit einer Wippe vergleichen, auf der einer oben und der andere unten sitzt. Falls Jo-Anne sich verändern und mehr Autonomie entwickeln sollte, wäre die folgende Entwicklung absehbar:

## Abb. C

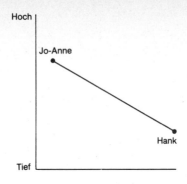

Wenn Jo-Anne selbstbewußter würde, könnte Hank an Realitätstüchtigkeit verlieren und Depressionen entwickeln. Psychotherapeuten sehen solche Entwicklungen sehr häufig. Auf der sozialen Ebene konnten wir übrigens ähnliches beobachten; als die Frauen durch den Einfluß der feministischen Bewegung selbstbewußter und autonomer wurden, begannen die Männer darüber zu klagen, daß sie sich »impotent« oder »kastriert« fühlten. Es wäre falsch, das Stärkerwerden der Frauen mit dem Schwächerwerden der Männer zu verwechseln. Tatsächlich wird das Pseudo-Selbst von Männern in Frage gestellt, wenn Frauen nicht mehr zur Selbstaufgabe bereit sind.

Wenn Jo-Anne in der Lage wäre, mehr »authentisches Selbst« (im Unterschied zum Pseudo-Selbst) zu entwickeln und aufrechtzuerhalten, würde das in Abbildung C dargestellte Bild nicht statisch bleiben. Hank würde vielleicht die Herausforderung annehmen und auf die Veränderungen, die seine Frau erreicht hat, seinerseits mit einer Entwicklung zu echter Autonomie reagieren. Oder Hank und Jo-Anne wären einige Jahre später nicht mehr zusammen.

## Warum sollte ich mich verändern?

Woher nimmt ein überfunktionierender Mensch die Motivation zur Veränderung? Wie Kristens Geschichte zeigt, können Veränderungsprozesse äußerst schwierig und angsterregend sein. Oft genug ist die Motivation einfach nicht vorhanden, oder sie endet nach den ersten Anstrengungen. Das ist durchaus verständlich. Woher sollen wir den Mut (gar nicht zu reden von der Motivation) nehmen, unsere überfunktionierende Haltung zu korrigieren? Warum sollten wir uns auch verändern, wenn wir auf der emotionalen Wippe oben sitzen, wenn wir unseren eigenen Problemen aus dem Wege gehen können, indem wir uns auf die Schwächen des anderen konzentrieren, wenn wir in den geheimen Genuß des »Rechthabens« kommen können, weil unsere Diagnosen über den Zustand des anderen scheinbar zutreffen, oder wenn wir in der Familie die Person sind, der man etwas anvertraut (»Ich muß dir erzählen, was dein Bruder wieder angestellt hat!«), und nicht diejenige, *über* die geredet wird?

Es ist ein echtes Dilemma. Der Wille, sich *nicht* zu verändern, ist bei notorisch überfunktionierenden Menschen oft besonders stark. Erstens neigen wir dazu, das eigene Problem nicht wahrzunehmen. Wir haben versucht, dem anderen zu helfen, und wenn wir auf Distanz gegangen sind oder den Kontakt abgebrochen haben, dann nur, weil wir überzeugt sind, alles menschenmögliche versucht zu haben. Wie Kristen und ihre Mutter können wir unseren eigenen Anteil an einem eingefahrenen Beziehungsmuster nicht erkennen, weil wir uns eine andere Art, die Beziehung zu gestalten, nicht vorstellen können (oder wollen). Vielleicht sind wir sogar davon überzeugt, daß die andere Seite ohne unsere Hilfe nicht fähig wäre, zu überleben (»Meine Schwester ißt nichts, wenn ich nicht für sie einkaufe«).

Zweitens wissen wir nicht, *wie* wir unsere überfunktionierende Haltung korrigieren sollen. Am liebsten hätten wir klare Instruktionen, einen ausführlichen Lageplan und einen gut informierten Führer, der uns über die gefährlichen Wegstrecken geleitet. Aller Wahrscheinlichkeit nach haben wir keine realistische Einschätzung der wirklichen Schwierigkeiten – wenn wir überhaupt bereit sind, uns auf den Weg zu machen.

Und drittens ist es mit seelischem Schmerz verbunden, eine notorisch überfunktionierende Haltung zu verändern. Wenn unsere Verletzlichkeit und Bedürftigkeit an die Oberfläche kommt, kann das Wut, Depressionen, Ängste auslösen – und wer will das schon? Verständlicherweise weichen wir der Erfahrung des Leidens lieber aus, selbst wenn sie auf eine Phase begrenzt ist und selbst wenn das Versprechen eines ganzheitlicheren und stabileren Selbst damit verbunden ist.

Dennoch entwickeln manche von uns den Willen, sich zu verändern, wie Kristens Beispiel zeigt. Solche Veränderungen fordern von uns, daß wir gegen unser Bedürfnis, die Dinge zu regeln und in Ordnung zu bringen, arbeiten oder auch gegen unsere starken Distanzbedürfnisse. Die größte Schwierigkeit bei der Veränderung eines überfunktionierenden Verhaltensmusters besteht jedoch darin, der unterfunktionierenden Person unsere verletzlichen Seiten zu zeigen und an die kompetenten Seiten des oder der »Unfähigen« zu appellieren.

## Zurück zu Kristen

Es kam noch ein zweites Mal vor, daß Kristen die Polizei rief, um ihren Vater abholen zu lassen. Ihr Vater bezeichnete sie daraufhin als »furchtbar egoistisch«, und an diesem Punkt verlor Kristen die Kontrolle. In ihrer nächsten Gruppensitzung schilderte sie das Erlebnis: »In diesem Augenblick bin ich explodiert. *Er* nannte mich egoistisch! *Er* warf mir vor, daß ich der Familie Schaden zufüge! Da habe ich dem Armleuchter die Meinung gesagt. Ich konnte es einfach nicht mehr ertragen, und es war mir egal, ob ich damit alles kaputtmache.«

Es gehört zum schwierigen Prozeß der Veränderung, daß uns gelegentlich die Sicherungen durchbrennen. Wir verändern unsere Rolle in einem festgefahrenen Beziehungsmuster nicht, ohne daß wir immer wieder in unsere alten Rollen zurückfallen. Die Gruppe hatte Verständnis für Kristens Gefühle und für ihre Aufwallung von Reaktivität. Einige meinten, daß es gut für sie gewesen sei, ihrer Wut einmal völlig freien Lauf zu lassen.

Das wichtigste ist, daß Kristen in der Lage war, wieder auf ihren Kurs zurückzukehren.

Einen Monat später (und fast ein Jahr nach ihrem ersten Anruf bei der Polizei) entschloß Kristen sich zu einem besonders mutigen Schritt. Sie schrieb ihrem Vater einen Brief, der die folgende Botschaft enthielt:

»Vater, ich habe darüber nachgedacht, daß du sagtest, ich sei egoistisch, und ich bin zu dem Schluß gekommen, daß etwas Wahres daran ist. Ich werde tatsächlich egoistischer. Um ehrlich zu sein, ich bemühe mich sogar darum, egoistischer zu werden. Ich habe mein halbes Leben damit verbracht, ständig auf dem Sprung zu sein und mir über dein Trinken und Mutters Probleme Sorgen zu machen, und ich habe sehr wenig Energie darauf verwendet, mir darüber klarzuwerden, wer ich bin und was ich mit meinem Leben anfangen will. Vielleicht hat es mir auch genützt, mich auf deine Probleme zu konzentrieren, denn dadurch brauchte ich mir meine Probleme nicht so genau anzusehen. Jetzt, wo ich darüber nachdenke, stelle ich fest, daß ich mit meiner Arbeitssituation schon lange unzufrieden bin und daß ich in dieser Hinsicht nichts unternommen habe. Gleichzeitig habe ich aber auch Hoffnung, weil ich zumindest angefangen habe, mich damit zu befassen.«

In einem späteren Gespräch schilderte Kristen ihrem Vater ein spezielles Problem, das sie in ihrem Beruf belastete, und erzählte ihm auch, daß sie immer noch unentschlossen sei, was ihre berufliche Entwicklung anging. Sie fragte ihn nach seiner Meinung zu diesem Problem und nach ähnlichen Erfahrungen in seinem Berufsleben. Wie hatte er sich zu seinem Berufsweg entschlossen? Hatte er je an einen Berufswechsel gedacht? Mit welchen Arbeitsproblemen hatten andere Mitglieder seiner Familie zu kämpfen gehabt? Kristen sagte ihrem Vater, daß alles, was er ihr über seine lange Berufserfahrung mitteilen könne, ihr helfe, mit ihren eigenen Fragen besser umzugehen. Einige Tage später unterhielt sie sich mit ihrer Mutter über Berufs- und Karriereprobleme auf der mütterlichen Seite der Familie.

Bald danach wurde Kristen depressiv. Obwohl sie sagte, die Depression habe sie »aus heiterem Himmel« überfallen, war diese Reaktion alles andere als überraschend. Dadurch, daß Kristen ihrem Vater ihre eigene unterfunktionierende Seite zeigte, stellte sie das Rollensystem und die Verhaltensregeln in Frage, die in ihrer Familie das Bild der »Realität« prägten. Sie führte neue Spielregeln ein, indem sie an die Kompetenz ihres Vaters appellierte und Interesse an seinen Vorstellungen äußerte, indem sie in der Beziehung mehr von sich selbst zeigte und nicht mehr vorgab, alles »im Griff« zu haben. Eine der unausgesprochenen Grundregeln in ihrer Familie war, daß der Vater, als »kranker« Alkoholiker, nicht mit den Problemen anderer Familienmitglieder belastet werden durfte und daß man davon ausging, er habe ohnehin keinen brauchbaren Rat anzubieten. Eine andere unausgesprochene Vorschrift besagte, daß Väter und Töchter keine wirklichen Beziehungen zueinander haben sollten.

Als Kristen ihren Vater aufforderte, wie ein Vater zu handeln, setzte das in ihr selbst eine Sturzflut von unterdrückten Gefühlen und nie befriedigten Abhängigkeitsbedürfnissen frei; plötzlich wurden Wünsche und Sehnsüchte in ihr wach, die sie durch ihr notorisches Überfunktionieren und durch ihre Konzentration auf die Probleme anderer erfolgreich aus ihrer Wahrnehmung ausgeblendet hatte. Die positive Reaktion des Vaters auf ihre neue Offenheit führte paradoxerweise dazu, daß ihre unterdrückte Wut und ihre Enttäuschung über das, was sie von ihm und ihrer Familie nie bekommen hatte, plötzlich hervorbrach. Alles, was er ihr jetzt noch geben konnte – so war ihre erste Reaktion »aus dem Bauch heraus« –, kam viel zu spät und konnte nie genug sein.

Kristen konnte nicht begreifen, warum ihr neues Verhalten und die positive Reaktion ihres Vaters bewirkten, daß sie sich unglücklicher fühlte als je zuvor. Ihre Reaktion war jedoch voraussehbar und völlig normal. Es sind aber gerade diese leidvollen Aspekte des Veränderungsprozesses, die viele von uns dazu bringen, bei den alten, eingefahrenen Mustern zu bleiben.

Andererseits gewinnen wir viel, wenn wir auf diese Weise an uns arbeiten und auf Kurs bleiben oder, genauer gesagt, immer wieder auf unseren Kurs zurückkommen können. Die eigene Verletzlichkeit offenzulegen und die Kompetenz des anderen anzusprechen, ist von ausschlaggebender Bedeutung, wenn wir in der Beziehung zu einem unterfunktionierenden Menschen das Gleichgewicht wiederherstellen wollen. Wenn wir dazu nicht fähig sind, ist es weitaus weniger wahrscheinlich, daß der andere seine Energien in die eigene Entwicklung investieren wird; er – oder sie – wird doppelt so hart arbeiten müssen, um mit der eigenen Kompetenz in Berührung zu kommen.

Was noch wichtiger ist: Diese Arbeit verhilft uns zu einem ausgewogenen und authentischen Selbst. Sie ist die beste Versicherung gegen die Wiederholung der alten, polarisierten Beziehungsmuster mit neuen Menschen in unserem Leben und gegen das Weitergeben dieser Muster an die nächste Generation.

Wenn es uns gelingt, uns aus dem notorischen Überfunktionieren zu lösen, werden wir außerdem zu begreifen beginnen, welchen Preis das alte Verhaltensmuster fordert. Durch Überfunktionieren verausgaben wir uns (sowohl emotional als auch finanziell); es ist frustrierend, kräftezehrend und ärgerlich, anderen ständig aus der Patsche zu helfen, sie zu retten, für sie die Zügel in die Hand zu nehmen oder ihren Problemen mehr Aufmerksamkeit zu widmen als den eigenen. Und wenn wir uns von dem Menschen, der so schlecht mit seinem Leben zurechtkommt, distanzieren, fühlen wir uns damit auf lange Sicht auch nicht wohl; wir haben nicht das Gefühl, verantwortungsvoll gehandelt zu haben, auch wenn wir uns vom Gegenteil zu überzeugen versuchen.

Bisher haben wir uns mit Formen des Überfunktionierens (und Unterfunktionierens) beschäftigt, die *chronisch* geworden sind, das heißt, es handelt sich um festgelegte und seit langer Zeit bestehende Verhaltensmuster, die vielleicht über mehrere Generationen weitergegeben wurden. Die inneren und äußeren Widerstände sind enorm, und oft brauchen die Betroffenen professionelle Hilfe, um sich aus ihrer Reaktivität zu lösen, ihren Anteil an dem Geschehen zu erkennen und über längere Zeiträume auf Kurs zu bleiben. Oft sind die Gefühle, die durch ein verändertes Verhalten an die Oberfläche kommen, so heftig und so unangenehm, daß wir uns sagen, wir wollen uns nicht verändern – die Lage ist es nicht wert, oder es ist nicht möglich.

Wenden wir uns nun Anitas Geschichte zu; sie ist das typische Beispiel einer milden Form des Überfunktionierens, die sich in einer besonders streßgeladenen Phase des familiären Lebens zu einer extremen Form entwickelte. Anita fiel es relativ leicht, Veränderungen einzuleiten, denn die belastende Situation, die sie in die Therapie brachte, dauerte nur einige Monate lang. Wenn Stagnation in einer Beziehung die Folge akuter Streßreaktionen ist, sind Veränderungen leichter zu bewältigen.

### »Ich mache mir furchtbare Sorgen um Mutter«

Anita war eine neunundzwanzigjährige Krankenschwester. Sie suchte mich auf, nachdem ihre achtundsiebzigjährige Großmutter schwer gestürzt war; dieser Unfall lag einige Monate zurück. Als Anita mein Arbeitszimmer betrat, sah ich ihr an, daß sie unter starker Spannung stand.

Bei unserem ersten Telefongespräch sagte Anita, sie brauche Hilfe, weil sie unter Kopfschmerzen und Angstzuständen leide. Aber während unserer ersten Therapiesitzung konzentrierte sie sich fast ausschließlich auf ihre Mutter Helen, die völlig in der Pflege der kränkelnden Großmutter aufging.

Anita erzählte, daß sie anfangs Mitgefühl für die Zwangslage ihrer Mutter empfunden hatte, aber im Lauf der Zeit hatte sich das Mitgefühl in Frustration und schließlich in Wut verwandelt. »Meine Mutter gibt für die Pflege meiner Großmutter alles andere in ihrem Leben auf«, erklärte Anita. »Sie verausgabt sich total, sie vernachlässigt meinen Vater, und vor allem vernachlässigt sie sich selbst.«

Wenn wir uns beklagen, daß unsere Mutter (oder wer auch immer) unvernünftig ist, heißt das gewöhnlich, daß sie die Dinge nicht so sieht, wie wir sie sehen, oder daß sie nicht so handelt, wie wir es für richtig halten. Wie bei Suzanne und John (Kap. VI) war auch hier die Reaktivität, die durch unterschiedliche Auffassungen entsteht, ein Schlüsselproblem. Anita hatte ganz offensichtlich Schwierigkeiten damit, daß ihre Mutter mit einer belastenden Situation anders umging als sie selbst. Reaktivität, die sich an unterschiedlichen Ansichten entzündet, wird in besonders spannungsgeladenen Übergangssituationen des Lebenszyklus (zum Beispiel bei einer Heirat oder beim Tod eines nahestehenden Menschen) grundsätzlich noch gesteigert, denn hinter der Reaktivität steht die Angst als treibende Kraft.

Seit Anita erwachsen war, hatten sie und ihre Mutter im wesentlichen eine gute Beziehung gehabt, und sie konnten ohne Schwierigkeiten offen miteinander reden. Ihre Rollen in der Beziehung waren nicht polarisiert, das heißt, eine konnte der anderen von ihren Problemen erzählen, und jede konnte sich auf die Kompetenz der anderen verlassen, mit den eigenen Schwierigkeiten fertig zu werden. Aber als die Großmutter nach ihrem Unfall zu kränkeln begann, konzentrierte Anita sich zunehmend darauf, wie ihre Mutter mit dieser schwierigen Situation umging. In dieser besonders belastenden Phase brach Anitas Neigung zum Überfunktionieren mit voller Kraft durch – und wieder einmal geriet eine Mutter-Tochter-Beziehung in die Sackgasse.

## Wie es früher war

In den Monaten nach dem Unfall der Großmutter nahm die Kommunikation zwischen Anita und ihrer Mutter zunehmend spannungsgeladene Formen an. Helen beklagte sich bei Anita über ihre ständige Erschöpfung und darüber, daß sie ununterbrochen die Verantwortung für die Pflege der Großmutter tragen mußte. Anita machte dann Vorschläge, wie Helen sich entlasten könnte: Sie sollte zum Beispiel andere Familienmitglieder bitten, einzuspringen, oder eine Krankenschwester engagieren, die sich täglich einige Stunden um die Großmutter kümmern könnte. Helen ging entweder gar nicht auf diese Ratschläge ein, oder sie erklärte Anita, warum ihre Vorschläge nicht zu realisieren seien. Anita versuchte dann weiter, ihre Mutter zu überzeugen, und Helen war weiterhin nicht bereit, auf ihre Tochter zu hören.

Wie ging es weiter? Manchmal wiederholte Anita ihre Vorschläge, obwohl ihre Mutter nicht darauf einging. Nach einiger Zeit distanzierte sie sich von ihrer Mutter (»Ich habe einfach keine Lust mehr, mir ihre Klagen anzuhören, wenn sie nicht bereit ist, etwas zu unternehmen«), oder sie interpretierte und diagnostizierte Helens Verhalten (»Mutter, ich glaube, insgeheim genießt du es, die Märtyrerin zu spielen. Du fragst mich um Rat, lehnst aber alles ab, was ich vorschlage, und das macht mich wütend und hilflos«). Wenn es Anita und Helen gelang, das Thema Großmutter beiseite zu lassen, blieben ihre Gespräche meistens oberflächlich.

Obwohl Helen sich mit der Pflege der Großmutter übernahm, war sie in einer unterfunktionierenden Position, was die Lösung der mit der Krankenpflege verbundenen Probleme anging. Und je mehr Anita Helens Probleme übernahm oder ihre Aufmerksamkeit darauf fixierte, desto weniger war Helen in der Lage, für sich eine Lösung zu finden. Natürlich lud Helens Verhalten Anita geradezu zum Überfunktionieren ein, und umgekehrt provozierte Anita die unterfunktionierende Haltung ihrer Mutter. Das ist die typische Dynamik eines reziproken Beziehungsmusters.

»Was glauben Sie, wieviel von Ihrer emotionalen Energie Sie zur Zeit in die Probleme Ihrer Mutter investieren?« fragte ich Anita während der dritten Therapiestunde und bat sie, so genau wie möglich zu antworten und eine Prozentzahl anzugeben. »Ungefähr fünfundsiebzig Prozent«, antwortete sie spontan. Ich hätte den Prozentsatz sogar noch höher eingeschätzt.

»Nehmen wir einmal an«, fuhr ich fort, »das Problem würde sich auf magische Weise lösen und Sie hätten absolut keinen Grund mehr, sich Sorgen um Ihre Mutter zu machen – was würde dann mit diesen fünfundsiebzig Prozent Energie geschehen?« – »Das weiß ich nicht«, sagte Anita schlicht. »Ich habe nie darüber nachgedacht.« Und wahrhaftig, das hatte sie nicht.

## Was haben wir vom Überfunktionieren?

Einer der Vorteile jeder Art von Fixierung auf die Probleme anderer besteht darin, daß wir der Konfrontation mit unseren eigenen Problemen, teilweise zumindest, aus dem Weg gehen können. Der schlechte Gesundheitszustand der Großmutter und die Vorstellung ihres nahenden Todes hatten in Anita offenbar starke Emotionen geweckt. Welche Art von Kontakt mit der Großmutter wünschte sie sich jetzt? Gab es irgendwelche unausgesprochenen Probleme zwischen ihnen, die Anita gern klären würde, ehe es zu spät war? Könnte sie in

Frieden Abschied nehmen, wenn die Großmutter morgen sterben würde, oder müßte sie bedauern, das eine oder andere nicht gefragt oder nicht ausgesprochen zu haben?

Das sind nur einige der Fragen, über die Anita nicht nachdenken konnte oder die sie nicht zu nahe an sich heranließ, weil sie sich mit Helen beschäftigte, sich um Helen sorgte und ständig über Helen redete – mit ihrer Therapeutin, mit anderen Familienmitgliedern und mit Freunden. Ein anderes Thema, das in dieser Zeit für Anita aktuell wurde, war die Verantwortung einer Tochter für alte Eltern, die sich nicht mehr selbst versorgen können. Helens völlige Selbstaufopferung für die Großmutter löste in Anita Ängste aus, denn sie sah im Verhalten ihrer Mutter die Erwartung, daß sie, Anita, eines Tages dasselbe tun würde. Die Vorstellung, ihren alternden Eltern eines Tages ihr Leben zu opfern, erfüllte sie mit Angst und Wut, obwohl ihre Eltern nie solche Erwartungen ausgesprochen hatten. Auch Anita hatte ihre Befürchtungen nie artikuliert, sie waren ihr nicht einmal vollständig bewußt geworden. Statt dessen hatte sie ihre Ängste unbewußt abgewehrt, indem sie sich in kritischer Besorgtheit auf das Verhalten ihrer Mutter konzentrierte. So laufen unbewußte Prozesse bei Menschen ab. Wir werden sehen, wie man das verändern kann.

## Neue Schritte

Der erste Schritt zur Veränderung, den Anita unternahm, war, daß sie keine Ratschläge mehr gab. Für diejenigen unter uns, die sofort einspringen, wenn es darum geht, die Probleme anderer zu lösen und die Verzweifelten zu retten, ist es ein besonders schwieriger Lernschritt, *keine* Hilfe anzubieten. Natürlich ist nichts dagegen einzuwenden, daß Anita Helen Ratschläge gibt – vorausgesetzt, Helen findet sie nützlich und Anita erkennt, daß ihr Rat vielleicht für ihre Mutter nicht der richtige ist (»Das würde ich an deiner Stelle tun, aber vielleicht siehst du es anders«).

Nach dem alten Muster gab Anita ihre Ratschläge aus einer überverantwortlichen und überfunktionierenden Position heraus. Sie war wirklich davon überzeugt, die Lösung für die Probleme ihrer Mutter zu kennen, und sie wurde wütend, wenn Helen ihren Rat ignorierte. Aus diesem Grund war es gut für Anita, keine Ratschläge mehr zu erteilen, zumindest so lange, bis sie das Bedürfnis ihrer Mutter, eigene Lösungen zu finden, respektieren konnte.

Wenn wir für Familienmitglieder überfunktionieren, können wir sicher sein, daß sie unterfunktionieren und weniger kompetent handeln werden, was sie selbst und ihre Probleme angeht. Wenn sie an ihrem alten Verhalten festhielte, würde Anita nicht aus der Stagnation herauskommen.

Als sie bereit war, das alte Muster zu durchbrechen, versuchte sie nicht mehr, ihre Mutter zu verändern, sondern begann selbst, anders zu reagieren. Wenn Helen anrief und sich beklagte, wie ausgelaugt sie sich durch die Krankenpflege fühle, zeigte Anita ihr Mitgefühl, indem sie zuhörte und verständnisvolle Fragen stellte. Sie gab ihrer Mutter keinerlei Ratschläge oder Anweisungen. Mit dieser Haltung erkannte Anita an, daß ihre Mutter die einzige Expertin für sich selbst war und daß sie mit einem wirklich aufreibenden Problem zu kämpfen hatte.

## Zurückhaltung heißt nicht Schweigen

Was tun überfunktionierende Menschen, wenn sie wütend, frustriert und erschöpft sind? Wie wir gesehen haben, nehmen sie gewöhnlich eine Haltung reaktiver Distanz ein. Ich spreche hier nicht nur von den äußeren Formen der Distanz (»Ich werde ihn nicht mehr anrufen und ihm auch nicht schreiben«), sondern auch von emotionaler Distanz dem gesamten Problemfeld gegenüber. Kristen zum Beispiel verwechselte Distanz mit echter Veränderung, als sie es aufgegeben hatte, ihren Vater von seiner Alkoholabhängigkeit heilen zu wollen, und sich so verhielt, als existiere dieses Problem nicht.

Die Klärung der eigenen Position in einem Konflikt ist immer ein entscheidender Schritt in Richtung Selbst. Anita vollzog diesen Lernschritt, indem sie über sich selbst sprach und nicht mehr versuchte, die Fachfrau für die Probleme ihrer Mutter zu sein. Als Helen in einem Telefongespräch wieder einmal über ihre Erschöpfung und Überlastung klagte, sagte Anita:

»Weißt du, Mutter, ich finde es wirklich erstaunlich, wie du es überhaupt schaffst, dich in dieser Weise um Großmutter zu kümmern. Ich könnte das einfach nicht. Wenn ich an deiner Stelle wäre, würde ich alles daransetzen, Hilfe zu bekommen und mir Zeit für mich selbst zu nehmen, koste es, was es wolle.« Als ihre Mutter ein Dutzend Gründe angab, warum Hilfe nicht möglich sei, fing Anita nicht an zu argumentieren. Sie sagte nur noch einmal: »Mutter, ich könnte es einfach nicht. Ich behaupte nicht, ich hätte die Lösung für deine Probleme parat. Ich sage nur, ich könnte nicht so viel für andere tun, ganz unabhängig davon, wie sehr ich sie liebe. Ich glaube, ich wäre schon physisch nicht dazu in der Lage. Aber ich sehe auch, daß wir unterschiedlich sind, du und ich.«

Anita blieb bei ihrer neuen Position, obwohl sie sich oft auf die Zunge beißen mußte, um nicht in ihre alte Gewohnheit des Ratgebens, Argumentierens und Streitens zurückzufallen. Als sie einige Wochen später gemeinsam zu Mittag aßen, erzählte Helen Anita, daß die anstrengende Krankenpflege ihre eigene Gesundheit zu beeinträchtigen begann. An diesem Punkt wandte Anita sich ihrer Mutter zu und sagte mit Wärme: »Mutter, ich habe dich immer dafür bewundert, wie du dich um alle gekümmert hast. Deine Fähigkeit, für andere zu sorgen, setzt mich immer wieder in Erstaunen. Du hast drei Kinder großgezogen. Du hast dich um Vater gekümmert. Und als Onkel Harry in Schwierigkeiten war, hast du ihm sofort deine Hilfe angeboten. Und nun sorgst du für Großmutter. Aber ein Problem sehe ich doch: Wer kümmert sich eigentlich um dich? Darüber mache ich mir manchmal Sorgen. Wer kümmert sich um Helen?« Helen kamen die Tränen, und Anita stellte plötzlich fest, daß sie ihre Mutter nie weinen gesehen hatte. Helen sagte, daß sich wirklich niemand sonderlich um sie kümmere und daß sie es vermutlich auch gar nicht zulassen würde. Sie sprach über ihre eigene Kindheit und erzählte Anita, daß sie seit dem frühen Tod ihres Vaters das Gefühl gehabt hatte, es wäre besser, von niemandem abhängig zu sein. Als sie sich an diesem Nachmittag trennten, hatte Anita ihre Mutter besser kennengelernt.

Dieses Gespräch konnte nur zustande kommen, weil Anita ihre ehrliche Besorgtheit um ihre Mutter ausdrücken konnte, ohne in ihr altes Muster des Überfunktionierens, Ratgebens und Eingreifens zurückzufallen (ein Verhaltensmuster übrigens, das mit dem ihrer Mutter identisch war). Anita sprach über sich selbst, ohne einfließen zu lassen, was Helen denken, fühlen oder tun sollte, und ohne ihr detaillierte Anweisungen für die Lösung ihrer Probleme zu geben. Nicht lange danach begann Helen tatsächlich ihre eigenen Problemlösungsfähigkeiten zu nutzen und ihre Situation zu verändern. Sie fand eine Lösung, die Anita nicht gewählt hätte, die für Helen aber eine Erleichterung war.

Die Veränderung, die Anita vollzog, war nicht nur ein strategischer Wechsel zum Reden in der Ich-Form. Sie kam aus einer tieferen Schicht – aus der wachsenden Erkenntnis, daß wir nicht mit Sicherheit wissen können, was für andere das Beste ist, was sie akzeptieren oder nicht akzeptieren können, was sie in bestimmten Situationen tun müssen oder nicht tun können. Es ist schon schwer genug, das für sich selbst herauszufinden.

## Der schwierigste Schritt

Für Anita war es eine relativ einfache Aufgabe, ihrer Mutter, auf deren Probleme sie sich vorher fixiert hatte, etwas über ihre eigenen Schwierigkeiten und Ängste mitzuteilen. Vor der Krise, die durch die Krankheit der Großmutter entstanden war, hatten Helen und Anita eine offene und flexible Beziehung gehabt. Als sie an einem Herbstnachmittag zusammen auf einer Parkbank saßen, begann Anita also zu erzählen, welche Gefühle die letzten Ereignisse in ihr aufgerührt hatten. Mutter und Tochter konnten über ihre Reaktionen auf den schlechten Gesundheitszustand der Großmutter sprechen und zusammen weinen. Ein solcher Austausch von Gefühlen unterscheidet sich grundlegend von angstgesteuerter Reaktivität. Anita fragte ihre Mutter direkt, ob sie, Helen, dieselbe Art von Fürsorge, die sie jetzt für die Großmutter aufbrachte, später auch von ihren eigenen Kindern erwarten würde. Anitas Ängste ließen nach, als sie mit ihrer Mutter offen über dieses Thema sprechen konnte; sie war nun nicht mehr ihren eigenen negativen Phantasien ausgeliefert.

War es einfach, zu dieser Art von Kontakt zu finden? Nein. Aber Anita war in einer relativ günstigen Lage, denn der Beziehungskonflikt, der sie in Therapie geführt hatte, war eine akute Reaktion auf das emotionale Spannungsfeld, das durch die Krankheit der Großmutter entstanden war. Vor dieser Krise hatte sie zu ihrer Mutter eine reife, flexible Beziehung gehabt, in der beide ein hohes Maß an Eigenständigkeit bewahren konnten. Das heißt, beide konnten einander zuhören und sich über ihre Probleme austauschen, und jede konnte bei sich bleiben, ohne den Drang, in das Leben der anderen eingreifen zu müssen, und ohne allzu heftig auf unterschiedliche Einstellungen zu reagieren. Sie konnten einander Rat geben oder ihre Meinungen austauschen, wenn es angemessen erschien, aber jede konnte sich auch auf die Kompetenz der anderen verlassen, ihre Probleme selbst zu lösen. Jede vertrat ihre eigenen Auffassungen und ließ der anderen Raum für eine abweichende Sichtweise. Eine solche Beziehung ist die denkbar beste Basis für Veränderungsprozesse. Aus Anitas Perspektive waren die Veränderungen jedoch durchaus kein Kinderspiel.

Wenn wir starken Belastungen ausgesetzt sind, können wir alle in eine Haltung der Fixierung auf die Probleme anderer hineingeraten. Das kann, wie in Anitas Fall, ein vorübergehender Prozeß und eine zeitlich begrenzte Reaktion sein; es kann sich aber auch zu einem extrem polarisierten Muster des Überfunktionierens und Unterfunktionierens entwickeln wie in Kristens Familie. Oder wir sind irgendwo in der Mitte der Skala von akut bis chronisch, in dem Feld zwischen vorübergehender Festgefahrenheit und in Stein gehauener Polarisierung.

In meiner Herkunftsfamilie hatte sich zwischen meiner Schwester Susan und mir ein polares Muster des Überfunktionierens und Unterfunktionierens etabliert, das mit der Krebserkrankung meiner Mutter in Zusammenhang stand. Kein Wunder, daß noch heute, etwa dreißig Jahre später, ein relativ geringes Maß an Ängsten genügt, um uns in unsere alten Rollen zurückzuwerfen. Wir haben uns beide lange damit herumgeschlagen, unsere jeweiligen Anteile an diesem Muster zu erkennen und zu verändern, aber ich glaube, es wird immer eine

Herausforderung für uns bleiben. Wenn die Ängste noch heftiger gewesen wären und noch länger angehalten hätten, wenn unsere Familie weniger emotionale Ressourcen gehabt hätte, um diese Ängste zu bewältigen, würde uns dieses alte Problem heute sicherlich noch stärker belasten.

Natürlich habe ich meine speziellen Bereiche, in denen ich überfunktioniere, ebenso wie Susan ihre unterfunktionierenden Ecken hat. Obwohl jeder Mensch einen vorherrschenden Verhaltensstil hat, wird die Art, wie wir Ängste bewältigen, von verschiedenen anderen Faktoren abhängig sein: von den Lebensumständen, der Situation, der Art der Beziehung und dem jeweiligen Problem. Eine Frau kann zum Beispiel in ihrem Beruf überfunktionieren, aber in ihrer Ehe unterfunktionieren. Oder sie hat eine distanzierte Beziehung zu ihrem Vater, ist aber in ihren Beziehungen zu Männern grundsätzlich diejenige, die nach Nähe strebt. Die Erfahrung, die meine Schwester mit David machte, steht durchaus nicht im Widerspruch zu ihrer Persönlichkeitsstruktur; sie zeigt vielmehr, daß die distanzierte Beziehung einer Frau zu ihrem Vater (genauer: die unausgesprochenen Ängste und Probleme, die durch Distanz bewältigt werden) die Ursache sein kann, die in einer anderen intimen Beziehung zu Spannungen führt (die dann wiederum durch das intensive Streben nach Nähe bewältigt werden).

Unbewußte Ängste sind immer ein Schlüsselfaktor zum Verständnis des Kontaktverlustes in Beziehungen, der Widerstände, die wir Veränderungen entgegensetzen, und des Maßes an Veränderung, das angenommen werden kann. Wie wir gesehen haben, können Ängste in Beziehungen zu rigiden, polarisierten Positionen führen, produktive Kommunikation und Problemlösungen blockieren und echte Intimität zu einem unerreichbaren Ziel machen. Ängste können uns aus allen Richtungen überfallen; sie werden über Generationen weitergegeben, und wir begegnen ihnen in den Übergangssituationen des Lebenszyklus, in Notsituationen und in schwierigen Zeiten.

Wie unser nächstes Beispiel illustriert, kann ein bestimmtes Thema so starke Ängste auslösen, daß es unmöglich wird, offen und tolerant damit umzugehen. Wenn wir mit einem »heißen Eisen« konfrontiert sind, ziehen wir uns vielleicht in Schweigen zurück und opfern den authentischen Kontakt, oder wir haben das Gefühl, vor eine unmögliche Wahl gestellt zu sein: entweder eine Beziehung zu haben – oder ein eigenes Selbst.

# IX. Heiße Eisen und Tabuthemen — Veränderung als Entwicklungsprozeß

What's a daughter to do about a Mother?
When she's the apple of her mother's eye?
Does she make her mother squirm
By exposing the worm?
Or does she help her mother deny?
  *(The daughter's song)*

Where did I go wrong?
Am I the one to blame?
What was it that I did to her
To bring about this shame?
How did it happen?
How could it possibly be?
That she ... she ... she's
So different
From me?
  *(The mother's song)*

(Was soll eine Tochter mit ihrer Mutter machen,
Wenn sie der Augapfel der Mutter ist?
Bringt sie die Mutter dazu, sich [vor Scham] zu winden,
Weil sie zeigt, daß der Wurm in ihr steckt?
Oder hilft sie der Mutter, das Problem zu verleugnen?)
  *(das Lied der Tochter)*

(Was habe ich falsch gemacht?
Ist es meine Schuld?
Was habe ich ihr denn angetan,
Daß es zu dieser Schande kommen konnte?

Wie ist das geschehen?
Wie ist das denn nur möglich,
Daß sie ... sie ... sie
So anders ist als ich?)
*(das Lied der Mutter)* (Jo-Anne Krestan)

Drei Wochen vor der Hochzeit ihrer älteren Schwester flog Kimberly von Kansas City nach Dallas und eröffnete ihren Eltern, daß sie lesbisch sei. Ihre Freundin Mary, mit der sie seit drei Jahren zusammenlebte, war während dieser Enthüllung dabei. Kimberlys Vater reagierte, als hätte man ihm ins Gesicht geschlagen. Er verließ schweigend den Raum. Kimberlys Mutter brach in Tränen aus und ging dann zum Angriff über: »Warum erzählst du uns das? Wie kannst du nur so dasitzen und mir einfach ins Gesicht sagen, daß du lesbisch bist? Was unternimmst du dagegen?«

Kimberlys Rechtfertigungsversuche stießen auf taube Ohren. Nachdem sie den Ansturm der mütterlichen Vorwürfe weitere zehn Minuten ertragen hatte, sagte sie, Mary und sie seien nicht bereit, sich Beleidigungen anzuhören, und sie würden bei einer Freundin übernachten. Kimberly legte einen Zettel mit der Telefonnummer der Freundin auf den Küchentisch und schrieb dazu, die Eltern sollten sie anrufen, wenn sie bereit seien, das Thema in zivilisierter Form zu diskutieren. Darauf kam keine Reaktion. Kimberly kehrte nach Kansas City zurück, fest entschlossen, die Existenz ihrer Eltern zu ignorieren, es sei denn, sie wären bereit, ihre Lebensentscheidung zu respektieren und ihre Partnerin anzuerkennen. Sie entschloß sich auch, an der Hochzeit ihrer Schwester nicht teilzunehmen, »zum Teil aus finanziellen Gründen«, wie sie es ausdrückte. Sie hatte für ihren letzten Besuch bei ihren Eltern schon genug Geld ausgegeben.

Etwa sechs Wochen später wurde Kimberlys Haltung milder. Sie beschloß, ihren Eltern noch einmal eine Chance zu geben, trug Literatur über Schwule und Lesbierinnen zusammen und schickte sie mit einem versöhnlichen Brief nach Dallas. Sie bat ihre Eltern, das Informationsmaterial zu lesen, in der Hoffnung, daß sie sich mit ihren Vorurteilen beschäftigen und zu einer verständnisvolleren Einstellung finden könnten.

Kimberlys Eltern öffneten das Päckchen, verschlossen es wieder und schickten es ohne ein Wort zurück. Einen Monat später schickten sie ihr allerdings eine Geburtstagskarte mit der Unterschrift »In Liebe, Mom und Dad«, ohne jedoch wie sonst ein paar Worte dazuzuschreiben; sie machten ihr auch kein Geschenk. An diesem Punkt erklärte Kimberly sich zu einer Waise und strich ihre Eltern aus ihrem Leben.

Kimberly hatte schon lange bevor es zur »Stunde der Wahrheit« kam, seit einigen Jahren, den Wunsch gehabt, mit ihren Eltern, insbesondere mit ihrer Mutter, darüber zu sprechen, daß sie Lesbierin war. Obwohl ein früherer Therapeut ihr geraten hatte, nichts zu sagen (»Ihre Eltern erzählen Ihnen auch nichts über ihr Sexualleben; wieso stehen Sie unter dem Zwang, Ihr eigenes Sexualleben offenzulegen?«), fühlte sie sich innerlich doch in Richtung des »Coming Out«, das heißt des offenen Bekenntnisses zu ihrer lesbischen Identität gedrängt. Sie wußte, daß die Geheimhaltung einer so wichtigen Lebensentscheidung vor der eigenen Familie eine distanzierte, oberflächliche, durch Verschweigen und Lügen geprägte Beziehung zu ihren Eltern zur Folge haben würde. Außerdem wirkte es sich negativ auf ihre Beziehung zu Mary aus, daß sie ihr Leben in einer Partnerbeziehung geheimhalten mußte.

Das Geheimnis, das Kimberly vor ihrer Familie hatte, ließ sich nicht auf die Frage der »sexuellen Vorlieben« eingrenzen, das heißt, es ging nicht primär darum, mit wem sie schlief oder von wem sie sich angezogen fühlte. Zu ihrer lesbischen Identität gehörte auch die zentrale Beziehung zu ihrer Partnerin, die Wahl eines frauenbezogenen Lebensstils und die Einzelheiten ihres Alltagslebens – von der Frage, mit wem sie ihre Ferien verbrachte bis hin zu ihrer aktiven organisatorischen Rolle in der lesbischen Gemeinschaft. Auf lange Sicht schloß die Geheimhaltung nicht nur die Möglichkeit eines wirklichen Kontakts zu Familienmitgliedern aus, sondern untergrub allmählich auch Kimberlys Gefühl für Würde und Selbstachtung. In einem langsamen, kaum wahrnehmbaren, aber kumulativen Prozeß verlor Kimberly an Energie und an Lebensfreude (wie das bei Geheimhaltung immer der Fall ist), und das wirkte sich negativ auf ihre Beziehung zu Mary aus.

Kimberly bewies Mut, als sie sich entschloß, sich vor ihren

Eltern zu ihrer lesbischen Identität zu bekennen. Wenn jemand diesen Schritt nicht tut, muß das jedoch keineswegs einen Mangel an Mut bedeuten. Wir können die Folgen von Veränderungen nicht voraussehen – nicht für uns selbst und erst recht nicht für andere. Wir wissen nicht, welches Maß an Veränderung ein Mensch zu einem bestimmten Zeitpunkt verkraften und wieviel Angst er oder sie ertragen kann. Wir können keinen vollständigen Einblick in die persönliche Geschichte anderer haben.

Kimberly hatte dem Drängen ihrer Umgebung, sich vor ihrer Familie als Lesbierin zu bekennen, jahrelang widerstanden. Auch mit diesem Widerstand hatte sie Mut bewiesen, denn sie hatte erkannt, daß sie seelisch noch nicht dazu bereit war, diesen Schritt zu vollziehen.

## »Coming Out« – ein Frauenthema

Sehen wir uns Kimberlys Situation genauer an, denn das Coming Out, das offene Bekenntnis zur eigenen Identität, ist ein Thema, das alle Frauen angeht. In jeder Familie gibt es Tabu-Themen, die man nur unter Schwierigkeiten ansprechen kann. Wir alle können uns in einer Beziehung vor die Wahl zwischen Authentizität und Harmonie gestellt sehen. Wir sind alle mit heftigen Gegenreaktionen konfrontiert – von außen und von innen –, wenn wir unsere eigene Identität definieren, unabhängig von den Regeln und Rollenzwängen in Familie und Gesellschaft. Und dank der Tatsache, daß wir weiblichen Geschlechts sind, haben wir alle gelernt, zu gefallen und Beziehungen durch Schweigen, Selbstaufgabe und Verrat am Selbst aufrechtzuerhalten.

An Kimberlys Beispiel werden sich einige Aspekte des Autonomieprozesses, die wir bereits kennengelernt haben, noch deutlicher herauskristallisieren. Ihre Geschichte zeigt uns, worauf wir vorbereitet sein müssen, wenn wir in der Beziehung zu uns wichtigen Menschen emotional aufgeladene Themen anschneiden und zu verarbeiten versuchen. Wir stoßen dabei wieder auf das Dilemma der Andersartigkeit, die immer bedrohlich wirkt, wenn sie deutlich hervortritt, weil die stillschweigend vorausgesetzte Harmonie der Gleichheit damit in Frage gestellt wird. Wir können fest damit rechnen, daß die Frage der lesbischen Beziehungen in unseren Familien besonders stark tabuiert ist, denn die Vorurteile gegen Homosexualität sind tief in unserer Gesellschaft verwurzelt.

Erinnern wir uns daran, daß Tabu-Themen in den unterschiedlichsten Varianten und Ausprägungen erscheinen. Manche, wie zum Bespiel das Inzestproblem, sind ganz offensichtlich mit hoher Spannung geladen. Andere – der Austritt aus der Kirche etwa – mögen Außenstehenden nicht besonders bedeutsam erscheinen, können für eine bestimmte Person in einer bestimmten Familie aber eine unerträgliche Belastung darstellen. Für Adrienne war die Behinderung ihres Bruders Greg ein emotional explosives Thema, weil alle Fakten und alle Gefühle, die mit seiner Einweisung in ein Pflegeheim zusammenhingen, in der Familie einem starken Tabu unterlagen. Für Jo-Anne, die Verfasserin des Briefes an den Herausgeber von *Ms*, wäre es sicherlich eine Art Coming Out, wenn sie ihrem Mann ihre Absicht mitteilte, ihr Abonnement für die Zeitschrift zu verlängern, und sie würde es vermutlich auch als ein Wagnis empfinden. Manchmal erfordert eine schlichte, direkte Frage (»Wie ist Onkel Bill wirklich gestorben?«) mehrere Jahre innerer Vorbereitung.

Warum sollten wir überhaupt auf die Idee kommen, ein heißes Thema anzuschneiden, über das niemand reden will? Warum sollten wir Dinge erzählen oder fragen, von denen wir wissen, daß sie wie eine Psychobombe in unsere Familie einschlagen werden? Oft tun wir es dann eben auch nicht. Manchmal wird unser Selbstwertgefühl und unsere Fähigkeit, in Kontakt zu bleiben, jedoch schwer beeinträchtigt, wenn wir etwas *nicht* sagen oder eine Frage *nicht* stellen. Um es noch einmal zu betonen: Spannungen, die in den Beziehungen der Herkunftsfamilie entstanden sind, verschwinden nicht einfach, wenn wir sie durch Distanz oder das Abbrechen des Kontakts zu bewältigen versuchen. Sie werden nur verdrängt.

Wie sprechen wir ein schwieriges Thema so an, daß der Endeffekt heilsam ist und die Basis für größere Nähe schafft? Wie vermeiden wir die Art von Konfrontation, die nur mehr Reaktivität und Abwehr hervorruft? Über diese Frage hatte Kimberly *nicht* nachgedacht, bevor sie nach Dallas flog und ihren Eltern die Wahrheit sagte.

## Die »Stunde der Wahrheit« im Rückblick

Neun Monate nach der »Stunde der Wahrheit« kam Kimberly zu mir in Therapie. Seit der Geburtstagskarte hatte sie nichts mehr von ihren Eltern gehört, und sie war immer noch wütend über die intolerante Reaktion von Mutter und Vater. Sie suchte mich auf, weil sie gehört hatte, daß ich eine »Aggressionsexpertin« sei – und sie war tatsächlich voller Wut. Aber sie war nicht motiviert, die Verbindung zu ihrer Familie wiederherzustellen. Sie wollte nur ihre »Wut durcharbeiten« – was immer das heißen mochte –, am liebsten, ohne sich mit den am Konflikt beteiligten Familienmitgliedern in irgendeiner Weise zu befassen. Kimberly sagte, sie habe ihren Eltern ihre lesbische Identität in der Hoffnung enthüllt, eine »echte Beziehung« mit ihnen aufzubauen statt der verlogenen, distanzierten Beziehung, die sie bis dahin gehabt hatten. Aber es war keine größere Intimität, sondern nur noch mehr Distanz zwischen ihnen entstanden, und mittlerweile war die Beziehung in eine Phase des kalten Krieges eingetreten. Welche Prozesse hatten sich abgespielt, oder was war versäumt worden?

## Veränderung ist immer ein Prozeß

Obwohl Kimberly es auf der intellektuellen Ebene besser wußte, hatte sie das Coming Out vor ihren Eltern als etwas aufgefaßt, was sie mit einem Schlag »durchziehen« konnte, und nicht als einen vorsichtigen ersten Schritt in einem langfristig angelegten Prozeß. Sie sah die erste, spontane Reaktion der Eltern als etwas Endgültiges an und konnte sich andere, spätere Entwicklungen nicht vorstellen. Kimberly erkannte nicht, daß Veränderungen immer Prozeßcharakter haben. Tatsächlich konnte sie auch ihren eigenen Veränderungsprozeß nicht objektiv betrachten. Zwischen der ersten Wahrnehmung ihrer abweichenden »verbotenen« Gefühle und dem positiven Akzeptieren ihrer emotionalen und sexuellen Bezogenheit auf Frauen lagen viele Jahre.

Wenn wir es ernst meinen mit der Arbeit an uns selbst, müssen wir Gegenreaktionen vorwegnehmen und Pläne machen, wie wir unsere eigene Reaktivität angesichts dieser Gegenschläge bewältigen. Gegenreaktionen (»Das kann doch nicht dein Ernst sein! Wie kannst du mir das antun?!«) bedeuten nicht, daß unsere Bemühungen um Veränderungen fehlgeschlagen sind. Sie zeigen uns nur, daß der Prozeß der Veränderung seinen ganz normalen Verlauf nimmt. Unsere Aufgabe besteht darin, angesichts von heftigen Gegenreaktionen fest zu uns selbst zu stehen, ohne defensiv zu werden, ohne andere überzeugen zu wollen, wie sie fühlen oder denken sollen, und ohne den Kontakt abzubrechen.

## Mit Gegenreaktionen rechnen

Margie, eine sechsundzwanzigjährige Frau, die zu mir in Therapie kam, sagte, für sie sei es wie ein Coming Out gewesen, als sie ihrer Mutter zum ersten Mal von ihren Problemen erzählt habe. Margie war in ihrer Familie immer »der kleine Sonnenschein« gewesen. Soweit sie sich zurückerinnern konnte, war sie immer »das zufriedene Kind«, das der Mutter keine Sorgen machte – ganz anders als ihr Vater, der ein Spieler war und sich immer wieder auf riskante und unüberlegte geschäftliche Transaktionen einließ. Es war klar, daß die Mutter auf das geringste Zeichen von Kummer bei ihrer Tochter mit übertriebener Heftigkeit reagierte; sie war unfähig, Margies Kompetenz anzuerkennen, was die Bewältigung der unvermeidlichen Sorgen und Enttäuschungen angeht, die das Leben mit sich bringt.

Margies früheste Erinnerung war, daß sie einmal weinend und voller Kummer aus dem Kindergarten nach Hause kam, weil ihre Spielgefährten sie ausgelacht hatten. Sie ging in ihr Zimmer und wollte allein sein, aber ihre Mutter kam herein, »nahm sie in die Mangel« und versuchte verzweifelt, sie aufzuheitern. Als Margie sich nicht beruhigen ließ, brach ihre Mutter selbst in Tränen aus. Wie sich im Therapiegespräch herausstellte, hatte der Bruder der Mutter mit Mitte Zwanzig Selbstmord begangen, und an zwei weiteren Familienmitgliedern waren manisch-depressive Störungen diagnostiziert worden. Die Angst der Mutter, die »depressive Veranlagung« an ihre Tochter weitergegeben zu haben, war ein nie ausgesprochenes, unterschwellig wirkendes Problem in der Familie. Margie hatte die Aufgabe, *keine* Depressionen zu zeigen und ihre Mutter nicht zu beunruhigen.

Als Margie in Therapie kam, lebte sie mit einem Mann zusammen, der in der Beziehung die Rolle des manifest Depressiven übernommen hatte. Margie vertrat die andere Seite; sie war in der überfunktionierenden Rolle und konzentrierte sich auf seine Probleme. In der Therapie arbeitete sie mehr als zwei Jahre daran, zu verstehen, was »Depression« in ihrer Familie bedeutete und wie sie weitergegeben wurde, bevor sie bereit war, zu experimentieren und ihrer Mutter allmählich mehr von ihren Schwächen und verletzlichen Seiten zu zeigen. Anfangs, das heißt etwa ein Jahr lang, versuchte die Mutter, die Dinge, die Margie über sich selbst erzählte, herunterzuspielen; oft wechselte sie das Thema, wenn Margie ihr auch nur einen kleinen Ausschnitt ihrer problematischen Seite zeigte. Das Gespräch über die »heißen« Themen Selbstmord und Depression wurde nur langsam und schrittweise möglich. Wenn sie Ängsten und Belastungen ausgesetzt ist, verfällt Margies Mutter selbst jetzt, vier Jahre später, noch in ihr altes Muster (»Schlaf dich nur mal richtig aus, mein Schatz, dann wird es schon wieder«), und Margie kann inzwischen humorvoll reagieren und sie damit aufziehen. Die Veränderungen, die Margie vollzog, mögen Außenstehenden unbedeutend erscheinen (»Was ist denn schon dabei, wenn du deiner Mutter erzählst, daß du eine lausige Woche hinter dir hast?«). Für Margie, der das Überfunktionieren zur zweiten Natur geworden war, hatten die Veränderungen jedoch monumentalen Charakter. Dieser erste Schritt half ihr dabei, sich auch in der Beziehung zu ihrem Partner aus der überfunktionierenden Rolle zu lösen, und ihre Fähigkeit zu echter Verbundenheit mit anderen steigerte sich schließlich auch.

Margie hätte diese Veränderungen nicht einleiten und durchhalten können, wenn sie sich nicht auf einen langfristigen Prozeß eingestellt hätte. Sie hätte auch keine tiefergreifende

Wandlung erreicht, wenn sie darauf bestanden hätte, mit einem Paukenschlag loszulegen (zum Beispiel mit einem heftigen Streit oder einer »Grundsatzdiskussion« mit ihrer Mutter), statt allmählich und behutsam vorzugehen und sich auf die Gegenreaktionen einzustellen, die so sicher waren wie das Amen in der Kirche.

### Innere Widerstände

Kimberly hatte dagegen den Kontakt abgebrochen, zum Teil, weil sie nicht wirklich bereit war, sich dem Problem ihrer Lebensform als Lesbierin zu stellen. Ihr Widerstand war verständlich und normal; er manifestierte sich in ihrer Entscheidung, sich zur Waise zu erklären, nachdem sie die Geburtstagskarte mit der Unterschrift »In Liebe, Mom und Dad« erhalten hatte. Wenn man die Gesamtsituation betrachtet, war diese Karte ein vorsichtiges, aber deutliches Zeichen des Interesses ihrer Eltern, den Kontakt wiederherzustellen, worauf Kimberly mit Wut und noch mehr Distanz reagiert hatte. Das war ihre eigene Abwehrreaktion gegen die Veränderung.

Es ist nicht leicht, ein emotional geladenes Thema bewußt zu verarbeiten. Wir müssen nicht nur zu einem eigenen Standpunkt finden und daran festhalten – was in Kimberlys Fall Offenheit über die erfreulichen und auch die schwierigen Seiten ihres Lebens als Lesbierin bedeutet hätte –; wir müssen uns auch die Reaktion des anderen anhören, ohne allzu nervös zu werden, wenn die Meinungen auseinandergehen, und ohne die Dinge gleich »regeln« und »in Ordnung bringen« zu wollen. Mit einem Wort: Wir müssen unsere eigene Reaktivität im Zaum halten.

Als Kimberly schließlich doch begann, den Konflikt mit ihrer Mutter aufzuarbeiten, fiel es ihr schwer, bei den Äußerungen des Schmerzes und der Enttäuschung, die immer wieder auftauchten, ruhig zu bleiben. Wenn man die Vorurteile gegen Homosexualität in Betracht zieht, die ihre Mutter verinnerlicht hatte, waren diese Reaktionen zu erwarten. In unserer mutterfixierten Kultur ist es außerdem kein Wunder, daß Kimberlys Mutter nachts nicht schlafen konnte und sich mit dem Gedanken quälte, ob sie an der »Krankheit« ihrer Tochter schuld sei.

Das plötzliche und schockartige Hervortreten der Unterschiede zwischen ihr und ihrer Tochter gab ihr zuerst das Gefühl, als seien ihre Verbindungen zur Zukunft zerrissen, als sei die Möglichkeit der Kontinuität des eigenen Lebens durch die Tochter endgültig abgeschnitten. Es war gut und sinnvoll, daß sie dieses Gefühl wahrnehmen und ausdrücken konnte. Durch falsche Liberalität und oberflächliche Scheintoleranz (»Für uns macht es keinen Unterschied, daß du lesbisch bist, mein Schatz. Wir lieben dich so, wie du bist!«) hätten Mutter und Tochter die Chance verspielt, den Konflikt zu verarbeiten und in einen authentischen Dialog einzutreten.

Dieser Dialog wurde erst möglich, als Kimberly ihre Mutter auffordern konnte, ihre Meinung zu sagen (»Womit hast du die meisten Schwierigkeiten?«), und ihr immer wieder zuhören konnte, ohne defensiv zu werden oder sie zu kritisieren. Anfangs schrieben sie einander Briefe, was beiden mehr Zeit und Spielraum gab, sich zu beruhigen und über ihre eigenen Reaktionen nachzudenken. Erst viel später äußerte die Mutter Interesse an dem Informationsmaterial, das Kimberly ihr nach dem Eklat zugeschickt hatte.

## Eine Basis schaffen

Als Kimberly ihre Eltern über ihre lesbische Identität aufklärte, schuf sie eine besonders schwierige Situation, denn es hatte in der Beziehung zwischen ihnen vorher keine Basis von Vertrautheit und Offenheit gegeben. Vor der »Stunde der Wahrheit« hatte Kimberly selten persönliche Dinge mit ihren Eltern besprochen. Ob es sich um gute Neuigkeiten (zum Beispiel die von ihr organisierte Dichterlesung an einer lokalen Universität) oder um schlechte Nachrichten (einen Autounfall, bei dem sie zwar keine Verletzungen, aber einen schweren Schock davongetragen hatte) handelte – sie erzählte ihrer Familie nichts von den wichtigen Ereignissen in ihrem Leben. Die Distanz war immer sehr groß gewesen.

Ich sagte an einer anderen Stelle, daß man nicht schwimmen

lernen kann, indem man sich vom Zehnmeterbrett hinunterstürzt. Wenn es um emotional aufgeladene Themen geht, gilt das in ganz besonderem Maß. Ehe wir ein großes Problem angehen, müssen wir an kleineren Problemen üben. Und dann kommen die mittleren. Es kann Jahre dauern, bis wir uns auch nur vorstellen können, mit einer bestimmten Person in einem Zimmer zu sein und über das Wetter zu reden.

## Im Tempo der Gletscherschmelze

Je spannungsgeladener das Problem ist und je stärker der Kontaktverlsut, desto langsamer sollten wir vorgehen. Vor vielen Jahren begann ich mit Rayna zu arbeiten, einer Frau, die wegen ihrer sexuellen Probleme in Therapie kam. Sie führte dieses Problem auf Inzesterlebnisse zurück, die begonnen hatten, als sie elf Jahre alt war. Ihr sieben Jahre älterer Bruder hatte sie zu sexuellen Spielen verführt, bei denen es zweimal zum Geschlechtsverkehr gekommen war. Während der ersten Therapiejahre bemühte Rayna sich, diese Erfahrungen zu verarbeiten und sie im weiteren Zusammenhang der familiären Ereignisse zu sehen. Der Inzest war einer von mehreren Vorfällen gewesen, zu denen es in der Familie nach einer Periode traumatischer Verluste und nach dem unaufgeklärten Verschwinden eines entfernteren Familienmitglieds gekommen war. Rayna begann auch Vorträge zu besuchen und Literatur über Inzest zu lesen; außerdem schloß sie sich einer Gruppe von Inzestopfern an. Im dritten Jahr der Therapie konnte Rayna erste, vorsichtige Kontakte zu ihrem älteren Bruder aufnehmen; sie schrieb ihm eine Weihnachtskarte und schickte seinen Kindern Glückwunschkarten zum Geburtstag. Ein Jahr später, während einer kurzen Reise, hielt sie über Mittag am Haus ihres Bruders an und verbrachte zwei Stunden mit ihm. Diesem Besuch gingen allerdings heftige Kopfschmerzen voraus, und anschließend hatte sie schwere, krampfartige Schmerzen im Rücken. Vermutlich waren das Warnsignale aus ihrem Unbewußten, daß der Zeitpunkt zu früh gewählt war und daß sie sich zuviel vorgenommen hatte.

Um es kurz zu machen: Rayna brauchte viele Jahre, bis sie

genug Kontakt zu ihrem Bruder hergestellt hatte, um das Thema Inzest offen anzusprechen. Zuerst schrieb sie ihm in einem kurzen Brief, sie habe über die leidvollen Ereignisse in ihrer Kindheit nachgedacht, unter anderem über das, was zwischen ihnen geschehen sei, und sie wolle bei Gelegenheit mit ihm darüber sprechen. Später setzte sie sich mit ihm zusammen und sprach das Thema Inzest direkt an. Wie erklärte er sich, daß so etwas in ihrer Familie geschehen konnte? Warum war es seiner Meinung nach geschehen? Dachte er manchmal darüber nach? Wie hatte sich die Inzesterfahrung auf ihn ausgewirkt? Rayna hatte sich für dieses Gespräch auf den schlimmsten Fall vorbereitet (»Es könnte sein, daß er alles abstreitet und mir sagt, ich sei verrückt«) und darüber nachgedacht, wie sie mit dieser Situation umgehen würde, die jedoch nicht eintrat. Schließlich sagte sie ihrem Bruder in aller Deutlichkeit, daß sie mit diesem Teil ihrer Vergangenheit immer noch nicht fertig geworden sei. Sie erzählte ihm, daß sie seit Jahren in Therapie sei und daß die Inzesterfahrung sich immer noch negativ auf ihr Selbstwertgefühl und auf ihre Beziehungen zu Männern auswirke.

Später konnten Rayna und ihr Bruder offen über ihre Familie und über die problematische Gesamtsituation sprechen, in der sich der Inzest ereignet hatte. Gleichzeitig wich Rayna nicht zurück, als es um die Frage der individuellen Verantwortung ging. Als ihr Bruder sagte: »Du hast mich schließlich auch nicht daran gehindert«, machte Rayna ihm deutlich, wie sie die Sache sah. »Sieh mal«, sagte sie, »ich habe mich deswegen mit furchtbaren Schuldgefühlen herumgeschlagen und kam mir jahrelang völlig wertlos vor. Aber du warst derjenige, der mich zu sexuellen Spielen verführt hat, und nicht umgekehrt – ich war elf Jahre alt, und du warst achtzehn. Für mich ist das ein wesentlicher Unterschied. Ich akzeptiere das Verdikt ›schuldig‹ einfach nicht mehr, obwohl ich immer noch mit meinen Schuldgefühlen zu kämpfen habe.«

In einem Brief führte sie das später noch genauer aus: »Ich weiß, daß sich das, was zwischen uns geschah, nicht in einem Vakuum abspielte. Ich habe sehr viel darüber nachgedacht, was in unserer Familie vorging, als der Inzest begann. Ich habe auch sehr viel darüber nachgedacht, wie Männer in unserer Gesellschaft erzogen werden und wie man ihnen beibringt, daß Frauen *für sie* existieren, in sexueller und in jeder anderen Hinsicht. Ich weiß sehr wohl, daß alle diese Dinge eine Rolle spielen. Aber ich will dir ganz klar sagen: Ich bin davon überzeugt, daß du für deine Handlungen verantwortlich warst. Wenn ich das verleugne oder wenn ich versuche, die Wut zu verleugnen, wird es mir nur noch schwerer, eine sinnvolle Beziehung zu dir zu gestalten. Und so schmerzhaft der Versuch auch ist, das alles durchzuarbeiten, wäre es doch noch viel schmerzhafter für mich, vorzugeben, daß ich keinen Bruder habe.«

Wenn Rayna von ihrem Vater sexuell mißbraucht worden wäre, hätte sie mit noch stärkeren Ängsten zu kämpfen gehabt. Sie hätte noch langsamer vorgehen und sich viel Zeit nehmen müssen, das Trauma in der Therapie zu verarbeiten und die familiären Zusammenhänge zu verstehen, die den Hintergrund dafür bildeten. Wenn wir mit traumatischen Ängsten konfrontiert sind, ist ein extrem langsames Vorgehen – in dem Tempo, in dem ein Eisberg schmilzt – der optimale Weg. Darin zeigt sich kein Mangel an Kraft oder Beharrlichkeit; vorsichtige Schritte und zeitweilig sogar völliges Innehalten können notwendig sein, um die seelische Gesundheit und die Integrität des Selbst zu bewahren.

## Zurück zu den Quellen

Ist es wirklich notwendig – oder ist es überhaupt hilfreich –, ein belastendes traumatisches Ereignis bis zur Quelle zurückzuverfolgen und dort direkt anzugehen? Warum können wir nicht alles in einer sicheren und unterstützenden Umgebung durcharbeiten, wie die Therapie oder eine Frauengruppe sie bietet? An diesen Orten beginnt die Arbeit, und für viele von uns endet sie dort auch. Der persönliche Gewinn, den wir daraus ziehen, kann beträchtlich sein. Ich meine jedoch, daß wir auf lange Sicht mehr erreichen, wenn wir langsam und mit sorgfältiger Planung den Kontakt wiederherstellen und schließlich den Konflikt mit der Person austragen, die unmittelbar an seiner Entstehung beteiligt war. Die nächste Generation wird davon auch noch die Früchte ernten.

Es ist wichtig, auch Probleme, die mit verstorbenen Familienmitgliedern zu tun haben, an der Quelle zu bearbeiten. Meine Freundin Dorothy verlor ihren Vater, als sie acht Jahre alt war, und das Bild, das ihre Familie von ihm kultivierte, war das eines Superhelden. Dorothy sah ihren Vater auf einer großen Leinwand in strahlenden Farben und ohne jeden Makel. Die realen Männer in ihrem Leben waren eine unvermeidliche Enttäuschung, denn sie konnten das idealisierte Vaterbild nie ausfüllen. Vor zwei Jahren begann Dorothy, mit den Geschwistern ihres Vaters Kontakt aufzunehmen, und arbeitete daran, einen realistischeren Eindruck von seinen Stärken und Schwächen zu bekommen. Die vielen Geschichten, die sie sammelte, und die Tatsachen über sein Leben, von denen sie erfuhr, zwangen sie, ihren Vater als realen Menschen zu sehen und nicht mehr als die übergroße, eindimensionale Figur, die aus den familiären Mythen und aus Dorothys eigenen unbewußten Wünschen und Projektionen entstanden war. Die Verbindung mit der Familie ihres Vaters war nicht leicht herzustellen und aufrechtzuerhalten, denn in allen wurden durch ihre Fragen Erinnerungen an seinen Tod geweckt. Dorothy konnte durch den Kontakt jedoch die emotionale Verbindung zu ihrem Vater herstellen und den Trauerprozeß schließlich in produktiver Weise fortsetzen.

In dem Maß, in dem wir uns allmählich auf die emotionalen Probleme in unserer Familie zubewegen, statt ihnen auszuweichen, bewegen wir uns auch auf ein stabileres Selbst und auf eine bessere Einschätzung anderer Menschen zu. Wenn wir leidvolle Erfahrungen gemacht haben und wenn die emotionalen Spannungen durch Distanz und Kontaktvermeidung bewältigt wurden, ist das langsame Vorgehen besonders wichtig, denn wir müssen zuerst eine lebendige Kommunikationsbasis mit Familienmitgliedern herstellen, ehe wir ein problematisches Thema anschneiden können.

Was Rayna tat, ist nicht jeder Frau möglich. Selbst mit professioneller Hilfe wird die Art, wie sie ihr Problem anging, für andere Frauen vielleicht nie zu einer realistischen oder wünschenswerten Strategie. Letzten Endes muß jede von uns für sich selbst entscheiden und darauf vertrauen, daß sie am besten weiß, was sie verkraften kann. In jedem Fall ist es das Beste, gar nichts zu unternehmen, bevor wir uns aus unserer Reaktivität gelöst haben.

## Weg von der Reaktivität – hin zum Nachdenken

Im Vergleich zu den Schwierigkeiten, die auftreten, wenn wir Familienmitglieder mit Tabu-Themen wie Inzest konfrontieren, ist das offene Bekenntnis zur eigenen Identität weniger problematisch. Aus Kimberlys Sicht war die Entscheidung, mit ihren Eltern über ihre lesbische Identität zu sprechen, jedoch problematisch genug. Sie hatte sich allerdings nicht bemüht, engeren Kontakt zu ihrer Familie herzustellen. Kimberly hatte das Problem des Coming Out ausgiebig in ihrem Freundeskreis diskutiert, aber als der seelische Druck stärker wurde, handelte sie impulsiv, ohne über ihre Möglichkeiten (zum Beispiel die Wahl des richtigen Zeitpunkts) nachzudenken und ohne zu planen, wie sie mit den starken Reaktionen, die ihre Enthüllungen unweigerlich nach sich ziehen mußten, umgehen würde.

## Die richtigen Fragen stellen

Es gehörte zu meiner Aufgabe als Therapeutin, Kimberly dabei zu helfen, über ihr Dilemma nachzudenken, statt es nur auszuagieren. Therapeuten stellen ihre Fragen nicht nur, um Informationen zu sammeln und sich ihre Hypothesen zu bilden, sondern auch, um ihre Klienten zu befähigen, ein Problem in seinem Gesamtzusammenhang zu sehen, die eigene Reaktivität herabzusetzen und schließlich alternative Verhaltensweisen anzubahnen. Die folgenden Fragen waren für Kimberly eine Orientierungshilfe:

Zu welchem Zeitpunkt begann Kimberly sich selbst als Lesbierin zu bezeichnen, und was bedeutete das Wort für sie – damals und heute? Was glaubte sie, welche Bedeutung das Wort Lesbierin für jedes Mitglied ihrer Familie hatte? Wie lange hatte sie selbst gebraucht, um ihre lesbische Identität zu akzeptieren, und wie lange würde ihre Familie voraussichtlich dazu brauchen? Welches Familienmitglied würde ihrer Meinung nach am negativsten auf die Mitteilung reagieren? Wer würde ihr Lesbischsein am schnellsten akzeptieren? Und wer würde am längsten zögern?

War in ihrer Herkunftsfamilie oder in der weiteren Familie je ein »Geheimnis« enthüllt worden? Wenn ja, wie war es aufgenommen worden? War es je vorgekommen, daß ein Familienmitglied wegen abweichender Verhaltensweisen aus der Familie ausgestoßen wurde? Hatte Kimberlys Familie die Erfahrung gemacht, von der Umwelt abgelehnt zu werden? Hatte es in der Familie Personen gegeben, zu denen kein Kontakt mehr bestand, und unter welchen Bedingungen war der Kontakt beendet worden?

Warum hatte Kimberly den bewußten Zeitpunkt für ihr Coming Out gewählt? Wären die Reaktionen ihrer Meinung nach anders gewesen, wenn sie ein Jahr früher auf ihre Eltern zugegangen wäre? Oder ein Jahr später? Wären ihre Eltern zugänglicher oder weniger zugänglich gewesen, wenn sie ihre Freundin Mary nicht mitgebracht hätte? Wie würde ihr Coming Out ihre Beziehung zu Familienmitgliedern verändern, kurzfristig und auf lange Sicht? Wie hatte ihr Coming Out sich auf ihre Beziehung zu Mary ausgewirkt? Welche Faktoren hatten Kimberlys Wunsch – oder ihre Abneigung – beeinflußt, sich als Teil eines Paares darzustellen?

Diese Art von Fragen kann uns dahin führen, Reaktivität durch Reflexion zu ersetzen. Es wird uns nicht leichtfallen, aber wir können lernen, solche Fragen für uns selbst und für andere zu entwickeln. Fragen erweitern unsere Fähigkeit, zu reflektieren und ein Problem in einem größeren Kontext zu sehen. Dadurch können wir uns einer angsterfüllten Konstellation ruhiger nähern und uns mehr auf unser Selbst konzentrieren, wenn wir einen Konflikt zu verarbeiten versuchen.

## Den richtigen Zeitpunkt wählen

Als Kimberly zu einer reflektierteren Haltung gefunden hatte, sah sie einen Zusammenhang zwischen der bevorstehenden Heirat ihrer Schwester und ihrem eigenen intensiven Bedürfnis, mit ihrer Freundin das Flugzeug zu besteigen, die Eltern aufzusuchen und die Karten offen auf den Tisch zu lagen. Kimberly brachte ihr problematisches Thema in einer schon emotional aufgeladenen Atmosphäre vor, die durch die bevorstehende Heirat der Schwester geschaffen war, und sorgte damit für erhöhte Reaktivität – ihre eigene eingeschlossen. Worin genau bestand der Zusammenhang zwischen der Hochzeit der Schwester und Kimberlys starkem Bedürfnis, den Eltern die Wahrheit zu eröffnen? »Rivalität, glaube ich«, war Kimberlys ehrliche Antwort. »Vielleicht hatte ich Probleme damit, daß alle nur noch über die Hochzeit redeten.« Kimberly machte jetzt einen niedergeschlagenen Eindruck, und ihre Stimme klang, als lege sie ein Geständnis ab: »Es ging ständig um die Hochzeit – die Hochzeit hier, die Hochzeit da, es gab nur noch die Hochzeit, die Hochzeit, die Hochzeit!«

Kimberlys Gefühle waren völlig verständlich. Eifersucht und Rivalität gegenüber Menschen, die uns nahestehen, sind normale Empfindungen. Kimberlys Gefühle waren nicht das Problem. Das Problem war ihre Unfähigkeit, diese Gefühle (und die damit verbundenen Ängste) wahrzunehmen, die zu ihrem impulsiven Entschluß, mit Mary nach Dallas zu fliegen, geführt hatten. Kimberly wollte von ihren Eltern die gleiche Bestätigung bekommen, die ihre Schwester in so überreichlichem Maß erhielt; sie war deshalb aber auch zu sehr auf eine bestimmte Vorstellung fixiert, wie ihre Eltern reagieren sollten, und hatte sich selbst aus dem Blick verloren.

Wenn wir in einer Beziehung einen neuen Standort definieren, müssen wir uns darauf konzentrieren, was wir über uns selbst und für unser Selbst sagen wollen. Wir dürfen uns nicht zu sehr auf die Reaktionen oder Gegenimpulse der anderen oder auf die erwünschte positive Resonanz fixieren. Dieses Ziel können wir immer nur mehr oder weniger erreichen, aber Kimberly hatte nicht die Basis geschaffen, es *mehr* zu erreichen.

## Gefühle als Ratgeber benutzen

Für Kimberly war es schmerzhaft, mit ihrer Geschwisterrivalität in Berührung zu kommen und, was vielleicht noch wichtiger war, mit ihrer Wut auf eine Umwelt, die heterosexuelle Partnerschaften wertschätzt, bestätigt und feiert, homosexuelle Lebensbindungen jedoch nicht anerkennt und nicht für legitim hält. Es war nur natürlich, daß die Hochzeit ihrer Schwester, die in großem Stil gefeiert wurde, solche Gefühle in ihr auslöste. Aber Kimberlys Entschluß, an der Feier nicht teilzunehmen (für den sie finanzielle Gründe als Rationalisierung gefunden hatte), verfestigte nur ihre Außenseiterposition in der Familie und trug nicht zu einer Lösung bei. Später konnte Kimberly ihren Eltern und ihrer Schwester schreiben und sich dafür entschuldigen, daß sie der Familie bei diesem wichtigen Anlaß ferngeblieben war. Sie erklärte ihrer Schwester, daß ihr Schmerz darüber, in einer geheimgehaltenen und ungefeierten Partnerschaft zu leben, vermutlich ihr bewußtes Denken verdunkelt habe. Ihre Entschuldigung wurde sehr gut aufgenommen. Auf die Gefahr hin, eine Binsenweisheit auszusprechen, möchte ich hinzufügen, daß ein einfaches »es tut mit leid« sehr viel dazu beitragen kann, Spannungen aufzulösen und alte Beziehungsmuster zu verändern.

Die »negativen Gefühle«, von denen Kimberly anfangs nichts wissen wollte, wurden später zu ihrer inneren Orientierungshilfe und zum Ansporn, in ihrem Leben ein wichtiges Zeichen zu setzen. Sie und Mary gestalteten ihr eigenes Ritual, um ihre Lebensbindung in der Gegenwart ihrer Gemeinschaft zu bezeugen, zu bestätigen und zu feiern. Ihre Eltern und ihre Schwester waren eingeladen, nahmen jedoch nicht an der Feier teil. Bislang hat noch niemand aus ihrer Familie das Maß an Akzeptanz aufgebracht, das Kimberly sich wünscht. Ihre Mutter und ihr Vater sagen ihr, daß sie ihre Form der Sexualität und ihren Lebensstil nie als »normal« betrachten werden. Aber der Kontakt ist wiederhergestellt, und sie haben ein vernünftiges Maß an Kommunikation. Kimberly und Mary werden als Paar zu Familienzusammenkünften eingeladen, und die Verwandten wissen, daß Mary ihre Liebes- und Lebenspartnerin ist und nicht nur ihre beste Freundin. Manche Familien würden vielleicht Jahrzehnte brauchen, um auch nur diesen Punkt zu erreichen. Und in anderen Familien wäre selbst dieser bescheidene Grad von Akzeptanz vielleicht ein Leben lang nicht möglich.

## Offenheit oder Geheimhaltung?

Wie reagieren Sie auf Kimberlys Geschichte? Manche von uns werden ihren Entschluß, sich vor ihren Eltern und ihrer Umwelt offen als Lesbierin zu bekennen, als integer und mutig empfinden. Andere mögen in ihrem Coming Out einen unreifen und egoistischen Entschluß sehen, der ihre Familie unnötig belastete. Was denken Sie?

Sie müssen nicht lesbisch sein, um zu verstehen, daß ein Bekenntnis zur eigenen Identität einen hohen Preis fordern kann. Andererseits kann der Preis genauso hoch sein, wenn wir auf das Bekenntnis zur eigenen Identität verzichten – er ist nur weniger offensichtlich. Es kommt nicht zu plötzlichen und dramatischen Akten der Ablehnung oder Ausgrenzung. Wir werden nicht plötzlich aus unserem Job gefeuert, von alten Freunden verlassen, von der Familie verleugnet oder vor den Kadi gezerrt, um uns das Sorgerecht für unsere Kinder streitig zu machen. Und dennoch können die Folgen, auch wenn sie schwerer zu benennen sind, ebenso heimtückisch sein. Wenn wir nicht zu unserer wirklichen Identität stehen – selbst wenn das aus einer Notwendigkeit heraus geschieht –, können daraus Gefühle der Unredlichkeit, der Falschheit und des Selbstzweifels entstehen, die unsere Selbstachtung unterminieren und Selbsthaß hervorrufen. Das Verleugnen der eigenen Identität beeinträchtigt das Grundgefüge von Beziehungen und unsere Lebensqualität. In einer Atmosphäre des Verschweigens und Geheimhaltens kann sich weder Intimität noch ein lebendiges Selbst entfalten.

Die Frage des Coming Out, des offenen Bekenntnisses zu sich selbst, ist keineswegs auf Lesbierinnen beschränkt, obwohl diejenigen unter uns, die lesbisch sind, am stärksten unter Diskriminierung und gesellschaftlicher Ächtung zu leiden haben. Wir sind aber alle unser Leben lang kontinuierlich mit der Frage des Coming Out konfrontiert. Jede von uns hat – bewußt oder unbewußt – mit ambivalenten Gefühlen und Bedürfnissen zu kämpfen: einerseits mit dem Wunsch, privat und öffentlich zur eigenen Identität zu stehen, und andererseits mit dem Bedürfnis, Liebe, Bestätigung, Anerkennung zu bekommen, sich zugehörig zu fühlen – oder, ganz pragmatisch, sich finanziell abzusichern. Diesen Kampf werden wir nie völlig zu Ende bringen, aber wir können daran arbeiten, mehr wir selbst zu sein, auf unsere eigene Art und in unserem eigenen Tempo, in den unterschiedlichsten Zusammenhängen und immer wieder – unser Leben lang.

## Ein anderes Intimitätsproblem

Wenn wir an Intimität (oder den Mangel an Nähe) denken, gehen wir meistens von der Vorstellung der Dyade aus, das heißt von der Interaktion zwischen zwei Partnern. Es gibt jedoch keine zentrale Beziehung, in der zwei Menschen ausschließlich aufeinander bezogen sind, unbeeinflußt und unbelastet durch andere Beziehungsprobleme, die eine dritte Partei mit ins Spiel bringen. Die reine, unbeeinträchtigte Beziehung von Mensch zu Mensch ist eine Idealvorstellung.

Diese Idealvorstellung hat allerdings eine wichtige Funktion. Wenn Kimberlys Mutter mit ihrer Tochter offen über lesbische Liebe spricht, hoffen wir, daß keine unbewußten Einflüsse – ungelöste Probleme aus ihrer Ehe oder ihrer eigenen Mutterbeziehung zum Beispiel – den Gesprächsprozeß beeinträchtigen. Es wäre auch zu wünschen, daß Kimberly und ihre Mutter die Auseinandersetzung relativ frei von den Einmischungen anderer führen können (Kimberlys Schwester hält ihrer Mutter Vorträge, wie sie mit Kimberly umgehen sollte; Mary sagt Kimberly voller Wut, daß sie von Kimberlys Eltern nicht voll akzeptiert werde und daß sie nicht bereit sei, ihren Fuß noch einmal über deren Schwelle zu setzen). Und schließlich hofft man auch, daß Beziehungsprobleme da bleiben, wo sie hingehören, statt über eine dritte Partei ausgetragen zu werden (wenn Kimberlys Mutter befürchtet, von ihrem Mann oder ihrer eigenen Mutter für Kimberlys Lesbischsein verantwortlich gemacht zu werden, diskutiert sie diese Frage im Idealfall direkt mit den Beteiligten, statt Kimberly gegenüber stärkere Reaktivität zu entwickeln).

Das sind schöne Hoffnungen, aber unser Verhalten entspricht ihnen in der Regel leider nicht. Wie wir sehen werden, ist die Triade, die Dreieckskonstellation, und nicht die Dyade die Basiseinheit der emotionalen Dynamik zwischen Menschen, insbesondere unter Streß.

# X. Dreieckskonstellationen

Woran denken Sie, wenn Sie das Wort »Dreiecksverhältnis« hören? Den meisten von uns fällt dazu als erstes das »ewige Dreieck« ein, das Paar und die außereheliche Affäre. Durch Liebesaffären kommen sicherlich die meisten Dreieckskonstellationen zustande, und zwar sowohl bei heterosexuellen als auch bei homosexuellen Paaren. Die Beziehung zwischen Adrienne und Frank (Kap. V) ist ein typisches Beispiel dafür, wie Dreiecksbeziehungen (in diesem Fall seine außereheliche Affäre und ihre Verliebtheit in einen anderen Mann) von Konflikten in der Ehe ablenken. Ein Liebesabenteuer kann den Partner, der die stärksten Ängste oder die größte Unzufriedenheit erlebt, beruhigen und die Ehe so lange stabilisieren, bis das Geheimnis aufgedeckt wird.

Auch nachdem das Geheimnis enthüllt ist, können die wirklichen Beziehungsprobleme verdunkelt sein; die emotionale Energie ist so sehr auf den Vertrauensbruch konzentriert, daß beide Partner Schwierigkeiten haben, ihre jeweiligen Anteile an dem Entfremdungsprozeß zu erkennen, der die außereheliche Affäre begünstigte. Der Partnerin oder dem Partner, der die Affäre hat, mag es schwerfallen, die Verantwortung für sein Verhalten zu übernehmen (»Sie interessierte sich nur noch für die Kinder und war sexuell so abweisend, daß ich mir eine Frau gesucht habe, die mir das Gefühl gab, ein attraktiver Mann zu sein«). Die (oder der) »Betrogene« bleibt vielleicht so sehr auf den Vertrauensbruch fixiert, daß es ihr/ihm nicht gelingt, die eigenen Probleme zu bearbeiten. Oder sie/er lenkt den größten Teil ihrer / seiner Wut auf »die andere« oder »den anderen« um, obwohl diese Person mit dem wirklichen Verrat an der Beziehung wenig zu tun hat.

Da Dreieckskonstellationen eine natürliche Reaktion auf starke Ängste sind, beginnen Affären oft in Belastungssituationen oder zu Zeiten, in denen traumatische Erlebnisse wiedererinnert werden. *Er* läßt sich auf ein Liebesabenteuer ein, kurz nachdem sein Vater einen Herzinfarkt hatte oder kurz vor dem zweiunddreißigsten Geburtstag seiner Frau, dem Alter, in dem seine Mutter die Familie verließ. *Sie* fängt eine Affäre an, als ihr ältester Sohn elf Jahre alt wird; in diesem Alter erkrankte ihr älterer Bruder an einem Gehirntumor. Wenn wir keinen Weg finden, unsere traumatischen Erinnerungen bewußt aufzuarbeiten, wird das Unbewußte uns die Arbeit abnehmen. Natürlich ist die außereheliche Beziehung nur eine Form der Dreieckskonstellation. Wie wir sehen werden, bieten menschliche Beziehungssysteme unendlich viele Möglichkeiten zur Triadenbildung, und wir sind ständig damit konfrontiert.

## Beziehungsdreieck mit der Schwiegermutter

»Als Rob und ich heirateten«, sagte Julie, »hätten wir so weit wie nur irgend möglich wegziehen sollen, mindestens um die halbe Welt, um Shirley, seiner Mutter, zu entkommen.« Julie fuhr fort, Shirley als die unmöglichste Schwiegermutter der Welt zu beschreiben, als aufdringliche und fordernde Frau, mit der es immer schlimmer wurde, seit sie ihren einzigen Sohn an eine andere Frau »verloren« hatte. Shirley bestand darauf, daß Rob und Julie jedes Jahr Weihnachten und Thanksgiving (das Erntedankfest – ein wichtiges Familienfest in Amerika, Am. d. Ü.) bei ihr verbrachten. An den Wochenenden brauchte sie grundsätzlich Robs Hilfe bei Gartenarbeiten oder in Haushaltsangelegenheiten. Sowohl Julie als auch Rob schilderten Shirley als eine Frau, die ein »Nein« einfach nicht als Antwort akzeptierte.

Ein Jahr nach der Heirat von Julie und Rob hatten sich alle negativen Energien zwischen Julie und ihrer Schwiegermutter konzentriert. Die beiden Frauen konnten sich nicht ausstehen; jede kam jedoch gut mit Rob zurecht, der sich bis zur Erschöpfung abmühte, zwischen seiner Frau und seiner Mutter zu vermitteln und jeder den Standpunkt der anderen einsehbar zu machen. Julie äußerte Rob gegenüber permanent Kritik an Shirley (»Deine Mutter ist die anspruchsvollste und herrschsüchtigste Person, die mir je begegnet ist«) und beklagte sich auch bei anderen ständig über ihre Schwiegermutter. Shirley übte in Robs Gegenwart keine offene Kritik an ihrer Schwiegertochter, aber ihre negativen Gefühle waren offensichtlich.

Diese Form der Dreieckskonstellation ist typisch. Die Beziehung zwischen Rob und seiner Mutter – wo die wirklichen Probleme liegen – kann ruhig bleiben, weil die Spannungen auf die Beziehung zwischen Schwiegermutter und Schwiegertochter umgelenkt wurden. Tatsächlich ist Rob sich seiner Wut auf seine Mutter nicht einmal bewußt, weil er so sehr damit beschäftigt ist, Shirley vor der Kritik seiner Frau in Schutz zu nehmen. Durch die Dreieckskonstellation können Rob und seine Mutter dem Problem ausweichen, in ihrer eigenen Beziehung ein vernünftiges Gleichgewicht zwischen Distanz und Nähe herzustellen. Außerdem bleiben auch die Probleme in der Ehe verdeckt, denn Julie kann ihre Unzufriedenheit über Robs mangelnde Loyalität und über seine Unfähigkeit, sich in seiner Ehe gegen seine Mutter abzugrenzen, nicht zum Ausdruck bringen. Sie weist ihrer Schwiegermutter die Schuld zu (»Diese Frau führt sich auf, als stünde sie kurz vor dem Herzinfarkt, wenn man sie nicht in alles einbezieht«), statt sich entschieden und konsequent mit Rob auseinanderzusetzen (»Rob, die Reparaturen im Haus sind seit zwei Wochen liegengeblieben, und ich möchte wirklich, daß du sie fertigmachst, bevor du dich um den Garten deiner Mutter kümmerst«). Julie weicht damit der Forderung aus, ihrem Mann gegenüber klar Stellung zu beziehen, was ihre eigenen Wünsche und Erwartungen angeht. Sie läßt es nicht auf den Versuch ankommen, Rob allein mit seinen Loyalitätskonflikten fertig werden zu lassen – und sich dann selbst der neuen Situation zu stellen.

Die Dynamik der Dreieckskonstellation wird außerdem noch durch Julies Distanz zu ihrer Herkunftsfamilie angeheizt, der sie durch ihre Ehe zu »entkommen« hoffte und zu der sie nur pflichtschuldig oberflächliche Kontakte hält. Da Julie sich nicht darum bemüht, die Probleme in ihrer Herkunftsfamilie zu bearbeiten (und Probleme mit lebenden oder verstorbenen Familienmitgliedern haben wir alle), neigt sie noch mehr dazu, sich in negativer Weise auf Robs Mutter zu konzentrieren.

So sieht die Dreieckskonstellation zwischen Julie, Rob und Shirley aus: Zwei Seiten des Dreiecks bleiben relativ konfliktfrei, während die negative Intensität sich zwischen Julie und Shirley konzentriert.

Abb. A

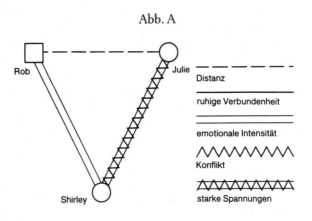

## Ein Kind kommt ins Spiel

Als die kleine Emma geboren wurde, kam es zu neuen Dreiecksbildungen. Rob reagierte auf die neue Situation der Vaterschaft und die damit verbundenen Ängste, indem er sich auf seine Arbeit zurückzog. Als Kompensation für den Mangel an Intimität in ihrer Ehe und für ihre Außenseiterposition im Verhältnis zu ihrem Mann und ihrer Schwiegermutter begann Julie, eine »besonders innige« Beziehung zu ihrer Tochter zu entwickeln. Abbildung B stellt das Beziehungsdreieck zwischen Mutter, Vater und Tochter dar.

Als Emma größer wurde, nahm sie in diesem Beziehungsdreieck die Rolle einer aktiven Mitspielerin ein. Sie spürte, daß ihre Mutter es brauchte, die »Nummer eins« zu sein, und daß ihre emotionale Präsenz ihrem Vater unangenehm war. Wie viele Töchter reagierte sie mit der Sensibilität eines empfindli-

Abb. B

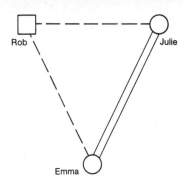

chen Radarschirms auf die Distanz in der Ehe ihrer Eltern und auf die innere Unzufriedenheit ihrer Mutter. Bald bot sie sich als Verbündete und »als beste Freundin« ihrer Mutter an, vielleicht in dem unbewußten Bemühen, die Leere im Leben ihrer Mutter auszufüllen und die Aufmerksamkeit von den ehelichen Konflikten abzulenken. Schon als Kleinkind begann Emma, mehr emotionale Energie auf ihre Mutter zu richten als auf sich selbst.

Der Einfluß der traditionellen Geschlechterrollen spielte in diesem allzu vertrauten Beziehungsdrama ebenfalls eine große Rolle. Ganz dem weiblichen Rollenklischee gemäß hatte Julie keine eigenen Lebensziele; Emma hatte für sie eher die Bedeutung einer »Karriere« als einer Beziehung. Rob zog sich immer stärker zurück und orientierte sich immer mehr auf seinen Beruf hin; in der Familie nahm er die Position des Außenseiters ein.

Im Lauf der Zeit verhärteten sich die Positionen innerhalb des Dreiecks, und jeder der Mitspieler sorgte dafür, daß die anderen bei ihrem Verhalten blieben. Je distanzierter Rob sich verhielt, desto mehr verlagerte sich die Intimität und die emotionale Intensität auf die Beziehung zwischen Mutter und Kind. Und je fester die emotionale Beziehung zwischen Julie und Emma wurde, desto mehr verschanzte Rob sich in seiner distanzierten Position.

## Ein weiteres Dreieck

Bald etablierte sich eine weitere Dreieckskonstellation, an der Julie, Shirley und Emma beteiligt waren. Shirley begann, an Julies Fähigkeiten als Mutter offen Kritik zu üben, sogar in Emmas Gegenwart (»Du kannst das Kind bei dieser Kälte doch nicht so leicht angezogen herumlaufen lassen«), und ihre Autorität als Mutter zu unterminieren (»Emma, wir sagen Mami nicht, daß ich dir Eis gekauft habe; sie muß ja nicht alles wissen«). Wenn die Spannungen anstiegen, hatten Julie und Shirley in Emmas Gegenwart heftige Auseinandersetzungen über Kinderpflege und Kindererziehung, und später machte Julie ihrem Mann Vorwürfe, daß er sie nicht verteidigt hatte. Rob tat, was er nur konnte, um seine distanzierte Position in der Triade aufrechtzuerhalten; für ihn war es eine große Erleichterung, sich aus der negativen Intensität heraushalten zu können. Außerdem war er so davor geschützt, sich mit seinen wirklichen emotionalen Problemen mit Mutter, Frau und Tochter auseinandersetzen zu müssen.

Wenn Sie jetzt etwas irritiert sind durch diese Dreiecksgeschichten, ist das nur allzu verständlich. Es ist schwierig, Dreieckskonstellationen zu beobachten, besonders dann, wenn wir selbst darin verstrickt sind. Die Strukturen von Dreieckskonstellationen sind nicht leicht zu analysieren, aber wir sind alle an vielfältigen, ineinander verflochtenen Dreiecksbeziehungen beteiligt, und eine oder zwei davon sind für unser emotionales Leben von zentraler Bedeutung. Die Position, die wir in einem bestimmten Dreieck einnehmen, kann eine vorübergehende Reaktion auf Streß sein. In einem anderen Dreieck ist unsere Rolle vielleicht rigide festgelegt und sehr resistent gegen Veränderungen. Dreieckskonstellationen »lösen« ein Problem, indem sie die Ängste und Spannungen, die zwischen zwei Menschen nicht mehr zu ertragen sind, herabsetzen. Aber sie schaffen auch neue Probleme, indem sie die wirklichen Beziehungskonflikte verschleiern und auf Kosten eines der Beteiligten gehen.

# Alternativen

Was würde geschehen, wenn Julie ihre Position in einer dieser festgefahrenen Dreieckskonstellationen verändern könnte? Wie wäre es, wenn sie einen Weg fände, mit ihrer Schwiegermutter ruhig und freundlich umzugehen und sich bei Rob nicht mehr über sie zu beklagen? Was würde sich verändern, wenn Julie es aufgäbe, mit Shirley über Emma zu streiten, und eine neue Möglichkeit fände, sich aus ihrer Reaktivität zu lösen? Sie könnte zum Beispiel versuchen, mit Schlagfertigkeit und Humor zu reagieren, wenn Shirley ihre Fähigkeiten als Mutter kritisiert (»Du glaubst wirklich, Emma würde durch meine Erziehung verwildern? – Weißt du, wir haben so viele Zahme in der Familie, da kann eine Wilde gar nicht schaden«). Wenn Julie zu einem besonders mutigen Experiment aufgelegt wäre, könnte sie ihre Position in der Dreieckskonstellation noch stärker verändern und Shirley um Rat bitten oder sie nach ihren Erfahrungen als Mutter fragen. Das heißt, sie könnte Shirleys kompetente Seite ansprechen, die sie völlig aus dem Blick verloren hat.

Wenn Julie diese neue Einstellung beibehalten könnte, würden sich die Beziehungsstrukturen in der Familie verändern. Die Spannungen und Konflikte zwischen Rob und seiner Mutter würden an die Oberfläche kommen. Auch in ihrer Ehe würden die Probleme deutlicher sichtbar werden. Die Dreieckskonstellation könnte sich so verändern, wie es in Abbildung C dargestellt ist:

Abb. C

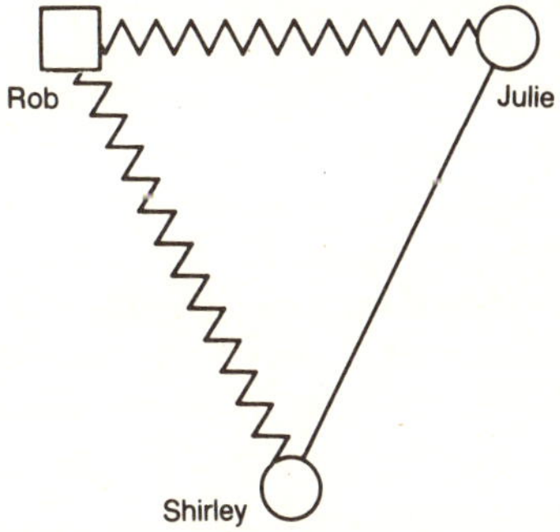

Das wäre ein Übergangsstadium auf dem Weg zu ausgewogeneren Beziehungen. In Belastungssituationen würde es zu Auseinandersetzungen zwischen Mutter und Sohn und zum Ehestreit kommen, und das wäre die Gelegenheit, Probleme dort zu erkennen und anzusprechen, wo sie wirklich liegen. Außerdem würde Emma enorm davon profitieren, nicht mehr im Brennpunkt der negativen Intensität zwischen ihrer Mutter und ihrer Großmutter zu stehen. Sie würde unter wesentlich günstigeren Bedingungen heranwachsen.

Natürlich müßte Julie sich mehr auf ihr eigenes Selbst konzentrieren, um eine solche Veränderung anzubahnen. Sie müßte ihre Hauptenergie darauf verwenden, die Probleme in ihrer eigenen Familie aufzuarbeiten, statt auf Robs Familie zu reagieren. Außerdem müßte sie den Mut aufbringen, die Ängste zu ertragen, die unweigerlich ausgelöst werden, wenn wir unsere Rolle in einem Schlüsseldreieck verändern und wenn die wirklichen Probleme zwischen den Beteiligten an die Oberfläche kommen. Wie wir im nächsten Kapitel sehen werden, ist es alles andere als einfach, unsere Rolle in einer festgefahrenen Dreieckskonstellation zu verändern.

Warum soll Julie dafür verantwortlich sein, die rigide Dreieckskonstellation in Bewegung zu bringen? Sie ist es nicht, und sie sorgte auch nicht allein dafür, daß diese Beziehungsstrukturen sich herausbildeten. In einer Dreieckskonstellation ist jede der beteiligten Personen selbst für ihr Verhalten verantwortlich, und jede kann Veränderungsschritte vornehmen. Die Konstellationen, in denen die größte Stagnation herrscht, sind das Produkt mehrerer Generationen, und ihr Hauptbestandteil sind chronische Ängste. Nie ist es eine Person, die den beiden anderen Beteiligten etwas »antut«.

Der Wille zur Veränderung geht meistens von der Person aus, die unter dem stärksten Leidensdruck steht und sich die größten Sorgen macht. Auch Rob könnte die Dreieckskonstellation verändern, aber wahrscheinlich wird er es nicht tun, denn er fühlt sich mit dem Status quo relativ wohl. Das Dreieck schützt ihn davor, sich mit den wirklichen Konflikten in der Beziehung zu seiner Mutter, seiner Frau und seiner Tochter konfrontieren zu müssen.

## Was ist eine Dreieckskonstellation?

Rufen Sie sich noch einmal in Erinnerung, wie ein Beziehungssystem durch Ängste beeinträchtigt wird: Die beteiligten Menschen spalten sich in zwei Lager, eine Seite oder beide Seiten konzentrieren sich in vorwurfsvoller oder überbesorgter Art auf die Probleme der anderen (und verlieren das eigene Selbst aus dem Blick), und schließlich kommt es zur extremen Polarisierung der Positionen.

Es kommt aber noch ein weiterer Faktor hinzu: Zwei-Personen-Systeme sind ihrem Wesen nach instabil. Ängste und Konflikte können nur während eines relativ kurzen Zeitraums auf zwei Parteien begrenzt bleiben. Sehr bald wird eine dritte Partei hineingezogen (oder mischt sich von selbst ein). Dieser Prozeß läuft automatisch ab wie ein Naturgesetz und nicht bewußt oder absichtsvoll.

Die dritte Partei in einem Dreieck kann dem Lager einer oder eines Beteiligten angehören, und ihr Einsatz geht auf Kosten einer anderen Beziehung (Sie besuchen Ihren Onkel Joe nicht mehr, seit Ihre Mutter nicht mehr mit ihm spricht; Sie haben keinen Kontakt mehr zu Ihrem Vater, seit er sich von Ihrer Mutter scheiden ließ). Die dritte Partei kann eine Mittler-, Friedensstifter- oder Helferposition einnehmen (Ihre Eltern streiten sich, und Sie geben dem Elternteil, auf den Sie den größten Einfluß haben, gute Ratschläge). Oder die ursprünglich am Konflikt beteiligten zwei Parteien konzentrieren sich in besorgter oder vorwurfsvoller Weise auf eine dritte Person (Wenn die eheliche Beziehung immer distanzierter wird oder wenn eine traumatische Erinnerung wiederkehrt, beginnen Sie und Ihr Mann sich zunehmend um ein Kind zu sorgen; Sie und Ihr Vater sprechen häufig über die Depressionen Ihrer Mutter, und Sie sind beide überzeugt, daß Sie wissen, was für die Mutter das Beste wäre).

Dreieckskonstellationen treten in den unterschiedlichsten Formen auf, aber auf ein Erkennungsmerkmal können wir uns verlassen: Wenn die Spannungen zwischen zwei Personen ansteigen, wird eine dritte in die Dynamik hineingezogen, um in der ursprünglichen Zweierkonstellation die Ängste zu mindern. Diese dritte Partei kann innerhalb der Familie (Kind, Großmutter, Schwiegersohn) oder außerhalb der Familie (Geliebte, Hausfreund, beste Freundin) gefunden werden. Sogar ein Therapeut kann zum dritten Punkt in einem Dreieck werden, wenn er (oder sie) sich auf die Seite des Klienten schlägt auf Kosten des Ehepartners oder eines anderen Familienmitglieds. Eine solche Dreieckskonstellation kann auch entstehen, wenn der Therapeut oder die Therapeutin es auf eine »ganz besondere« Beziehung anlegt, die dazu dient, die Spannungen von den realen Beziehungen der Klientin abzuziehen, statt sie zur Auseinandersetzung mit den Wurzeln ihrer emotionalen Probleme zu motivieren.

## Welche Funktion hat Klatsch?

Klatsch ist eine universelle Form der Dreiecksbildung, mit der wir alle vertraut sind. Je stärker die unterschwelligen Ängste zwischen zwei Menschen sind, desto mehr wird sich das Gespräch auf einen dritten konzentrieren. Wenn Sie zum Beispiel Ihre Mutter zum Mittagessen treffen, könnte sich ein großer Teil der Unterhaltung um Ihren Vater oder um die Probleme Ihres jüngeren Bruders drehen. Vielleicht kommt es in Ihrem Gespräch kaum zu echtem Austausch zwischen Ihnen und Ihrer Mutter, der nicht in irgendeiner Weise durch die besorgte oder vorwurfsvolle Konzentration auf einen anderen Menschen gefärbt ist.

Man kann das Ausmaß der Ängste in einem Arbeitsfeld oder einem Familiensystem geradezu daran messen, wieviel geklatscht wird. Mit Klatsch meine ich eine Art, über andere zu sprechen, bei der die Inkompetenz oder das »Pathologische« des anderen hervorgehoben wird. Wir festigen unsere Beziehung zu einer Partei auf Kosten einer dritten, oder wir schwächen unsere Ängste ab, indem wir andere auf unsere Seite ziehen. Klatsch hat wenig mit bösen Absichten zu tun; unsere bewußten Intentionen sind vielleicht nur die allerbesten.

Eine meiner Freundinnen kehrte von einem Weihnachtsessen im weiteren Familienkreis zurück, das von ziemlich starken unterschwelligen Spannungen geprägt war. Dies war das erste Weihnachtsfest ohne ihre Großeltern mütterlicherseits, die beide im Lauf des vergangenen Jahres gestorben waren. »Es war der reinste Zoo«, rief meine Freundin aus. »Meine Tante nahm mich beiseite, um mir zu sagen, wie sehr meine Mutter ihre Erscheinung vernachlässigt; meine Mutter war wütend auf ihren Bruder und wollte nicht, daß ich bei Tisch neben ihm sitze; mein Vater zog mich in eine Ecke und erzählte mir flüsternd von den Weinkrämpfen meiner Mutter – und so ging es die ganze Zeit!« Niemand sprach über den Tod der Großeltern und über die Trauer, die alle empfanden.

Wenn über einen dritten gesprochen wird, heißt das dann immer, daß sich eine Dreieckskonstellation gebildet hat? Natürlich nicht! Wir haben vielleicht Probleme mit einer Freundin oder Mitarbeiterin und wenden uns an eine dritte Person um Rat, oder wir wollen ihre Meinung hören, um die Situation objektiver einschätzen zu können. Durch solche Gespräche können wir uns beruhigen und über neue Möglichkeiten nachdenken, mit dem Konflikt umzugehen. Oft sind unsere bewußten guten Gründe, *über* eine dritte Person zu reden (»Ich möchte, daß meine Tochter die Wahrheit über ihren Vater erfährt«) jedoch nur ein Vorwand, um jemanden auf unsere Seite zu ziehen, auf Kosten der dritten Partei. Wenn der Mensch, *mit* dem wir reden (zum Beispiel die Tochter), und der Mensch, *über* den wir reden (der Ex-Mann), eine wichtige Beziehung zueinander haben, trifft das besonders zu, denn wir unterminieren mit unserer unbewußten Strategie den Kontakt zwischen ihnen.

Wir hatten gesagt, daß Dyaden ihrem Wesen nach instabil sind; für Triaden trifft das Gegenteil zu: Sie sind ihrem Wesen nach stabil. Ein Dreirad ist stabiler (wenn auch weniger funktionell) als ein Zweirad. Triaden können jahrelang, jahrzehntelang oder generationenlang bestehen. Sie sind nicht »falsch«, »schlecht« oder »krankhaft«, sondern sie sind ein natürlicher Weg der Angstbewältigung in menschlichen Beziehungen. Sie haben die Funktion, Beziehungen zu stabilisieren und Spannungen abzuleiten, die zwischen zwei Menschen zu stark geworden sind. Dreieckskonstellationen sind einfach die Basiseinheit der emotionalen Dynamik. Wie bei allen Beziehungsmustern geht es nur darum, wie flexibel oder rigide diese Konstellationen sind.

## Kindfixierte Dreieckskonstellationen

Kinder sind die idealen Partner für Dreieckskonstellationen; über Kinder können Ängste aus jeder erdenklichen Quelle abgeleitet werden. Sehen wir uns eine typische kindfixierte Dreieckskonstellation an, die eine vorübergehende Reaktion auf Streß und angstvolle Spannungen war.

### Willy zuliebe

Bill, der siebenunddreißigjährige Rektor einer High-School, entwickelte starke Ängste, als seine Frau Sue in ein Doktorandenseminar in beratender Psychologie aufgenommen wurde. Wie viele Männer war er unfähig, sich seine Ängste einzugestehen oder sie direkt auszusprechen. Statt dessen übertrug er seine Befürchtungen auf den zweijährigen Sohn und machte seiner Frau Vorwürfe: »Willy braucht dich zu Hause. Ich will nicht, daß er von fremden Leuten aufgezogen wird!«

Als Bill und Sue begannen, über »Willys Bedürfnisse« zu streiten, wurde das Kind zunehmend ängstlich und fing an zu schreien, wenn die Mutter das Haus verließ. Ein Circulus vitiosus etablierte sich: Bill steigerte sich immer mehr in seine Besorgtheit um seinen Sohn hinein und kritisierte seine Frau immer häufiger (»Du siehst ja selbst, wie sensibel er auf dein Weggehen reagiert!«), und Willy wurde immer schwieriger und klammerte sich immer stärker an seine Mutter.

Nach einigen Monaten gelang es Bill und Sue, sich aus ihren unproduktiven Streitigkeiten und Vorwürfen zu lösen und das Problem in ihrer Beziehung anzusprechen. Sue, als schwarze Amerikanerin und als die erste in ihrer Familie, die promovierte, hatte mehr Ängste auszustehen, als sie gebrauchen konnte. Durch den Streit mit Bill vermied sie die Konfrontation mit ihren Ängsten. Bill machte sich bewußt, daß er sich durch Sues Graduiertenstudium bedroht fühlte und daß die Kritik seines Vaters an Sues Berufsplänen ihm Unbehagen verursachte.

Nachdem er einige Denkanstöße erhalten hatte, war Bill in der Lage, Sue gegenüber seine Ängste zu artikulieren und seinen Vater direkt auf seine ablehnende Haltung anzusprechen. Sue kam mit ihrem eigenen Unbehagen über die Pionierstellung in ihrer Familie in Berührung. Sie empfand Angst und Schuldgefühle, weil ihr Möglichkeiten zur Verfügung standen, die vorangegangene Generationen von Frauen und Männern in ihrer Familie nicht gehabt hatten. Sie konnte mit ihrer Mutter, ihrer Schwester und ihrer Großmutter über ihre Angst vor dem Erfolg und vor dem Versagen sprechen und erfuhr auf diese Weise auch, wie ihre weiblichen Verwandten auf ihre Entscheidung, den Doktortitel anzustreben, reagierten.

Als Bill und Sue begannen, sich mit ihren eigenen Problemen zu beschäftigen, wurde Willy ruhiger und ausgeglichener. Er stand nicht mehr im Brennpunkt der elterlichen Ängste und mußte nicht mehr befürchten, daß zwischen seinen Eltern etwas Schlimmes passieren würde, wenn seine Mutter ihre Ausbildung fortsetzte. Im Lauf einiger Monate hatte sich die ganze Familie so weit beruhigt, daß Sue den Übergang ins Graduiertenstudium mit einem Minimum an Streß bewältigen konnte. Es ist zwar ungewöhnlich, daß ein Paar sich so schnell aus einer kindfixierten Dynamik lösen kann, aber wie das Beispiel zeigt, ist es grundsätzlich möglich.

## Eine gesellschaftliche Dreieckskonstellation

Die kindfixierte Dreieckskonstellation kann auch auf der gesellschaftlichen Ebene sichtbar werden. Erinnern Sie sich an die ersten Reaktionen von Männern auf die Frauenbewegung! Männer sagten gewöhnlich *nicht*: »Ich fühle mich durch die Veränderungen, die bei den Frauen vor sich gehen, bedroht«, oder: »Ich habe keine Lust, mich an der Hausarbeit und an der Fürsorge für die Kinder zu beteiligen, und ich werde wütend, wenn meine Frau mich dazu auffordert.« In den frühen Stadien der Frauenbewegung war es eine Seltenheit, wenn Männer überhaupt etwas über sich selbst aussagten. Statt dessen war in den Medien unentwegt von den »Bedürfnissen der Kinder« die Rede, was uns natürlich allen an die Nieren ging. In den siebziger Jahren wurde uns ständig das Bild des traurigen Kleinkinds serviert, das mit glasigen Augen die grauen Wände der Kindertagesstätte anstarrte, während seine Mutter davonrannte, um Karriere zu machen und sich selbst zu verwirklichen. Diese Vorstellung allein genügte schon, um jede potentielle Feministin in Angst- und Schuldgefühle zu stürzen. Und dann kam der Film »Kramer gegen Kramer« und wurde zum großen Hit. Diese typischen »Sei-wie-du-vorher-warst«-Strategien waren die Gegenreaktionen der männlichen Kultur gegen die Bemühungen der Frauen um Autonomie, und es ist nicht überraschend, daß sie in der Form der Schuldzuweisung an die Frauen und der Übertragung auf die Kinder auftraten.

Es versteht sich von selbst, daß Kinder Bedürfnisse haben. Aber auch Mütter und Väter haben Bedürfnisse. Die Fixierung auf die »Bedürfnisse der Kinder« entsprach durchaus keinem echten Engagement für die vielen Kinder und Familien, die Hilfe brauchen. Sie spiegelt vielmehr eine typische gesellschaftliche Dreieckskonstellation ähnlich der, die zwischen Sue, Bill und Willy bestand. Die Konzentration auf »die Bedürfnisse der Kinder« («Mama, bleib zu Haus!«) schützte uns davor, das Problem dort zu erkennen, wo es wirklich liegt, nämlich in den Beziehungen zwischen erwachsenen Männern und Frauen. Wie *einfach* war es doch, der Befürchtung Ausdruck zu geben, daß Kinder durch fehlgeleitete Frauen auf der Flucht vor der mütterlichen Verantwortung geschädigt würden! Wie *schwierig* ist es aber für Männer und Frauen, gemeinsam daran zu arbeiten, die Politik, die Berufsfelder, die Institutionen und die Geschlechterrollen so zu verändern, daß eine dem Leben zugewandte, kooperative Gesellschaft entsteht, die sich wirklich um die Bedürfnisse von Kindern und Familien kümmert!

Immer dann, wenn Erwachsene nicht aktiv daran arbeiten, ihre eigenen Probleme zu erkennen und zu lösen, wird die Fixierung auf Kinder besonders intensiv, oder die Kinder, die nun einmal sensibel und empfänglich sind, springen von sich aus ein, um die Erwachsenen in kreativster Weise von ihren Problemen abzulenken, die Probleme umzuleiten oder auszuagieren. Tatsächlich neigen alle Kinder dazu, jedes denkbare seelische Problem, das wir verdrängen, als Erbe zu übernehmen.

Eine gute Freundin erzählte die Geschichte, wie sie nach einer Elternversammlung in heftige Reaktivität verfiel. Man hatte ihr gesagt, daß ihre Tochter, die im zweiten Schuljahr war, »nicht der Erfolgstyp« sei. Sie begann, ihre Tochter mit Argusaugen zu überwachen auf der Suche nach irgendwelchen Anzeichen eines Problems; das Kind reagierte darauf mit erhöhten Ängsten. Einige Wochen später, als meine Freundin ihrer siebenjährigen Tochter gerade einen Vortrag über »Zielsetzungen« hielt, wurde ihr plötzlich klar, daß sie sich seit einiger Zeit wie in einer Sackgasse fühlte, was ihre eigenen beruflichen Ziele anging. Sie hatte kurz zuvor ein wichtiges Schwellenalter erreicht – das Alter, in dem ihre eigene Mutter, eine intelligente und lebendige Frau, sich zu ihrem Nachteil zu verändern begann und immer unfähiger wurde, von ihrer Kompetenz Gebrauch zu machen. Nachdem meine Freundin diese Einsicht gewonnen hatte, konnte sie sich in sachlichem Ton bei ihrer Tochter für die Standpauke entschuldigen und ihr erklären, daß die Frage der Zielsetzungen ihr eigenes Problem war. Als sie ihre Energien darauf verwendete, sich diesem Thema zu stellen, ließen die Ängste ihrer Tochter nach.

## Außer sich sein – zu sich selbst zurückfinden

Kindfixierte Dreieckskonstellationen können außerordentlich spannungsgeladen sein, je nach dem Ausmaß der Ängste, die auf sie einwirken. Hier ein Bericht aus erster Hand: Vor einigen Jahren ging ich mit meiner Familie samstags zum Essen aus, und abends sahen wir uns in Kansas City ein Baseballspiel an. Im Restaurant begann ich mir Sorgen um meinen Sohn Matthew zu machen, der apathisch wirkte und offensichtlich müde war. Später, beim Baseballspiel, bemerkte ich, daß er viermal aufstand und zur Toilette ging; ich fand, daß er krank aussah. Kurz vor der neunten Runde »wußte« ich plötzlich, aus dem Bauch heraus, daß Matthew (der damals gerade zehn Jahre alt war) juvenile Diabetes (Zuckerkrankheit) hatte. Für mich war das in diesem Augenblick keine Möglichkeit oder eine Befürchtung, sondern eine schreckliche und unerträgliche Gewißheit.

Steve, mein Mann, spielt seine Besorgtheit im allgemeinen soweit herunter, wie ich meine übertreibe – aber nicht an jenem

Abend. Als wir zu Hause ankamen, war er voll in die eheliche Gefühlsverschmelzung eingetreten und ängstigte sich ebenfalls. Früh am Sonntagmorgen rief er den Kinderarzt an und beschrieb die Symptome (Erschöpfung und ständigen Harndrang), die wir an Matthew am Abend zuvor beobachtet hatten. Der Arzt schlug vor, daß wir Matthew sofort aufwecken und mit ihm in die Notaufnahme des Krankenhauses kommen sollten, wo er uns erwarten würde. Jetzt, im Rückblick, kann ich mir vorstellen, daß die Alarmbereitschaft des Arztes eine Reaktion auf unsere ansteckende Ängstlichkeit war (er hätte uns auch raten können, Matthew den Tag über weiter zu beobachten und ihn dann wieder anzurufen). Steve weckte Matthew und gab sich alle Mühe, ihm die schreckliche Situation ruhig zu erklären. Schweren Herzens sah ich die beiden in Richtung Krankenhaus abfahren. Ich blieb mit unserem jüngeren Sohn Ben zu Hause und war so unfähig, meine eigenen Ängste zu ertragen, daß ich meine Freundin Emily anrief und sie bat, während der Wartezeit bei mir zu bleiben. Ich war in meinem Leben schon mit weitaus gefährlicheren potentiellen Krisen als juveniler Diabetes konfrontiert, aber ich habe nie etwas Schlimmeres erlebt als diesen Sonntagvormittag. Bis ich erfuhr, daß Matthews Blutuntersuchung normale Werte ergeben hatte, war ich völlig außer mir und konnte keinen klaren Gedanken fassen.

Es war eindeutig, daß meine emotionale Reaktion weit über jede reale Gefahr hinausging, selbst für den unwahrscheinlichen Fall, daß die Diagnose »juvenile Diabetes« bestätigt worden wäre. Später hatte ich furchtbare Schuldgefühle, Matthew in eine solche Lage gebracht zu haben; verständlicherweise hatte es ihn sehr mitgenommen, im Brennpunkt so extremer Spannungen zu stehen.

## Zurück zum eigenen Selbst

Die emotionale Dynamik, die dieses Wochenende bestimmte, war so intensiv und spannungsgeladen, wie sie in einer Familie nur sein kann. Wenn die Spannungen stark genug sind, ist niemand von uns immun dagegen, aus der Fassung zu geraten und in unbewußte Muster der Angstbewältigung zurückzufallen – sei es durch Über- oder Unterfunktionieren, durch Distanz, Streit oder Fixierung auf ein Kind. Ich blieb jedoch nicht in der Eigendynamik der Reaktivität stecken, das ist das Entscheidende. Ich nehme an – oder hoffe zumindest –, ich hätte mich früher oder später auch aus meiner Reaktivität lösen können, wenn die Diagnose »Diabetes« bestätigt worden wäre.

Sobald ich fähig war, mein bewußtes Denken wieder zu aktivieren (wozu ich Zeit und die Hilfe meiner Freunde brauchte), wurde mir klar, welche Aufgabe ich vor mir hatte. Ich mußte eine bewußte Einstellung zu meinen eigenen Krankheitsängsten finden – Ängsten, die sich in meiner Familie über Generationen entwickelt hatten. Ich hatte geglaubt, mit diesem Thema »fertig« zu sein, denn ich hatte mehrfach mit verschiedenen Angehörigen ernsthafte Gespräche geführt, die sich um die erste Krebserkrankung meiner Mutter und den frühen Tod meiner Großmutter durch Tuberkulose drehten. Aber die Auseinandersetzung mit emotional geladenen Themen, die in einer Familiengeschichte wiederkehren, ist ein Prozeß, der mehr als eine Lebenszeit in Anspruch nehmen kann. Wenn es uns gelingt, *bewußt* an diesen Problemen zu arbeiten – sei es auch nur ein Stück weit –, bringt uns das viel mehr, als wenn wir einfach dem Unbewußten diese Arbeit überlassen.

Ich führte also wieder einmal lange Telefongespräche mit meiner Mutter und meiner Schwester und versuchte, herauszufinden, welche Tradition von Gesundheitsproblemen und Sorgen um kranke Angehörige es in unserer Familiengeschichte gab. Ich war über mich selbst verärgert, weil es mir nicht eingefallen war, meine Sorge um Matthew und die Tatsache, daß man an mir vor einigen Jahren irrtümlich Diabetes diagnostiziert hatte, in Zusammenhang zu bringen. Und nur zwei Wochen vor dem Baseballspiel war bei einer Routineuntersuchung Zucker in meinem Urin festgestellt worden. Ich hatte mich an einen Endokrinologen gewandt, der herausfand, daß es sich um eine Glukoseunverträglichkeit handelte. Ein weiterer Grund für meine Überreaktion (an den ich nicht gedacht hatte) lag auf der Hand: In demselben Jahr war bei meiner Mutter Krebs und Diabetes diagnostiziert worden, und in mir war das alles zu einer Einheit verschmolzen, weil ich (wie die meisten Frauen) ohnehin dazu neige, mich mit meiner Mutter und meinen Kindern zu verwechseln. Und als ich mein Genogramm zur Hand nahm, um noch weitere Aufschlüsse zu bekommen, verstand ich auch, warum Diabetes ein so spannungsgeladenes Thema für mich war und warum gerade in diesem Monat »Überlebensängste« an die Oberfläche gekommen waren. Die Einzelheiten meiner Familiengeschichte sind hier nur insofern von Bedeutung, als sie mich in die Lage versetzten, meine emotionalen Energien wieder auf mich selbst und meine Probleme zu zentrieren. Wir alle haben mit solchen spannungsgeladenen Themen zu tun, und wenn wir nicht versuchen, ihre Ursprünge in vorangegangenen Generationen zu klären, ist es mehr als wahrscheinlich, daß wir sie an die nächste Generation weitergeben werden.

## Zurück zum Problemdreieck

Auch wenn wir von der Fixierung auf Kinder absehen – wir stecken immer in Dreieckskonstellationen der einen oder anderen Art, denn wir haben stets genug Konfliktstoff aus unseren Herkunftsfamilien oder aus anderen Bereichen, um den wir uns nicht kümmern und der andere Beziehungen übermäßig belasten kann. Wir haben in diesem Buch genau untersucht, wie wir Ängste und intensive Gefühle von einer Beziehung auf die andere verschieben. Es ist jedoch keine einfache Aufgabe, diesen Prozeß in unserem Leben zu beobachten, und daran zu arbeiten ist noch wesentlich schwieriger.

Wenn wir Dreieckskonstellationen verändern wollen, fordert das mehr von uns als das Bewußtmachen und Ansprechen von Konflikten in unseren Herkunftsfamilien, die in anderen Beziehungen zu Spannungen führen. Wir müssen auch unsere aktuelle Rolle in zentralen familiären Dreieckskonstellationen beobachten und modifizieren. Manchmal dauern Dreieckskonstellationen nur einen Tag, eine Woche oder einige Monate lang, wie die Beispiele in diesem Kapitel zeigten. Aber jedes Beziehungsmuster kann zu einer rigiden Form erstarren, wenn wir nicht die Ruhe aufbringen, unseren eigenen Anteil daran zu untersuchen.

Sehen wir uns nun eine extrem verfestigte familiäre Dreieckskonstellation an, die von permanenten angstvollen Spannungen geprägt war und in der sich die Polaritäten des Überfunktionierens und Unterfunktionierens seit langer Zeit fest etabliert hatten. Dieses Beispiel kann uns zum Nachdenken über unsere eigene Position in Dreieckskonstellationen anregen und uns helfen, die komplexe Dynamik des Überfunktionierens und Unterfunktionierens besser zu verstehen.

# XI. Mut zur Veränderung – Lindas Geschichte

Linda, eine achtundzwanzigjährige Finanzberaterin, kam zu mir in Therapie mit dem Ziel, an ihrer »mangelnden Urteilsfähigkeit« in bezug auf Männer zu arbeiten. Eine Woche nach unserer ersten Begegnung trat jedoch eine familiäre Krise ein, die ein anderes Thema zum Punkt eins auf der Tagesordnung machte. Lindas jüngere Schwester Claire hatte schwere Depressionen; sie ließ ihre Wohnung verkommen und nahm kaum Nahrung zu sich. Beide Eltern reagierten mit intensiven Ängsten; sie holten Claire zu sich in ihre kleine Wohnung, bekochten sie, machten ihre Wäsche und besorgten ihr einen Therapieplatz, aber Claire gab die Therapie nach drei Sitzungen auf.

Auch Linda war sehr um ihre Schwester besorgt, denn Claire hatte etwa ein Jahr zuvor angedeutet, daß sie an Selbstmord denke. Gleichzeitig war Linda jedoch auch wütend auf ihre Eltern, insbesondere auf ihre Mutter, der sie die Schuld an den Problemen ihrer Schwester gab. »Meine Mutter hat Claire nie die Möglichkeit gegeben, erwachsen zu werden – das ist das Problem!«

In belastenden Situationen wie dieser versorgte Linda ihre Mutter ausgiebig mit guten Ratschlägen, wie sie mit Claire umzugehen habe, und die Mutter ignorierte diese Ratschläge. Aus Wut und Frustration ging Linda dann gewöhnlich auf Distanz zu ihrer ganzen Familie. »Das Beste, was ich für meine eigene seelische Gesundheit tun kann, ist, diesem Haufen von Verrückten so weit wie möglich fernzubleiben«, stellte sie in einer der ersten Therapiestunden kategorisch fest.

# Was stimmt hier nicht?

Linda kam mit der Vorstellung in Therapie, daß es ein Zeichen von Selbstbewußtsein und Autonomie sei, anderen offen zu sagen, was sie falsch machen. Wie wir gesehen haben, ist das jedoch ein Irrtum. Echte Autonomie ist immer auf das eigene Selbst bezogen und äußert sich nicht in der Fixierung auf andere.

Linda meinte auch, ihre Mutter sei für Claires Krankheit verantwortlich. Auch das war eine falsche Vorstellung, denn Mütter können ihre Kinder nicht krank machen. Mütter sind nicht omnipotent, und ihr Verhalten ist nur ein Aspekt innerhalb eines viel komplexeren Gesamtbildes.

Außerdem sah Linda sich selbst als diejenige, die wußte, wie die familiären Probleme zu lösen wären, und sie kritisierte ihre Mutter, die den guten Rat in den Wind schlug. Linda erkannte nicht, daß sie durch ihr eigenes Verhalten zu dem Problem beitrug, das sie lösen wollte.

Sie glaubte, es sei für ihre eigene seelische Gesundheit das Beste, sich so weit wie nur möglich von ihrer Familie zu distanzieren. Aber auch damit hatte sie letztlich keinen Erfolg. Durch Distanz konnte sie ihre Ängste mindern, jedoch nur zeitweilig. Linda begann exzessiv zu essen und wachte oft in den frühen Morgenstunden auf, von der Angstvorstellung beherrscht, ihre Schwester könnte Selbstmord begehen.

## Die Ursprünge der Dreieckskonstellation

Welche Position nahm Linda in dieser häufig auftretenden familiären Dreieckskonstellation ein? Wenn keine starken Ängste auf die Familie einwirkten, schien die Beziehung zwischen Linda und ihrer Mutter ruhig und vertraut zu sein, obwohl die Nähe zwischen beiden in hohem Maß auf der gemeinsamen Konzentration auf Claire beruhte. Claire, die ständig im Brennpunkt der Besorgheit stand, hatte distanzierte Beziehungen zu ihrer Mutter und ihrer Schwester.

Claire geriet in eine ausgesprochene Außenseiterposition, weil Linda und die Mutter ihre Beziehung auf Kosten von

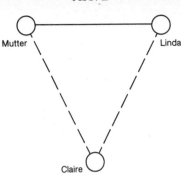

Abb. D

Claire festigten. Die Mutter erzählte Linda zum Beispiel »Geheimnisse«, die nicht für Claires Ohren bestimmt waren, weil sie sich »zu sehr aufregen« oder »mit den falschen Leuten darüber reden« würde. Linda beteiligte sich an der Geheimniskrämerei auf Kosten von Claire und auf Kosten ihrer Beziehung als Schwestern. Claire trug auch ihren Teil zu dem Muster bei, indem sie an der Rolle der Nicht-Belastbaren, auf die man nicht zählen konnte, festhielt.

Wenn die Ängste anstiegen, wurden die »Insider«-Positionen innerhalb der Dreieckskonstellation sehr viel unbequemer. An die Stelle des vertraulichen Tratschens traten aggressive Spannungen, wenn Linda ihrer Mutter Anweisungen gab, wie sie mit Claire umzugehen habe, und die Mutter Lindas Ratschläge mißachtete. Bei einem Besuch in der elterlichen Wohnung beobachtete Linda zum Beispiel, wie die Mutter Claires Wäsche wusch, trocknete und zusammenlegte, während Claire auf der Wohnzimmercouch saß und Zeitschriften durchblätterte. Am nächsten Tag rief Linda ihre Mutter an und sagte ihr kräftig die Meinung: »Claire wird nie erwachsen, wenn du nicht aufhörst, sie wie ein Kleinkind zu behandeln. Sie ist dreiundzwanzig Jahre alt und nicht invalide! Sie wird doch wohl in der Lage sein, ihre Wäsche zu machen!« Lindas Mutter fühlte sich unverstanden; sie war überzeugt, daß Linda keine Einsicht in die Gefährdung habe, der Claire ausgesetzt war. In der besonders spannungsgeladenen Phase, nachdem Linda ihre Therapie begonnen hatte, sah die Dreieckskonstellation so aus:

## Abb. E

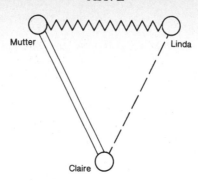

Wenn Linda und ihre Mutter über Claires Probleme sprachen (oder stritten), geschah das aus echter Besorgtheit heraus. Beide hatten nicht die bewußte Absicht, ihre Beziehung auf Kosten von Claire zu festigen. Wie wir wissen, sind die vorgeprägten Verhaltensmuster, durch die wir unsere Ängste bewältigen, jedoch selten hilfreich. Es nützt einem unterfunktionierenden Menschen ganz einfach nichts, wenn wir uns auf seine – oder ihre – Probleme fixieren oder *über* ihn und nicht *mit* ihm sprechen. Und unsere Bemühungen, in einer Familienbeziehung zu vermitteln, Frieden zu stiften oder Ordnung zu schaffen, sind so gut wie immer zum Scheitern verurteilt. Wir können nicht die Therapeuten unserer eigenen Familie sein.

Was ist denn aber *wirklich* hilfreich? Und wie können wir aus einer solchen Dreieckskonstellation aussteigen und zu neuen Interaktionsformen finden?

## Die Mittlerrolle aufgeben

Lindas erste Aufgabe war, sich aus dem Beziehungskonflikt zwischen ihrer Mutter und ihrer Schwester herauszuhalten und von sich aus zu jeder der beiden Frauen eine eigenständige Beziehung zu entwickeln. Zu Beginn der Therapie war es Linda nicht möglich, diese Richtung einzuschlagen, denn wie alle eingefleischten »Überfunktionierer« war sie davon überzeugt, daß ihre Mutter und ihre Schwester nicht ohne ihre Hilfe zurechtkämen und daß sie, Linda, die richtigen Lösungen parat habe. Lange Zeit hielt Linda hartnäckig an dieser Sichtweise fest, obwohl sie erkennen mußte, daß die Probleme zwischen Claire und der Mutter nicht gelöst wurden und daß ihre guten Ratschläge höchstens zeitweilig Beachtung fanden.

Was genau hieß es für Linda, sich aus dem Beziehungskonflikt herauszuhalten – oder was bedeutet es für uns alle, wenn wir es allgemeiner betrachten? Es ist *nicht* gemeint, daß Linda die Arme vor der Brust verschränkt und Claire und der Mutter in kategorischem Ton verkündet: »Laßt mich in Ruhe mit euren Geschichten! Ihr nehmt meinen Rat ohnehin nicht an, und mir bringt es gar nichts, wenn ihr mich in eure Konflikte hineinzieht.« Eine solche Position würde immer noch eine reaktive, »Eigentlich-weiß-ich-was-gut-für-euch-ist«-Einstellung widerspiegeln, eine distanzierte und vorwurfsvolle Haltung.

Sehen wir uns an, was das Aussteigen aus einem Dreieck wirklich von uns fordert. Wir werden dabei auch die feineren Mechanismen des Überfunktionierens kennenlernen, denn wenn wir begreifen, wie wir es *vermeiden* können, für andere zu funktionieren, haben wir schon einen großen Teil der Aufgabe gelöst. Wenn wir die Verantwortung für einen anderen Menschen übernehmen, statt in der Beziehung zu ihm – oder zu ihr – eine verantwortliche Position einzunehmen, geht das auf Kosten dieses anderen Menschen. Da diese Vorstellung die Lebensauffassung des überfunktionierenden Persönlichkeitstyps in Frage stellt, wird sie oft »nicht verstanden«.

Wenn Sie jetzt über die Veränderungen lesen, die Linda an sich selbst und in ihrer Familie vollzog, sollten Sie versuchen, dabei über Ihre eigenen Beziehungen nachzudenken. Es kommt hier nicht so sehr auf die Mitspieler und die spezifischen Symptome (zum Beispiel Claires Depressionen) an, sondern es geht darum, die typischen Verhaltensmuster zu begreifen, in die wir verfallen, wenn wir unter Streß stehen. Eine Dreieckskonstellation wie die hier geschilderte hätte sich auch zwischen Linda, ihrer Mutter und ihrem Vater herausbilden können; Mutter, Tochter und Großmutter können die Mitspielerinnen sein oder auch drei Freundinnen. Claire könnte statt der Depressionen auch andere Symptome haben, körperliche oder seelische. Die Grundvoraussetzungen für die Stagnation in den Beziehungen und für ihre Auflösung und Veränderung bleiben dieselben.

## Weg von der Fixierung auf Claire

Als Linda bereit war, an dieser zentralen Dreieckskonstellation zu arbeiten, versuchte sie als erstes, sich im Gespräch mit ihrer Mutter weniger auf Claire und mehr auf sich selbst und auf ihr Gegenüber zu konzentrieren. Da zentrale Dreieckskonstellationen wie diese unter hoher Spannung stehen, kann es eine schwierige Aufgabe sein, den Brennpunkt der Aufmerksamkeit zu verlagern (Ihre Mutter ist vor fünf Minuten aus dem Flugzeug gestiegen und überfällt Sie gleich mit den Worten: »Ich muß dir unbedingt erzählen, was dein Vater wieder gemacht hat!«).

Linda ging jedoch recht gut mit dieser Aufgabe um. Sie vermied Überreaktionen, wenn ihre Mutter über Claire sprach, sie ließ sich nicht auf diagnostische Erörterungen ein, und sie gab keine Ratschläge. Sie achtete im Gespräch darauf, mehr über sich selbst mitzuteilen (»Seit ein paar Tagen stecke ich in einer Krise mit meiner Arbeit«) und mehr über ihre Mutter und deren Familie zu erfahren (»Mutter, wurde Tante Carol nicht eine Zeitlang mit Antidepressiva behandelt? Hat sie je mit dir darüber gesprochen?«).

Für Linda bedeutete das Aussteigen aus der Dreieckskonstellation nicht, daß sie sich kategorisch weigerte, über Claire zu sprechen, was natürlich auch eine Position der Distanz gewesen wäre. Aber sie reagierte anders als vorher. Wenn sie es als angemessen empfand, sagte sie ihrer Mutter, wie sie die Dinge sah, aber sie stand dabei nicht unter Druck und gab keine Ratschläge oder Anweisungen. Hier ist ein Beispiel ihres veränderten Verhaltens, das diesen wesentlichen Unterschied verdeutlicht:

Eines Nachmittags, bei einem gemeinsamen Einkaufsbummel, war Lindas Mutter besonders intensiv auf Claire und ihre Probleme fixiert. Die Situation zu Hause sei unerträglich geworden, sagte sie; Claire hänge den ganzen Tag in der Wohnung herum und stelle die unmöglichsten Ansprüche. Linda hörte ihr zu und sagte dann leichthin: »Weißt du, Mutter, du bist einfach perfekt darin, für andere zu sorgen und anderen ein schönes Leben zu machen. Es wundert mich gar nicht, daß manche Leute davon so viel nehmen, wie sie nur kriegen können!« Mit diesem kurzen Satz wich Linda entschieden von ihrem alten Muster ab. Sie sagte humorvoll und gelassen, wie sie die Dinge sah, ohne ihre Mutter zu belehren oder ihr Ratschläge zu geben. In ihren Worten lag kein Vorwurf und keine Parteilichkeit, sondern eine ruhige Reflexion über das Beziehungsspiel, wie sie es sah (ihre Mutter war sehr gut im Geben, Claire war sehr gut im Nehmen). Als die Mutter auf diese Bemerkung nicht einging, beharrte Linda nicht weiter darauf. Sie erkannte, daß ihre Mutter zu sehr unter angstvoller Spannung stand, um auch nur einen so vorsichtigen Hinweis aufzunehmen. Claire und ihre Mutter würden ihre Probleme allein miteinander lösen müssen – so oder so.

## Der Test

Das Aussteigen aus einer Dreieckskonstellation ist ein Prozeß, in dem wir immer wieder in Testsituationen kommen. Wenn wir unsere Rolle zu verändern beginnen, werden die anderen Mitspieler sich in ihrem Bemühen steigern, uns wieder in das Dreieck hineinzuziehen; das entspricht der menschlichen Natur, und darin drückt sich der normale Widerstand gegen Veränderungen aus. Auch Linda wurde bei ihren Bemühungen, sich aus der Dreieckskonstellation mit Mutter und Schwester zu lösen, mit den typischen »Sei-wie-du-vorher-warst«-Reaktionen konfrontiert.

Claire wollte für einige Tage nach Cape Cod zu Freunden fahren, die dort ein Sommerhaus gemietet hatten. Zur gleichen Zeit benahm sie sich jedoch besonders sauertöpfisch und depressiv und ließ ihren Eltern gegenüber zweimal die Bemerkung fallen, das Leben habe für sie keinen Sinn. Die Mutter meinte, daß Claire nicht in der Verfassung sei, die kleine Reise zu unternehmen, und versuchte sie davon zu überzeugen, daß es besser sei, zu Hause zu bleiben. Als sie damit keinen Erfolg hatte, rief sie die Freunde ihrer Tochter an, um ihrer Sorge

Ausdruck zu geben. Sie bat Claires Freunde, für eine »streßfreie« Atmosphäre zu sorgen, auf Anzeichen von Depression bei Claire zu achten und sie, die Mutter, anzurufen, falls sie irgend etwas »Ernstes« bemerkten. Claire wurde von diesem Anruf nicht informiert, und die Mutter bat auch die Freunde, nichts davon verlauten zu lassen. Einer von ihnen platzte jedoch am letzten Tag von Claires Besuch in Cape Cod mit dem Geheimnis heraus.

Claire war untröstlich über diesen Vorfall und furchtbar wütend auf ihre Mutter. Die Mutter empfand Claires Aufregung als »Überreaktion« und als maßlose Übertreibung. Claire, die immer noch bei ihren Eltern wohnte, weigerte sich, an den gemeinsamen Mahlzeiten teilzunehmen, und aß statt dessen in einem Hamburger-Schnellrestaurant in der Nähe. Nun rief die Mutter Linda an und beschwor sie, ihre Schwester »zur Vernunft zu bringen«. Für Linda war dieser Anruf *die* Gelegenheit, zu üben, wie man *nicht* in ein altes Muster zurückfällt.

Linda nahm die Herausforderung an. Sie sagte ihrer Mutter, sie habe wirklich nicht die mindeste Ahnung, wie sie ihr und Claire helfen könne, und drückte ihr Vertrauen aus, daß es den beiden im Lauf der Zeit gelingen werde, ihren Konflikt zu lösen. Auch als die Mutter sie bedrängte, fiel sie nicht in ihre alte überfunktionierende Rolle zurück, sondern äußerte ihr Verständnis für die schwierige Situation, in der die Mutter und die Schwester sich befanden. Sie sagte: »Mutter, es hört sich so an, als ob ihr jetzt wirklich in eine Sackgasse geraten seid. Ich liebe euch beide, und es tut mir leid, daß ihr es so schwer miteinander habt. Ich kann mir vorstellen, daß dir die Probleme im Augenblick unlösbar erscheinen, aber vielleicht sieht es in ein paar Tagen schon anders aus.«

Linda wich jedoch nicht aus, wenn sie gefragt wurde, wie sie die Dinge sah. Um es noch einmal zu betonen: Die Fähigkeit, unseren Gedanken, Vorstellungen und Überzeugungen offen Ausdruck zu verleihen, ist Bestandteil einer klaren Identität. Das offene Aussprechen der eigenen Ansichten hat nichts mit Überfunktionieren zu tun – wenn wir dabei ruhig bleiben, Respekt für unterschiedliche Auffassungen aufbringen (andere müssen die Dinge nicht so sehen wie wir) und begreifen, daß unser Weg, Probleme zu lösen, für andere vielleicht nicht der richtige ist.

Als die Mutter sie fragte, antwortete Linda also, daß sie an Claires Stelle auch wütend gewesen wäre; auch sie hätte es vorgezogen, wenn die Mutter sich direkt mit ihr auseinandergesetzt hätte, statt hinter ihrem Rücken ihre Freunde anzurufen. Als ihre Mutter fragte: »Willst du behaupten, daß du *nicht* angerufen hättest, wenn du vor lauter Sorge um deine Tochter außer dir gewesen wärst?«, antwortete Linda nachdenklich: »Vielleicht hätte ich angerufen – aber ich hätte es Claire gesagt. Das ist nun einmal meine Art.«

Als ihre Mutter wütend wurde und ihr vorwarf, sie begreife nicht, daß man mit Claire nicht vernünftig reden könne, ließ Linda sich nicht in einen Streit hineinziehen. Sie antwortete einfach: »Mutter, ich erzähle dir nur, wie ich mit einer schwierigen Situation umgehen würde. Ich behaupte nicht, daß ich die richtigen Lösungen habe.« Die Mutter fuhr fort: »Und dann macht deine Schwester mir Schuldgefühle, weil sie jeden Abend bei McDonalds ißt!«, und Linda antwortete lachend: »Auch Claires Lösungen wären nicht die richtigen für mich. Keine Macht der Welt könnte mich dazu bringen, in einem Schnellimbiß zu essen, wenn dein Abendessen auf dem Tisch steht!« Das brachte auch die Mutter zum Lachen, und die Spannung ließ etwas nach.

### Der Test geht weiter

Natürlich war das nicht die letzte Testsituation, der Linda ausgesetzt war. Wie wir wissen, ist jede echte Veränderung ein Prozeß, der nie vollständig abgeschlossen sein kann. In der folgenden Woche erreichten die Spannungen zwischen Claire und der Mutter den Siedepunkt. Als Linda eines Nachmittags in die elterliche Wohnung kam, um ein Paket abzuholen, nahm ihre Mutter sie beim Arm und zog sie ins Badezimmer. Linda erzählte: »Mutter sah angespannt aus und hatte einen hochroten Kopf; ich dachte, sie würde im nächsten Augenblick platzen!« Sie brachte ihr Gesicht nahe an Lindas Ohr und sprach in einem wütenden Flüsterton: »Kannst du dir vorstellen, was deine

Schwester jetzt macht? Sie redet nicht mehr mit mir! Wie findest du das? Würdest du dich so aufführen?«

Zuerst fühlte Linda, wie sie sich innerlich verkrampfte. Sie geriet einen Augenblick lang in Panik (wie Kristen, als ihr betrunkener Vater anrief und darauf bestand, nach Hause gefahren zu werden). Aber dann beruhigte sie sich und konnte wieder klar denken. »Wahrscheinlich würde ich mit der Situation nicht so umgehen wie Claire«, sagte sie, »weil das einfach nicht meine Art ist. Ich glaube, ich würde viel zu sehr darunter leiden, wenn es zu einer solchen Distanz zwischen uns käme. Aber ich sagte dir ja schon, ich würde es auch nicht so machen wie du.« Dann lächelte sie und fügte mit Wärme hinzu: »Wahrscheinlich würde ich auf meine Art mit dem Konflikt umgehen, denn ich bin weder wie du noch wie Claire.«

Die Mutter sah aufgebracht aus und sagte ärgerlich, sie müsse jetzt das Essen vorbereiten. Als Linda nach einigen Tagen bei ihr anrief, erwähnte sie Claire mit keinem Wort. Einige Wochen später stellte Linda bei einem Besuch fest, daß Claire und ihre Mutter so gut miteinander zurechtkamen, wie sie es seit langer Zeit nicht gesehen hatte. »Ich fühlte mich durch diese Erfahrung etwas beschämt«, sagte Linda später in der Therapiestunde. »Sie kommen ohne meine Einmischung tatsächlich besser miteinander aus.« Linda hatte zum ersten Mal die Erfahrung gemacht, mit ihrer Familie in ruhigem Kontakt zu bleiben und sich dennoch aus der alten Dreieckskonstellation herauszuhalten.

Die geschilderten Dialoge mit ihrer Mutter waren für Linda dramatische Wendepunkte, zu denen es erst kam, nachdem sie in der Therapie lange und ernsthaft an sich gearbeitet hatte. Sie muß trotz allem akzeptieren, daß die Arbeit, die sie an sich selbst leistet, immer im Werden begriffen ist. Jedesmal, wenn in ihrer Familie starke Ängste aufkommen, werden alle Beteiligten, Linda eingeschlossen, dazu neigen, das alte Muster wieder zu etablieren. Das liegt in der Natur von Dreieckskonstellationen und von menschlichen Beziehungssystemen ganz allgemein. Es kommt nicht darauf an, daß Linda immer ruhig und gelassen bleibt und »alles im Griff hat«, was einfach menschlich nicht möglich ist, sondern daß sie sich im Lauf der Zeit vorwärts bewegt und nicht in die Stagnation zurückfällt.

## Eine neue Beziehung zu Claire

Als Linda es aufgab, Expertin für die Probleme von Mutter und Schwester zu sein, kam sie stärker mit ihrer eigenen Sorge um Claire und mit dem Problem ihrer distanzierten Beziehung zu Claire in Berührung. Claire hatte schon über Selbstmord gesprochen, bevor Linda in Therapie ging, aber Linda hatte Claire keine direkten Fragen gestellt und auch nicht mit ihr über ihre eigenen Ängste gesprochen.

Manchmal war Linda völlig von dem Gedanken an Claires Suizidgefährdung beherrscht, und als typische ältere Schwester machte sie dauernd Lösungsvorschläge, von Gymnastik über Medikamente bis hin zu Psychotherapie. Aber es gab keine wirkliche Kommunikation zwischen den beiden Schwestern. Als ich Linda fragte, wie ernst ihre Schwester es mit ihren Selbstmorddrohungen meinte (hatte Claire je einen konkreten Plan gemacht?), war sie sich nicht sicher. Sie wußte auch nicht, welche Einstellung Claire selbst zu ihren Depressionen hatte, welche Anstrengungen sie gemacht hatte, sich daraus zu lösen, und was ihr sinnvoll oder nutzlos erschien.

Für Linda war es also ein mutiger Schritt, als sie ihre Schwester direkt nach ihren Selbstmordabsichten fragte und über ihre eigenen Gefühle sprach. Sie brachte das Thema unumwunden auf den Tisch: »Claire, vielleicht ist es eine Überreaktion von mir, aber ich möchte wissen, ob du tatsächlich an Selbstmord denkst!« Als Claire ihr vage und ausweichend antwortete (»Na ja, also letzte Woche habe ich schon daran gedacht, aber ich glaube, jetzt geht es mir etwas besser«) und Linda immer noch kein Gefühl der Klarheit hatte, stellte sie Fragen, die genauere Antworten verlangten. Zum Beispiel: »Stell dir eine Skala von eins bis zehn vor – eins bedeutet, daß dir nur der Gedanke an Selbstmord durch den Kopf geht, und zehn bedeutet, daß du einen genauen Plan hast, den du ausführen willst. Wo stehst du auf dieser Skala? Falls du für morgen einen Plan hättest, würdest du jemandem in der Familie etwas darüber sagen?«

Bei der enormen angstvollen Spannung, von der ein Thema wie Suizid umgeben ist, können Fragen sehr leicht einen vorwurfsvollen, psychologisierenden oder überfunktionierenden Charakter annehmen. Linda konnte das weitgehend vermeiden, weil sie in der Therapie daran arbeitete, sich ihren eigenen Ängsten zu stellen und einen hohen Grad von Konzentration auf das eigene Selbst beizubehalten. Im Lauf der Zeit war sie zu einem tieferen und echteren Verständnis der Tatsache gelangt, daß sie ihre Schwester nicht ändern konnte, ja nicht einmal mit Sicherheit wissen konnte, was für Claire gut und richtig wäre. Es war ihr klar, daß niemand in ihrer Familie Claire gegen ihren Willen am Leben erhalten oder ihre Probleme lösen könnte. Das einzige, was Linda für ihre Schwester tun konnte, war, ihr Interesse entgegenzubringen und mit ihr in Kontakt zu bleiben.

Klare Fragen zu stellen, die auf die Tatsachen abzielen, ist eine Kunst, die man erst erlernen muß – und auch ein Ausdruck von Mut. Wenn wir uns Sorgen um einen uns nahestehenden Menschen machen, der in Schwierigkeiten ist – ob es sich um Suizidabsichten, Eßstörungen, Aids, Drogen oder auch nur schlechte Noten in der Schule handelt –, sollten wir direkten Fragen nicht aus dem Weg gehen. Wir alle haben Gründe, diese Fragen *nicht* zu stellen (»Ich kann sowieso nichts tun«, »Wenn ich Drogen nur erwähne, streitet er alles ab«, »Wenn ich danach frage, kommt sie nur auf dumme Gedanken«). Auf lange Sicht kommen wir jedoch alle besser zurecht, wenn wir mit Menschen, die uns nahestehen, offen kommunizieren können.

## Etwas über uns selbst mitteilen

Zum Öffnen der Kommunikationskanäle gehört mehr als eine gute Fragetechnik. Wir müssen auch über unsere eigenen Gefühle und Reaktionen sprechen und dem anderen »Feedback« geben. Das Sprechen in der Ich-Form hat hier Priorität. Oft denken wir, daß wir etwas über uns selbst sagen, versuchen in Wirklichkeit aber, Experten für die Probleme anderer zu sein.

Linda sagte Claire etwas über sich selbst, als sie ihr erzählte, wie sehr der Gedanke, ihre Schwester zu verlieren, sie bedrückte: »Claire, die Vorstellung, du könntest Selbstmord begehen, ist entsetzlich für mich. Ich liebe dich, und du bist meine einzige Schwester. Ich kann mir nicht vorstellen, wie ich damit fertig werden sollte, dich zu verlieren.« Nach diesen Worten brach sie in Tränen aus. Für Claire war es das erste Mal in ihrem erwachsenen Leben, daß sie ihre ältere Schwester weinen sah.

Lindas Worte mögen Ihnen so naheliegend oder sogar so banal erscheinen, daß Sie sich fragen, warum darin ein mutiger Veränderungsschritt liegen soll. Aber je stärker die Ängste sind, desto schwieriger ist es für einen Menschen, der chronisch überfunktioniert (oder sich distanziert), Schmerz, Angst und Besorgtheit auszudrücken ohne Wut oder Vorwürfe und ohne dem anderen Anweisungen oder Ratschläge zu geben. Manchmal ist es schwer, für die simpelsten Dinge die richtigen Worte zu finden: »Ich weiß nicht, wie ich es verkraften sollte, dich auf diese Art zu verlieren. Ich liebe dich, und ich will dich um mich haben, solange es möglich ist. Ich kann den Gedanken, dich so zu verlieren, einfach nicht ertragen. Ich weiß, ich kann dir bei der Lösung deiner Probleme nicht helfen, aber du sollst wissen, wieviel mir an dir liegt.«

## Grenzen setzen – eine klare Position beziehen

Natürlich bedeutet die Loslösung aus einem überfunktionierenden Verhaltensmuster nicht, daß wir keine Grenzen setzen und in Konflikten keine klare Position einnehmen. Wie wir am Beispiel Kristens und ihres Konflikts mit ihrem Vater sahen, wird eine Beziehung nur noch chaotischer, wenn wir uns nicht klar abgrenzen können oder nicht klar ausdrücken können, was wir zu tun bereit sind und was wir ablehnen.

Welche Haltung nahm Linda schließlich in der Selbstmordfrage ein? Als erstes machte sie klar, daß sie das Suizidproblem keinem Familienmitglied gegenüber als Geheimnis behandeln und das selbstzerstörerische Verhalten ihrer Schwester auch sonst in keiner Weise unterstützen würde. Um es noch einmal zu betonen: Unabhängig davon, welcher Art das Problem ist – es ist unsere Aufgabe, in der Beziehung eine eindeutige und verantwortungsvolle Position einzunehmen, für das eigene Selbst – und nicht als Versuch, dem anderen die Verantwortung abzunehmen. Ich gebe ein Gespräch zwischen den beiden Schwestern wieder, um zu verdeutlichen, was es heißt, eine verantwortliche Position »im Dienst des eigenen Selbst« einzunehmen, und um zu zeigen, wie schwierig es sein kann, das umzusetzen. Solche Formen der Interaktion sind für beide Seiten eine harte Prüfung.

Linda bat Claire eines Tages, offen mit ihr zu sprechen, wenn sie Selbstmordgedanken habe, und sie drückte auch ihren Wunsch nach einer engeren Beziehung aus. Linda sagte, sie wünsche sich so viel Freiheit und Offenheit in der Beziehung, daß sie einander in deprimierenden oder schwierigen Situationen jederzeit anrufen könnten. Claire wehrte dieses Näheangebot sofort ab. »Warum sollte ich dir sagen, wenn ich Selbstmordgedanken habe?« fragte sie. »Du kannst mir ohnehin nicht helfen, wenn ich Depressionen habe.«

»Das weiß ich«, antwortete Linda. »Ich kann nicht einmal meine eigenen Probleme lösen, geschweige denn die deinen. Aber auch, wenn ich dich nur in die Arme nehmen oder dir sagen kann, daß ich dich mag, möchte ich doch gern Bescheid wissen.«

»Dann mußt du mir aber versprechen, daß du Mutter und Vater nichts davon sagst. Sie würden sich nur aufregen und mich in eine Klinik stecken oder so etwas in der Art.«

»Das kann ich dir nicht versprechen«, sagte Linda. »Wenn ich annehmen müßte, daß dein Leben in Gefahr ist, könnte ich das nicht geheimhalten. Meine eigenen Ängste würden völlig außer Kontrolle geraten, wenn ich ein solches Geheimnis bewahren müßte. Ich wäre dazu einfach nicht imstande. Doch, ich würde Mutter und Vater anrufen. Ich könnte ein solches Wissen nicht vor der Familie verbergen.«

»Und wenn unsere Eltern nicht da wären, würdest *du* mich dann in eine Klinik stecken?« fragte Claire in anklagendem Ton.

»Claire, wenn ich befürchten müßte, daß du dich umbringst, würde ich den Arzt, die Polizei, die Feuerwehr rufen – alles, was mir in dem Augenblick einfiele. Wenn du in akuter Gefahr wärest, wüßte ich nicht, was ich sonst tun sollte. Ich weiß, du wärest dann wütend auf mich, aber damit müßte ich leben. Ich könnte jedenfalls *nicht* mit dem Gedanken leben, daß ich dir geholfen habe, dich umzubringen; das wäre mir unerträglich!«

»Aber wenn ich mich wirklich umbringen will, kannst du mich doch nicht daran hindern.«

»Das weiß ich, Claire. Natürlich könnte ich dich nicht zurückhalten. Aber wie ich dir schon sagte, wenn ich es wüßte, würde ich nicht einfach herumsitzen und es geschehen lassen. Ich würde wirklich jeden Menschen anrufen, von dem ich weiß, daß er dich gern hat.«

»Also dann vergiß es! Ich werde dir gar nichts erzählen!« sagte Claire heftig und verließ wütend das Zimmer.

Linda saß noch eine Weile allein da und dachte nach. Bevor sie ging, sagte sie ihrer Schwester: »Ich hoffe, du überlegst es dir noch einmal, ob du mir nichts davon erzählen willst, denn ich habe wirklich Interesse an dir. Ich bin deine Schwester, und der Gedanke, daß wir nicht über Dinge sprechen können, die so wichtig sind, macht mich furchtbar traurig. Ich habe über Mutter und Tante Sue (eine Schwester, zu der die Mutter keinen Kontakt mehr hatte) nachgedacht, und ich möchte keinesfalls, daß die Beziehung zwischen uns auch so endet.«

Dieses Gespräch macht deutlich, was es heißt, in einer Beziehung ein klares Selbst zu definieren. Fassen wir zusammen:

Erstens: Linda blieb bei einer nicht-reaktiven Haltung. Sie unterdrückte ihre Gefühle durchaus nicht; Linda weinte, als sie sagte, sie habe Angst, Claire zu verlieren, und sie finde es furchtbar, wenn zwischen ihnen dieselbe Distanz eintrete wie zwischen der Mutter und ihrer Schwester Sue. Aber ihr Verhalten war dennoch bedacht, und sie behielt ihre neue Position bei, statt in ihre alten Muster der Angstbewältigung zurückzufallen.

Zweitens: Linda hatte eine klare Basis für ihr eigenes Verhalten definiert (»Nein, ich werde das Thema Suizid nicht geheimhalten« – »Ja, ich würde die Polizei, den Arzt oder die Feuerwehr rufen, wenn es mir notwendig erschiene«) und hielt daran fest, auch als sie mit intensiven emotionalen Gegenreaktionen konfrontiert war. Linda widerstand der Versuchung, von ihrer Position abzuweichen – wenn sie selbst in ihr altes Muster zurückgefallen wäre, hätte sie ihrer Schwester später vielleicht »erpresserisches Verhalten« vorgeworfen.

Drittens: Linda blieb bei sich und bei der Ich-Form. Sie sprach über sich selbst und vermied Vorwürfe oder Schuldzuweisungen. Sie verwandte ihre Energien darauf, in der Beziehung eine verantwortungsvolle Haltung einzunehmen – und nicht, ihrer Schwester die Verantwortung abzunehmen oder vorzugeben, sie könne Claires Probleme lösen. Sie verfiel nicht in ihr altes Muster des Überfunktionierens. Linda behielt während des gesamten Gesprächs die Tatsache im Auge, daß es nur eine Expertin für Claire und ihre Probleme gab: Claire selbst. Das war ein wichtiger Aspekt des neuen Verhaltens, an dem Linda arbeitete: Sie blieb bei sich und versuchte, die Kompetenz ihrer Schwester anzusprechen – ein entscheidender Punkt, den wir leicht aus dem Auge verlieren, wenn wir es mit notorisch unterfunktionierenden Menschen zu tun haben.

## Die eigenen Schwächen zeigen

Welche anderen Schritte mußte Linda tun, um eine neue Beziehung zu Claire zu gestalten? Sie begann allmählich, über ihre eigenen Probleme zu sprechen, mit Claire und auch mit ihren Eltern. Da es sehr schwierig ist, ein überfunktionierendes Verhaltensmuster zu modifizieren, fing sie mit kleinen Schritten an. Es ist nicht leicht, die eigenen Schwächen offenzulegen, denn damit erkennen wir unterfunktionierende Familienmitglieder als Menschen an, die uns etwas zu geben haben.

Linda begann also *nicht* damit, ihrer Schwester von den Problemen zu erzählen, die sie in die Therapie geführt hatten: von ihren Schwierigkeiten in der Beziehung zu Männern und von ihrer Verzweiflung darüber, keine befriedigende Liebesbeziehung aufbauen zu können. Aber eines Abends, als Claire sie in depressiver Stimmung anrief, sagte Linda, daß sie ihr im Augenblick nicht richtig zuhören und ihr keine Hilfe sein könne: »Heute ist mir wirklich alles danebengegangen«, beklagte sie sich bei ihrer Schwester. »Tatsächlich war ich gerade drauf und dran, bei dir anzurufen. Ich habe heute bei der Arbeit einen wichtigen Termin geschmissen, ich fühle mich total ausgelaugt, und dann habe ich auch noch mein Abendessen anbrennen lassen!«

Für Linda war diese Art von Offenheit ein wichtiger Schritt zur Veränderung. Sie wandte sich damit gegen die starke Polarisierung der Rollen in der Familie, die sich zu stark auf die Inkompetenz eines Familienmitglieds und nicht genug auf die Inkompetenz der anderen konzentrierte. Später konnte Linda mit

Claire auch über ihre Probleme mit Männern sprechen und offen eingestehen, daß dies der Bereich war, in dem sie unterfunktionierte. Sie bat ihre Schwester auch um Rat und Hilfe in Fragen, in denen Claire Erfahrung hatte.

## Linda und die Männer

Als Linda zu mir in Therapie kam, ging es ihr hauptsächlich darum, über ihre ständigen Schwierigkeiten mit Männern zu sprechen. Sie ging meistens ziemlich schnell leidenschaftliche Beziehungen zu Männern ein und verlor ebenso schnell ihre Fähigkeit, den Partner realistisch einzuschätzen. In ihren Liebesbeziehungen war sie, wie sie es selbst beschrieb, »ein Blatt, das vom Wind umhergewirbelt wird«. Das stand in scharfem Kontrast zu ihrer Kompetenz und ihrer Selbstbeherrschung im Berufsleben.

Viele erstgeborene Töchter, die ein überfunktionierendes Verhaltensmuster entwickeln, machen dieselben Erfahrungen wie Linda. Der Zusammenhang ist vielleicht nicht offensichtlich, aber Lindas Auseinandersetzung mit den Problemen in ihrer eigenen Familie erwies sich letztlich auch bei ihren Problemen mit Männern als hilfreich. Linda arbeitete daran, ihre überfunktionierende Haltung abzubauen und in die Beziehungen zu ihrer Schwester und zu ihren Eltern ein ganzheitlicheres und ausgewogeneres Selbst einzubringen, das weder ihre Stärken noch ihre Schwächen ausschloß. Außerdem bemühte sie sich um eine objektivere und realitätsgerechtere Einschätzung der Stärken und Schwächen der anderen Familienmitglieder. Das führte dazu, daß sie auch die Männer, mit denen sie sich traf, realistischer einzuschätzen begann. Linda geriet zwar immer noch leicht in heftige emotionale Stürme, aber sie konnte dann einen Schritt zurücktreten und die Stärken und Schwächen eines potentiellen Partners realistisch betrachten.

Linda verwandte im Verlauf der therapeutischen Arbeit viel Mühe darauf, ihren Anteil an den eingefahrenen Verhaltensmustern, Polaritäten und Dreieckskonstellationen in ihrer Familie zu beobachten und zu verändern. Zusätzlich zu den Veränderungen, die sie in ihren Beziehungen zu Claire und zu ihrer Mutter vollzog, stellte sie einen engeren Kontakt zu ihrem Vater her, der sich extrem distanziert verhielt und in der familiären Szene so etwas wie ein unsichtbares Phantom war. Als Linda mehr über die Familie ihres Vaters erfuhr und ihm mehr von ihrer eigenen Persönlichkeit zeigte, fand sie auch im Verhältnis zu ihren männlichen Partnern zu einer stabileren Basis. Je besser es uns gelingt, im intensiven Feld der familiären Beziehungen die Kontakte aufrechtzuerhalten und ein klares, ganzheitliches Selbst zu definieren, desto sicherer werden wir auch im Umgang mit anderen Beziehungen.

Zu der Zeit, als Linda ihre Therapie abschloß, hatte sie keine feste Beziehung zu einem Mann und auch kein großes Bedürfnis danach. Es gelang ihr jedoch sehr gut, Beziehungen zu meiden, die letztlich nur ihre Energien aufzehrten oder Leid verursachten.

## Postskriptum:
## Das Dilemma der Fixierung auf andere

Wenn jemand unterfunktioniert – sei es ein gestörtes Kind, ein depressiver Ehemann, eine Schwester, die psychosomatische Symptome entwickelt –, geschieht es leicht, daß irgendeine nahestehende Person sich auf diesen Menschen fixiert. Die Fixierung auf den anderen kann im Lauf der Zeit immer stärker werden; sie kann sich in Vorwürfen, übersteigerter Besorgtheit, in einer Helfer- oder Beschützerhaltung äußern oder darin, daß man die Zügel in die Hand nimmt, die Probleme nach außen vertuscht oder dem anderen übertriebene, von Ängsten belastete Aufmerksamkeit entgegenbringt. In demselben Maß, wie die Fixierung wächst, nimmt die Konzentration auf das eigene Selbst ab. Es wird weniger Energie auf die Klärung und Aufarbeitung der eigenen Beziehungsprobleme und auf die Bestimmung der eigenen Lebensziele verwendet. Wenn diese Dynamik eintritt, wird der Unterfunktionierende nur um so stärker an seiner schwachen Position festhalten.

Wir können uns nicht *entschließen*, unsere Reaktivität und unsere Fixierung auf einen anderen Menschen aufzugeben. Das ist nichts, was wir einfach »machen« können, und wir können eine solche Haltung auch nicht vortäuschen. Wenn wir es trotzdem versuchen, werden wir damit allenfalls kurzlebige Resultate erzielen, oder unser Verhalten schlägt von Fixiertheit in reaktive Distanz um – und das ist nur die andere Seite der Medaille. Wir können uns erst aus der Fixierung auf andere lösen, wenn wir den Mut aufbringen, an den eigenen Beziehungskonflikten und anderen Problemen, die wir nicht wahrhaben wollten, zu arbeiten. Wir alle haben soviel Material aufzuarbeiten, daß es für mehrere Existenzen ausreichen würde. Wenn wir uns im Dienst des eigenen Selbst diesen Herausforderungen stellen, können wir Reaktivität und Fixierung auf andere vermeiden.

## Wer ist für Claires Depressionen verantwortlich?

Wenn in einer Familie etwas schiefläuft, suchen wir automatisch nach dem Schuldigen. Oder es sind sogar zwei oder drei Personen, auf die wir mit dem Finger zeigen. Claires Depressionen hatten, wie jedes schwerwiegende Problem, jedoch vermutlich einen viel älteren Hintergrund; vielleicht waren Probleme, Ereignisse und Verhaltensmuster daran beteiligt, die über mehrere Generationen weitergegeben worden waren. Welcher Theorie wir auch anhängen mögen (und es gibt zahllose biologische und psychologische Theorien, die im Lauf der Zeit veralten oder weiterentwickelt werden) – wir tun in jedem Fall gut daran, bescheiden zu sein. Was das menschliche Verhalten angeht, gibt es viel mehr Unerforschtes als Bekanntes. Auch anerkannte Experten könnten bestensfalls eine partielle und unvollständige Erklärung für Claires Depressionen liefern.

Wer ist also für die Heilung von Claires Depressionen oder die Lösung ihrer Probleme zuständig? Es gibt nur einen einzigen Menschen, der diese Aufgabe in Angriff nehmen kann, und das ist Claire selbst. Es ist ihre Sache, ihre Kompetenz zu nutzen und herauszufinden, wie sie an ihren Problemen arbeiten will. Andere können ihr den Weg zur Heilung erleichtern oder erschweren, aber sie bleibt diejenige, die sich der Herausforderung stellen muß.

Aber was ist mit all den Anstrengungen, die Linda unternahm? Waren sie keine Hilfe für Claire? Linda gab ihre Mittlerstellung zwischen Claire und der Mutter auf. Sie veränderte ihr überfunktionierendes Verhalten. Sie fand zu einer neuen, offeneren Beziehung zu ihrer Schwester. Sie grenzte sich in der Suizidfrage ab und vertrat eine eindeutige Haltung, während sie ihrer Schwester gleichzeitig ihr liebevolles Interesse vermittelte. Sie löste sich aus ihrer Fixierung auf Claire und verwendete mehr Energie auf die Klärung ihrer eigenen Probleme, zum Beispiel die distanzierte Beziehung zu ihrem Vater. Sie hielt lebendigen Kontakt zu ihrer Familie. All das sind außerordentlich hilfreiche Schritte, die wir als Familienmitglieder unternehmen können, wenn jemand, der uns nahesteht, unterfunktioniert. Mehr als hilfreich sind diese Verhaltensweisen allerdings nicht. Sie können nur unterstützend wirken. Die Probleme eines anderen Menschen können wir dadurch nicht lösen – und das ist auch nicht unsere Aufgabe.

Wozu waren Lindas Veränderungen also gut? Mit der Arbeit, die sie an sich selbst leistete, hat sie die besten Chancen, ihre eigenen Ängste bewußt zu bewältigen, in befriedigenden Beziehungen zu ihrer Familie zu leben und ihr eigenes Leben sinnvoll zu gestalten. Lindas verändertes Verhalten wird es auch Claire leichter – und nicht schwerer – machen, Zugang zu ihrer eigenen Kompetenz zu finden und an ihren Problemen zu arbeiten. Weder Linda noch ihre Eltern haben die Macht, bei Claire Depressionen zu verursachen oder sie zu heilen. Claire muß selbst einen Weg finden, sich mit ihrem Problem auseinanderzusetzen. Das kann ihr niemand abnehmen.

# XII. Unsere Mütter – unser Selbst

Vor allem anderen sind wir Töchter. Die Beziehung zur Mutter gehört zu den stärksten Einflüssen in unserem Leben, und sie ist nie unkompliziert. Selbst wenn wir nach unserer Geburt von der Mutter getrennt worden sind oder wenn wir sie in der frühen Kindheit durch den Tod oder durch andere Umstände verloren haben – zwischen Mutter und Tochter, Tochter und Mutter bleibt doch eine tiefe, unerklärliche Verbindung.

Als erwachsene Töchter erleben wir die Beziehung zu unseren Müttern vielleicht mit starken Ambivalenzgefühlen. Wir machen unseren Müttern immer noch Vorwürfe, versuchen sie zu verändern oder zu bessern, oder wir gehen immer noch auf Distanz. Vielleicht sind wir felsenfest davon überzeugt, daß unsere Mutter »unmöglich« ist, daß wir alles versucht haben, um die Situation zu entspannen, und daß einfach nichts zu machen ist.

Wo liegt das Problem? Alle die oben geschilderten Verhaltensweisen sind Zeichen von Stagnation in der Schlüsselbeziehung zwischen Mutter und Tochter – das ist das Problem. Diese Zeichen weisen darauf hin, daß es uns nicht gelungen ist, uns wirklich von der Mutter zu lösen und eigenständige Persönlichkeiten zu werden, und daß wir umgekehrt auch nicht mit ihrer Unabhängigkeit von uns und ihrer Eigenständigkeit als Persönlichkeit zurechtkommen. Wenn wir unserer Mutter gegenüber in einer Vorwurfshaltung verharren, können wir unser eigenes Selbst nicht wirklich akzeptieren. Wenn wir immer noch fruchtlos mit ihr streiten oder uns von ihr distanzieren, reagieren wir nur auf die emotionale Intensität dieser Beziehung, statt an ihr zu arbeiten. Und wenn es uns nicht gelingt, in diesem Bereich eine klare und authentische Identität zu entwikkeln, werden wir auch in andere Beziehungen kein klares und unabhängiges Selbst einbringen können. Wie wir gesehen haben, sinkt alles, was in unserer Herkunftsfamilie unausgesprochen und ungelöst geblieben ist, ins Unbewußte ab und kommt dann an anderen Stellen überraschend wieder zutage, so daß wir in der Beziehung zu anderen Menschen in einer unsicheren, verletzlichen Position sind.

Wenn wir daran arbeiten, den Kontakt zu unserer Mutter auf neue Art wiederherzustellen, können wir mehr von unserer eigenen Identität in diese Beziehung einbringen und auch akzeptieren lernen, daß diese Frau, die wir »Mutter« nennen, eine eigenständige Persönlichkeit ist. Wir hören viel darüber, wie Mütter ihre Töchter daran hindern, selbständig und unabhängig zu werden, aber wir erfahren sehr wenig über den Widerstand der Töchter, die Mutter als eigenständiges Gegenüber mit einer unverwechselbaren, individuellen Lebensgeschichte anzunehmen.

Wir werden nun die Veränderungen betrachten, die eine Frau, Cathy, in der Beziehung zu ihrer Mutter erreichen konnte. Auch an ihrer Geschichte, wie an den anderen Beispielen, die ich für dieses Buch auswählte, wird der Entwicklungsprozeß zu einer reifen Form der Intimität deutlich, in der wir ein eigenes Selbst definieren und die emotionale Eigenständigkeit des anderen akzeptieren können. Wir haben diesen Prozeß bereits in allen Einzelheiten untersucht; Cathys Beispiel wird uns die Komplexität der Veränderungsdynamik noch einmal vor Augen führen und uns zum weiteren Nachdenken über unsere eigenen Beziehungen anregen.

## Cathy und ihre Mutter

»Meine Mutter ist wirklich unmöglich«, stellte Cathy fest, nachdem sie einen Abend im Haus ihrer Eltern verbracht hatte. »Sie ist total defensiv und hört mir überhaupt nicht zu!«

»Was wollten Sie ihr denn sagen?« Cathy war erst seit kurzem in der Psychotherapie, und ich wußte wenig über ihre Familie.

»Erst mal sind da eine Menge Dinge, über die ich schon lange wütend bin, und ich wollte reinen Tisch machen. Ich dachte, es wäre gut, einmal alles offen auszusprechen, statt auf meinen Gefühlen sitzenzubleiben.«

Cathy machte eine Pause, um Luft zu holen, und fuhr dann in aufgebrachtem Ton fort: »Meine Mutter kann einfach nicht mit meiner Wut umgehen! Jedesmal, wenn ich eine gerechtfertigte Kritik vorbringe, sagt sie ›Ja, aber . . .‹, und dann dreht sie den Spieß um und fängt an, *mich* zu kritisieren. Ich habe versucht, zu ihr durchzudringen, aber es war unmöglich – wie immer!«

»Was wollten Sie ihr vermitteln?« Cathy hatte meine Frage immer noch nicht beantwortet.

»Also, erstens geht es um meinen jüngeren Bruder Dennis. Er ist schlecht in der Schule, und meine Mutter hämmert ständig auf ihn ein, ob er Drogen nimmt und warum er bis Mitternacht mit seinen Freunden unterwegs ist. Das ist eine Sache, über die ich mit ihr reden wollte. Dann geht es um die Art, wie sie mit meinem Vater umspringt und dauernd über seinen Kopf hinweg Entscheidungen trifft. Und drittens mischt sie sich ständig in mein Leben ein, besonders seit meiner Scheidung. Sie ist übertrieben um meinen Sohn Jason besorgt und liegt mir fortwährend in den Ohren, daß ich zu Jesus beten soll. Sie muß die totale Kontrolle über alles und jeden haben, und die ganze Familie leidet darunter.«

»Ist das alles?« fragte ich ironisch.

»Also, das waren meine Hauptpunkte an diesem Abend«, sagte Cathy ernsthaft, »aber natürlich gibt es noch viel mehr Probleme – genug für ein ganzes Leben.«

Cathys Beschwerden hörten sich vertraut an. Ich hatte sie schon unendlich oft gehört, in zahllosen Varianten, von zahllosen Frauen in Psychotherapie. Und wie die meisten Frauen tat Cathy, was sie nur konnte, um in der Beziehung zu ihrer Mutter den Status quo aufrechtzuerhalten. Sie gab ihrer Mutter die alleinige Schuld an den familiären Problemen. Sie verhielt sich so, als sei sie die Expertin für die Probleme ihrer Mutter und wisse besser, wie diese mit ihren Beziehungen zu ihrem Mann und ihrem Sohn umgehen müsse. Und sie schwankte zwischen Schweigen und Distanz einerseits und Kritik und Vorwürfen andererseits hin und her. Wie wir bereits wissen, führt dieses Verhalten zur Stagnation und sorgt dafür, daß Probleme nicht in produktiver Weise in Angriff genommen werden, daß alte Muster unverändert weiterwirken und daß es zu keiner echten Intimität kommt.

## Vorwürfe und Schuldgefühle

Wie die meisten Frauen verfolgte Cathy in der Auseinandersetzung mit Anne, ihrer Mutter, nur die besten Absichten. Sie wollte Anne nicht bewußt die Schuld zuweisen und sie nicht verletzen. Nach Cathys eigenen Aussagen suchte sie die Konfrontation mit ihrer Mutter, weil sie die Basis für eine offenere Beziehung schaffen und Anne helfen wollte, mit familiären Problemen anders umzugehen.

»Wie erklären Sie es sich, daß Ihre Mutter nichts von dem, was Sie sagten, annehmen konnte?« Ich wußte, daß die Frage eigentlich noch verfrüht war, denn Cathy war in der Beziehung zu ihrer Mutter noch so sehr in Reaktivität befangen, daß ich von ihr keine Reflexion über diese Problematik – und insbesondere ihren eigenen Anteil daran – erwarten konnte.

»Es liegt daran, daß sie so defensiv ist. Sie fühlt sich nur angegriffen und versucht, sich zu verteidigen.«

Ohne Anne zu kennen, konnte ich sicher sein, daß Cathy mit dieser Antwort ins Schwarze getroffen hatte. Anne fühlte sich angegriffen und wehrte sich; sie wurde defensiv. Na und? Was hätte sie denn sonst tun sollen?

Wir fühlen uns alle von unseren Müttern im Stich gelassen, weil diese ihr Leben in lähmenden Rollenzwängen verbrachten und uns keine geeigneten neuen Rollenvorbilder geben konnten. Es ist verständlich, daß eine Mutter auf die Kritik ihrer Tochter mit Ängsten und Schuldgefühlen reagiert. Tatsächlich sind Schuldgefühle ein Bestandteil der weiblichen Existenz in dieser Gesellschaft. Eine Familientherapeutin prägte den Satz: »Zeig mir jemanden, der keine Schuldgefühle empfindet, und ich werde dir beweisen, daß es keine Frau sein kann.« Gerade Mütter sind bis ins Mark von Schuldgefühlen durchdrungen, denn sie sind grundsätzlich die ersten, denen man die Schuld zuweist und die selbst die Schuld auf sich nehmen. Erinnern wir uns an Adriennes Mutter, Elaine (Kap. V), die sich die Schuld an der Behinderung ihres Sohnes gab und sich Vorwürfe machte, daß sie ihn nicht zu Hause behalten hatte, oder an Kimberlys Mutter (Kap. IX), die nachts nicht schlafen konnte, weil sie glaubte, sie habe ihre Tochter zur Lesbierin »gemacht« – oder zumindest, daß andere es so sehen würden.

Mütterliche Schuldgefühle sind nicht nur individuelle Probleme einzelner Frauen. Ihre Ursachen liegen in einer Gesellschaft, die Müttern die Hauptverantwortung für alle familiären Probleme zuweist, Männer von der Verantwortung wirklicher Vaterschaft entbindet und Kindern und Familien erschreckend wenig Unterstützung gibt. Eine Mutter wird ständig in der unsinnigen Überzeugung bestärkt, *sie* sei die Umwelt ihres Kindes, und die seelische Gesundheit ihrer Kinder hänge ausschließlich davon ab, daß sie eine »gute Mutter« sei. Es ist nur natürlich, daß Cathys Mutter gegen Vorwürfe empfindlich war und defensiv reagierte, wenn sie ihre Fähigkeiten als »gute Mutter« in Frage gestellt sah. Nur eine bemerkenswert flexible und selbstsichere Mutter hätte anders reagiert.

Sehen wir uns genauer an, wie Cathy mit ihrer Beziehung zu Anne umging; vielleicht können wir dabei einiges bestätigt finden, was wir über die Veränderung unseres eigenen Anteils an einem rigiden, intimitätsfeindlichen Beziehungsmuster gelernt haben. Den meisten Mutter-Tochter-Konflikten liegen Ängste vor der Entwicklung von Autonomie in dieser zentralen Beziehung zugrunde – und die übliche Unklarheit darüber, was der Begriff Autonomie wirklich bedeutet. Cathy glaubte, ihre Auseinandersetzungen mit ihrer Mutter seien ein Ausdruck ihres »wirklichen«, unabhängigen Selbst. Tatsächlich machte sie es sich durch ihr Verhalten aber nur schwerer, wirkliche Autonomie zu erreichen.

## Eine Frage der Unterschiede

Cathy hatte immer eine schwierige Beziehung zu ihrer Mutter gehabt, aber seit ihrer zwei Jahre zurückliegenden Scheidung war es schlimmer geworden. »Mutter hat sich immer in meine

Angelegenheiten eingemischt«, erklärte Cathy, »aber seit ich mit meinem Sohn Jason allein lebe, versucht sie wirklich, über mein Leben zu bestimmen.«

Nach Cathys Schilderungen war Anne ständig in Sorge um Jasons Wohlergehen und um Cathys mangelnde Religiosität. »Meine Mutter fürchtet, daß Jason durch die Scheidung ein Trauma erlitten hat, und sie ist nicht damit einverstanden, wie ich ihn erziehe. Die Religion ist der größte Streitpunkt zwischen uns. Am Samstag war Mutter zum Mittagessen bei mir, und ich mußte mir zum zehnten Mal ihren Vortrag über den wahren Glauben anhören – und das auch noch in Jasons Gegenwart.«

Annes Vorträge über religiöse Fragen nahmen die unterschiedlichsten Formen an, im allgemeinen liefen sie aber auf folgendes hinaus: Erstens war Anne der Meinung, daß Cathy sonntags mit Jason in die Kirche gehen sollte. Zweitens sollte Cathy der Religion in ihrem eigenen Leben mehr Raum geben. Immer wenn Cathy Trauer oder Wut über ihre Scheidung ausdrückte, gab Anne ihr die stereotype Antwort, sie solle beten. Cathy wies die Kritik und die Ratschläge ihrer Mutter ungeduldig zurück (obwohl sie sich Anne gegenüber mit Ratschlägen und Kritik nicht zurückhielt), und sie konnte es nicht leiden, wenn ihre Erziehungsmethoden in Gegenwart ihres Sohnes in Frage gestellt wurden.

Cathy stand immer unter Spannung, wenn ihre Mutter in der Nähe war. Sie war überzeugt, sie habe alles getan, was in ihren Kräften stand, um die konfliktreiche Beziehung zu verändern; wenn keine Veränderung eintrat, bezeichnete sie die Situation als hoffnungslos. In Wirklichkeit hatte Cathy jedoch keine andere Möglichkeit erprobt als den Wechsel zwischen eisiger Distanz und heftiger Konfrontation. Und sowohl sie selbst als auch ihre Mutter warfen sich gegenseitig zur Expertin für das Leben der anderen auf.

## Das alte Spiel

Obwohl Cathy in regelmäßigen Abständen Kritik an Annes schlechtem Umgang mit anderen Familienmitgliedern übte, sagte sie im allgemeinen kein Wort, wenn sie selbst Zielscheibe der Kritik und der unerbetenen Ratschläge ihrer Mutter war. Sie rechtfertigte sich für ihre Unfähigkeit, in diesen Augenblicken den Mund aufzumachen, mit den Worten: »Meine Mutter hört ohnehin nicht zu; ich würde alles nur noch schlimmer machen. Sie kann die Wahrheit nicht ertragen!« Manchmal zog Cathy sich längere Zeit von Anne zurück: »Nach der Scheidung ging Mutter mir so sehr auf die Nerven, daß ich sie monatelang gemieden habe. Wenn ich das nötige Geld gehabt hätte, wäre ich nach China ausgewandert!«

Cathy hielt die Beziehung zu ihrer Mutter ruhig, indem sie die Dinge, die sie selbst angingen, nicht ausspracht und auf Distanz ging. Distanz ist ein Mittel der Angstbewältigung, das kurzfristig tatsächlich wirkungsvoll ist, und darum greifen wir auch gern dazu. Durch ihre Bemühungen, ein pseudo-harmonisches »Wir« aufrechtzuerhalten, gab Cathy jedoch ihr eigenes Ich auf. Das Ausmaß, in dem wir in unserer Herkunftsfamilie deutlich klarstellen können, wer wir sind, was wir denken und welche Haltung wir in wichtigen Fragen einnehmen, hat starken Einfluß darauf, welches Niveau von Autonomie oder emotionaler Reife wir in andere Beziehungen einbringen. Wenn Cathy weiterhin vermeidet, in emotional wichtigen Fragen klar Stellung zu beziehen, wird sie in der Verklammerung mit ihrer Mutter verharren und auch in anderen Beziehungen keine solide Basis finden.

Cathy behauptete, sie mache gelegentlich durchaus ihren Standpunkt klar und sage in aller Deutlichkeit, was sie denke. Aber was meinte sie damit? Das hieß im allgemeinen, daß Cathy, die sonst in der Gegenwart ihrer Mutter schwieg und innerlich kochte, von Zeit zu Zeit der Kragen platzte. Wie ein Pendel, das zu weit in die eine Richtung ausgeschwungen ist, verfiel sie dann ins andere Extrem. Nach solchen Auftritten mit Anne kam Cathy in die Therapiestunde und schilderte Szenen, die mich an alte Gruselfilme erinnerten, an die Kämpfe zwischen Godzilla und Tyrannosaurus Rex. »Meine Mutter fuhr wieder auf ihren religiösen Trip ab, und ich sagte ihr, daß sie die Religion wie eine Krücke benutzt – eine simple Patentlösung für alle Lebensprobleme. Dann eskalierte der Streit, und schließlich rannte sie in ihrer üblichen hochdramatischen Art aus dem Haus.«

Mutter und Tochter schützten sich durch Streit und Vorwürfe – ebenso wie durch Schweigen und Distanz – davor, mit der Erkenntnis ihrer Getrenntheit und Unabhängigkeit als Persönlichkeiten umzugehen. Mit Eigenständigkeit ist hier nicht emotionale Distanz gemeint, denn das wäre wieder nur ein Weg, Ängste und Konflikte auf einer unbewußten Ebene zu bewältigen. Eigenständigkeit bedeutet die Bewahrung des Ich innerhalb des »Wir« – die Fähigkeit, Unterschiede zu akzeptieren und zu respektieren und innerhalb des Kontexts von Beziehungen Authentizität zu erlangen. Das Niveau von Eigenständigkeit, das wir in unserer eigenen Verwandtschaftsgruppe erreichen, hat starken Einfluß darauf, wie weit wir zur Intimität mit anderen fähig werden und wie gut es uns auch in Zukunft gelingt, andere Beziehungen zu gestalten.

## Auf dem Weg zum Selbst

Einer der ersten Schritte auf dem Weg zur Unabhängigkeit und zum eigenen Selbst ist das Aufgeben des Schweigens und der unproduktiven Auseinandersetzung und die klare, offene Äußerung unserer eigenen Überzeugungen und unserer Einstellung zu wichtigen Fragen. Cathy könnte zum Beispiel einen Zeitpunkt wählen, an dem die Spannungen relativ gering sind, und zu Anne sagen: »Mutter, ich möchte nicht, daß du in Gegenwart von Jason über meine Erziehungsmethoden sprichst. Wenn du mit mir darüber reden willst, warum ich nicht mit ihm in die Kirche gehe, laß uns einen anderen Zeitpunkt vereinbaren, wo wir allein darüber diskutieren können.«

Cathy kann lernen, die aktuellen Probleme anzusprechen, statt sich in einen ideologischen Kampf zu stürzen, der letztlich zu keiner Lösung führt. Nach dem alten Muster führte Cathy mit ihrer Mutter endlose Streitgespräche über die Frage, ob Jason in die Kirche gehen müsse, und über die Rolle der Religion in ihrem Familienleben. Diese Auseinandersetzungen waren von vornherein sinnlos und hielten Cathy aus zwei Gründen in ihrer Sackgasse fest: Erstens versuchte sie, Anne von ihren Überzeugungen abzubringen, was unmöglich war. Zweitens verhielt sie sich so, als gäbe es nur eine alleingültige »Wahrheit« (in bezug auf Religion, Kindererziehung und alle anderen wichtigen Lebensfragen), auf die sie und Anne sich einigen müßten.

Cathy und Anne sind aber zwei unterschiedliche Menschen, die aus verständlichen Gründen verschiedene Lebensauffassungen haben. Die Unfähigkeit, bei anderen abweichende Lebensauffassungen zu tolerieren, blockiert jedoch jede echte Intimität, die immer einen tiefen Respekt für die Andersartigkeit des Gegenübers bedeutet. Wir haben gesehen, wie anfällig wir alle dafür sind, Nähe mit undifferenzierter Gleichheit zu verwechseln und uns so zu verhalten, als müßten wir mit Herz und Hirn mit dem anderen identisch sein.

Das trifft besonders auf die Beziehungen zwischen Müttern und Töchtern zu. Unsere Vorstellungen über den »richtigen« Platz der Frau in der Gesellschaft haben sich in den letzten zwanzig Jahren entscheidend verändert; es ist daher nicht verwunderlich, daß gerade Mütter heftig reagieren, wenn ihre Töchter sich in ihren Lebensauffassungen von den vorangegangenen Frauengenerationen abgrenzen. Eine Mutter kann diese andere Lebenseinstellung unbewußt als Verrat oder Illoyalität erleben, als Negation ihres eigenen Lebens oder als neidvolle Erinnerung daran, daß ihr diese Wahlmöglichkeiten *nicht* zur Verfügung standen. Und natürlich wird eine Mutter, die das Gefühl hat, daß ihr nichts bleibt – nicht einmal ein eigenes Selbst –, wenn ihre Kinder herangewachsen sind, sich durch die »Unabhängigkeitserklärung« ihrer Tochter besonders schwer getroffen fühlen. Wenn Frauen dazu erzogen werden, in der Mutterschaft keine Beziehungsform, sondern eine »Karriere« zu sehen, muß der »Ruhestand« sie unweigerlich in die Krise führen. Und da viele Töchter ihre Ablösung von der Mutter tatsächlich durch Distanz, Schuldzuweisungen oder das Abbrechen des Kontakts zu bewältigen suchen, ist es klar, daß in Müttern heftige und leidvolle Verlustgefühle aufkommen können. Viele psychologische Schulen tragen zu dem Problem bei, indem sie den Müttern eindringlich nahelegen, sich von ihren Töchtern zu »trennen«, so als ginge es nur um das Aufgeben einer Beziehung und nicht auch um die Chance zu einem Neubeginn, zur Gestaltung einer reifen, potentiell reicheren Form von Verbundenheit.

Auf die einfachste Formel gebracht, besteht Cathys Aufgabe darin, sich dem wirklichen Problem in der Beziehung zu ihrer Mutter zu stellen: der Tatsache, daß sie eine eigenständige Persönlichkeit ist, mit Gedanken, Wertvorstellungen, Prioritäten und Überzeugungen, die von denen ihrer Mutter abweichen. Um das zu erreichen, muß Cathy den Versuch aufgeben, ihre Mutter zu überzeugen, zu verändern oder zu kritisieren; statt dessen muß sie mehr über sich selbst mitteilen und das Recht ihrer Mutter respektieren, anders zu denken, zu fühlen und zu reagieren als sie selbst.

Cathy könnte beispielsweise zu Anne sagen: »Mutter, ich weiß, daß die Religion in deinem Leben eine wichtige Rolle spielt, aber für mich ist das anders.« Wenn ihre Mutter auf ihrer Ansicht beharrt oder Kritik äußert, kann Cathy es vermeiden, sich in den alten Streit hineinziehen zu lassen, weil sie aus Erfahrung weiß, daß intellektuelle Argumente an dieser Stelle zu nichts führen und sie nicht weiterbringen. Statt dessen könnte sie sich aufmerksam anhören, was Anne zu sagen hat, und dann einfach antworten: »Mutter, ich weiß, daß du aus deinem Glauben viel Kraft gezogen hast. Aber das ist nicht mein Weg.« Wenn Anne hysterisch reagiert und Cathy vorwirft, sie bringe Schande über die Familie und sie werde ihre Mutter ins Grab bringen, kann Cathy sagen: »Es tut mir leid, wenn ich dich verletzt habe, Mutter; das war nicht meine Absicht.« Und wenn die Mutter zum hundertundzwanzigsten Mal das Thema Religion aufs Tapet bringt, kann Cathy einen Scherz darüber machen oder leichthin sagen: »Ich verstehe schon, was du meinst, aber ich sehe die Dinge anders.«

Hört sich das simpel an? Solche Gespräche erfordern einen geradezu heldenhaften Mut, denn sie stellen die Unterschiede zwischen Mutter und Tochter mit unübersehbarer Deutlichkeit heraus und lösen dadurch enorme Ängste aus. Wenn Cathy bei ihrem neuen Verhalten bleibt, wird die Mutter heftig auf die Veränderung reagieren, indem sie in irgendeiner Form »mit höherem Einsatz spielt«; vielleicht wird sie Cathy mit Vorwürfen und Kritik überschütten oder mit dem Abbrechen der Beziehung zu ihrer Tochter drohen.

Es ist wichtig, im Auge zu behalten, daß es grundsätzlich zu Gegenreaktionen und »Sei-wie-du-vorher-warst«-Forderungen kommt, wenn wir uns in einer zentralen Beziehung auf ein höheres Niveau von Selbstbewußtsein, Eigenständigkeit und Reife zubewegen. Wenn wir diejenigen sind, die Veränderungen einleiten, vergessen wir leicht, daß Gegenreaktionen der Ausdruck von Ängsten und nicht von mangelnder Zuneigung sind und daß man sie eigentlich immer voraussehen kann. Cathy ist mit der Aufgabe konfrontiert, ihre Veränderungen als Entwicklungsprozeß zu begreifen, die Gegenreaktionen ihrer Mutter »auszusitzen« und nicht – oder nur vorübergehend – in die alten Muster von Distanz und Streit zurückzufallen. Sie kann lernen, ihren Standpunkt notfalls wie eine kaputte Schallplatte zu wiederholen, wenn die große »Testwelle« anrollt. Wir haben gesehen, daß die Veränderung einer festgefahrenen Beziehung oft dem Kampf in einer belagerten Festung gleicht. Oft erfordert es Ausdauer, starke Motivationen und einen gesunden Sinn für Humor, immer wieder gegen die enormen, unvermeidlichen Widerstände von innen und von außen anzutreten.

## »Heiße Eisen« anfassen

Wie kam Cathy nun tatsächlich mit der schwierigen Aufgabe zurecht, sich von ihrer Mutter abzugrenzen und ein klares Selbst in die Beziehung einzubringen? In einigen Bereichen gelang es ihr recht gut. Sie war zum Beispiel außerordentlich klar und konsequent darin, in Jasons Gegenwart nicht mit Anne über Erziehungsfragen zu diskutieren. Wenn ihre Mutter dennoch in Gegenwart des Kindes ihre Kommentare abgab, nahm Cathy den Köder nicht an. Statt dessen machte sie einen Scherz oder vermied es auf andere Art, auf die Kritik ihrer Mutter einzugehen; sie brachte das Thema dann später zur Sprache, wenn das Kind nicht in Hörweite war. Cathy ließ sich nicht unter Druck setzen und verfiel nicht in Reaktivität, wenn sie mit den »Tests« und Gegenreaktionen ihrer Mutter konfrontiert war.

Sie hatte für sich selbst klar entschieden, daß sie mit ihrer Mutter nicht über Jason streiten würde, wenn er dabei war, selbst wenn Anne sie zu provozieren versuchte.

Wenn es um das Thema Religion ging, hatte Cathy jedoch einen weitaus schwereren Stand. »Jedesmal wenn meine Mutter anfängt, über Jesus zu reden, kriege ich Zustände«, sagte sie. Im Lauf der Zeit lernte Cathy, sich zu beherrschen, aber das änderte nichts an ihrer starken emotionalen Reaktion. »Wenn meine Mutter anfängt, sich über den Glauben auszulassen, verknotet sich mein Magen, und ich habe die größte Lust, sie anzubrüllen«, erklärte Cathy. »Das Beste, was ich tun kann, ist, das Thema fallenzulassen und über etwas anderes zu sprechen.« In einer Hinsicht hat Cathy recht. Wenn wir wütend sind und unter Spannungen stehen, ist das der ungünstigste Augenblick, in einer festgefahrenen Beziehung über ein »heißes Eisen« zu diskutieren. Unter dem Einfluß starker emotionaler Spannungen neigen Menschen dazu, nur aufeinander zu reagieren und den Konflikt zu eskalieren, statt klar und objektiv über ihr Dilemma nachzudenken. Wenn Cathy sich innerlich verkrampft und am liebsten losschreien möchte, ist es keine schlechte Idee, das Thema fallenzulassen, über andere Dinge zu reden, einen Spaziergang zu machen oder sich für zehn Minuten im Bad einzuschließen, um Abstand zu gewinnen. Auf lange Sicht wird es Cathy jedoch mehr nützen, wenn sie das Thema Religion von sich aus angehen kann, um die Einstellung ihrer Mutter und ihre eigene starke emotionale Reaktion aus einer weiteren Perspektive heraus zu begreifen. Wie kann Cathy an eine so schwierige Frage herangehen?

## Das weitere Bild

Jede Familie hat ihre »heißen Eisen«, Themen, die sie weitervererbt, Probleme, die in einer Generation ungelöst geblieben sind und von der nächsten Generation ausagiert werden. In Cathys Familie war das Thema Religion das »heiße Eisen«, besonders in der Beziehung zwischen Mutter und Tochter. In Ihrer Familie können Sie ein »heißes Eisen« daran erkennen, daß ein Thema permanent im Brennpunkt der Aufmerksamkeit steht oder daß überhaupt nicht darüber gesprochen werden kann. Wenn Sie sich jedesmal innerlich verkrampfen, sobald ein bestimmtes Thema angesprochen wird, können Sie sicher sein, daß es sich um ein »heißes Eisen« handelt.

Wie konnte Cathy zu einer ruhigeren und objektiveren Einstellung zu dem »heißen Eisen« in ihrer Familie gelangen? Zunächst mußte sie ihren Blickwinkel erweitern. Zu diesem Zweck stellte ich Cathy eine Reihe von Fragen, die sie zum Nachdenken darüber anregen sollten, welche Bedeutung die Religion in ihrer Familie in vorangegangenen Generationen gehabt hatte. Welchen Stellenwert nahm die Religion in der Familie ihrer Mutter ein, und welche Rolle hatte sie in Annes Sozialisation gespielt? Hatte Anne in bezug auf die Religion andere Ansichten als ihre eigene Mutter, und wenn ja, hatte sie sich je offen darüber geäußert? Wenn solche Meinungsverschiedenheiten existierten – wie ging man damit um? Wie hätte die Großmutter reagiert, wenn Anne sich wie Cathy als Atheistin bekannt hätte? Wie war Anne zu ihren religiösen und spirituellen Überzeugungen gekommen, und wie hatten sie sich im Lauf der Zeit weiterentwickelt? In welchem Alter hatte Anne sich der Religion zugewandt, und wodurch war ihre Religiosität entscheidend beeinflußt worden? Wer war in vergangenen Generationen »vom Glauben abgefallen«? Und wer hatte sich in religiöser Hinsicht am stärksten engagiert? Was geschah in der Familie, wenn es irgendwo Veränderungen im religiösen Engagement gab?

Verständlicherweise fiel es Cathy schwer, ihre Mutter in ruhiger, sachlicher und zugewandter Form auf dieses Thema anzusprechen. Es ist immer schwierig, über die »heißen Eisen« einer Familie objektiv und konstruktiv zu diskutieren; je mehr wir der Diskussion aus dem Weg gehen, desto schwieriger wird es natürlich. Als Cathy schließlich in der Lage war, mit echter Neugier und ohne kritischen Unterton das Gespräch zu eröffnen, nahm die starke Emotionalität, die das Thema Religion in ihrer Familie umgab, für sie eine neue Bedeutung an.

## Ein Stück Familiengeschichte

Was die Gespräche zwischen Cathy und ihrer Mutter schließlich zutage brachten, war die Geschichte einer traumatischen Verlusterfahrung. Als Anne fünf Jahre alt war, starb ihr dreijähriger Bruder Jeff an einer Vergiftung. Er hatte im elterlichen Haus irgendeine toxische Substanz zu sich genommen. Zusätzlich zu dem schmerzlichen Verlustgefühl muß Cathys Großmutter tiefe Verzweiflung über ihre wirkliche oder vermeintliche Schuld am Tod ihres Kindes empfunden haben. Sie war mit ihrem Sohn allein zu Hause, als der schreckliche Vorfall sich ereignete.

Anne wußte nicht in allen Einzelheiten, wie es zu der Vergiftung ihres Bruders gekommen war, denn dieser Todesfall wurde in ihrer Familie zum »heißen Eisen« – zu einem Tabu-Thema, über das nie gesprochen wurde. Nach allem, was Anne Cathy darüber erzählen konnte, schien es, als hätte Annes Mutter sich nach dem Tod ihres Sohnes verstärkt der Religion zugewandt, um den Verlust zu überwinden. In den seltenen Fällen, in denen Jeff überhaupt erwähnt wurde, geschah es nur im Ton religiöser Verklärung: »Die Reinen und Unschuldigen gehen früh zu Gott ein« – »Es war Gottes Wille« – »Gott wollte Jeff zu sich nehmen« – »Jeff ist glücklich im Reich Gottes«. Beide Eltern hielten verzweifelt an dieser Version der Tragödie fest, in einer Weise, die es anderen Familienmitgliedern unmöglich machte, anders zu reagieren oder offene Fragen zu stellen.

Cathy wußte schon lange, daß ihre Mutter in der frühen Kindheit einen Bruder verloren hatte. Aber für Cathy war das nie zu einer Realität geworden, und sie hatte auch nie über die tatsächlichen Auswirkungen dieses Todesfalls auf ihre Mutter nachgedacht. Nun erfuhr sie, daß Anne nie eine Möglichkeit gesehen hatte, die religiösen Überzeugungen ihrer eigenen Mutter in Frage zu stellen. Anne hatte ihre Mutter nach Jeffs Tod »beschützt«, indem sie es auch in anderen Bereichen vermied, unterschiedliche Auffassungen zu äußern. Sie war davon überzeugt, daß die Religion der Lebensinhalt ihrer Mutter war und daß ihr Glaube sie buchstäblich am Leben erhalten hatte. Es wäre ihr nie in den Sinn gekommen, die religiösen Überzeugungen ihrer Mutter zu hinterfragen oder selbst von diesen

Überzeugungen abzuweichen. Und nun lehnte Cathy, ihre eigene Tochter, jede Form von Religiosität ab; das zerstörte den alten Schutzmechanismus und reaktivierte die verdrängten, leidvollen Verlustgefühle, die nie verarbeitet werden konnten und nie zur Ruhe gekommen waren.

Diese neuen Informationen gaben Cathy einen tiefen Einblick in die Geschichte des Mutter-Tochter-Konflikts in ihrer Familie. Anne hatte auf das Problem der Ablösung von der Mutter und der Entwicklung zur Autonomie mit der Verleugnung und Unterdrückung jeder abweichenden Auffassung reagiert, nicht nur in Glaubensfragen, sondern auch in vielen anderen wichtigen Punkten. Cathys Antwort auf die Frage der Ablösung von der Mutter hatte die gegenteilige Form angenommen – aber das war nur die andere Seite der Medaille. Sie kämpfte um ihr eigenes Selbst, indem sie versuchte, ihrer Mutter so unähnlich wie möglich zu sein. Wenn Anne »weiß« sagte, mußte Cathy »schwarz« sagen. Wenn wir uns mit allen Mitteln von unseren Müttern unterscheiden *müssen*, drückt das unsere eigene Identität ebensowenig aus, wie wenn wir uns nicht von ihnen unterscheiden können.

## Cathys Lernprozeß

Wie wirkte es sich auf Cathy aus, daß sie mehr über dieses traumatische Ereignis in der Familie ihrer Mutter erfahren hatte? Zunächst brachte sie mehr Einfühlung auf und war weniger reaktiv, wenn es um das kontroverse Thema Religion ging. Als sie über die Auswirkungen von Jeffs Tod nachdachte, konnte sie viele der »nervtötenden« Verhaltensweisen ihrer Mutter in einem anderen Licht sehen. Annes übertriebene Besorgtheit um Dennis, Cathys jüngeren Bruder, und um Jasons Entwicklung nach der Scheidung seiner Eltern war Cathy immer besonders auf die Nerven gegangen. Nun konnte sie erkennen, daß die starken Ängste ihrer Mutter aus dem verdrängten und unabgeschlossenen Trauerprozeß in ihrer eigenen Familie gespeist wurden. Für Anne war die Frage des Überlebens und des Wohlergehens von Söhnen verständlicherweise mit hohen emotionalen Spannungen geladen.

Als Cathy dem »heißen Eisen« Religion seine explosive Wirkung nahm, indem sie es offen zur Sprache brachte und in einen größeren Zusammenhang stellte, gelang es ihr auch, ihre eigene Entwicklung in diesem Bereich klarer zu überdenken. Cathys Einstellung zur Religion (»Lieber würde ich tot umfallen, als Jason in eine Kirche schleppen!«) war von Reaktivität geprägt, und sie war ebensowenig Ausdruck einer eigenständigen Lebensauffassung wie Annes verzweifeltes Sich-Anklammern an religiöse Klischees. Als Cathy begann, das familiäre Erbe an religiösen Wertvorstellungen aus einem erweiterten Blickwinkel heraus zu sehen und mehr Verständnis für die persönliche Geschichte ihrer Mutter zu entwickeln, konnte sie auch ihre eigenen Ansichten über Religion klarer formulieren, ohne dabei in unreflektierte Rebellion gegen die Glaubensvorstellungen der vorangegangenen Generationen von Frauen in ihrer Familie zu verfallen.

Was vielleicht das Wichtigste war: In den intensiven Gesprächen, die sie miteinander führten, erlebte Cathy ihre Mutter als »reale Person«, als eigenständiges Gegenüber mit einer unverwechselbaren, individuellen Lebensgeschichte. Wissen über das Leben unserer Eltern zu sammeln, ob sie noch leben oder tot sind, ist ein wesentlicher Schritt auf dem Weg zu einem klaren Selbst, das in der tatsächlichen Geschichte unserer Familie wurzelt. Wie Cathy feststellen konnte, verändern und erweitern Informationen über die vorangegangenen Generationen unseren Blickwinkel, was die Bedeutung von Verhaltensweisen angeht. Als Cathy zum Beispiel mehr über die traumatischen Umstände erfuhr, unter denen ihre mütterlichen Großeltern aus Polen emigriert waren – die abgeschnittenen menschlichen Verbindungen, die eine Emigration mit sich bringt, eingeschlossen –, sah sie das »Extreme« ihrer Persönlichkeit in einem neuen Licht. An die Stelle der sarkastischen und herablassenden Haltung, die sie früher eingenommen hatte (»Diese Leute wurden zu religiösen Fanatikern, nachdem ihr Kind gestorben war«), trat eine respektvolle Anerkennung der Kraft und des Lebensmutes, mit dem ihre Großeltern angesichts so zahlreicher und schwerwiegender Verlusterfahrungen ihr Leben weitergeführt hatten.

## Postskriptum: Sie glauben, Sie kennen Ihre Familie?

Zu Beginn ihrer Therapie war Cathy überzeugt, sie wisse genau über ihre Familie Bescheid. Das heißt, sie konnte Geschichten über Familienmitglieder erzählen und hatte für nahezu jeden aus ihrem Familienkreis eine psychiatrische Diagnose parat. Aber die Geschichten, die wir über unsere Familien erzählen, spiegeln oft nur die Polaritäten, die für menschliche Beziehungssysteme unter Streß charakteristisch sind (»Meine Mutter war die Heilige – Onkel Joe war der Sünder«), und haben wenig mit der Komplexität der Charakterstrukturen realer Menschen und ihrer tatsächlichen Lebensgeschichte zu tun. Wenn die Familie unter dem Druck starker Ängste lebt, wissen wir genau, wer zu den »Guten« und wer zu den »Bösen« zu rechnen ist und zu welchem Lager wir selbst gehören.

Wenn wir uns bemühen, mehr faktisches Wissen über die Geschichte unserer Familie zu sammeln und mehrere Generationen im Zusammenhang zu sehen, werden wir eine objektivere Einstellung zu Familienmitgliedern gewinnen. Wir können unsere Eltern und andere Verwandte als reale Menschen in realen Lebenszusammenhängen sehen und erkennen, daß sie, wie alle anderen Menschen, ihre Stärken und ihre Schwächen haben. Und wenn wir lernen, unsere eigene Familie objektiver zu betrachten, wird sich diese Haltung auch auf andere Beziehungen ausdehnen.

Der beste Weg, diesen Prozeß in Gang zu setzen, ist die Arbeit am eigenen Genogramm oder Familiendiagramm. Anleitungen dazu finden Sie im Anhang dieses Buches. Auf den ersten Blick erscheint diese Aufgabe simpel und unkompliziert, denn ein Genogramm ist zunächst nichts anderes als eine graphische Darstellung familiärer Fakten. Zu diesen Fakten gehören die Daten von Geburten, Todesfällen, Eheschließungen, Trennungen, Scheidungen und schweren Erkrankungen sowie das höchste Ausbildungs- und Berufsniveau, das jedes Familienmitglied erreicht hat.

Wenn Sie die Aufgabe ernsthaft angehen, werden Sie vielleicht feststellen, daß Ihr Genogramm Ihnen viele Anhaltspunkte bietet, über die in diesem Buch dargestellten Ideen nachzudenken – oder sie machen einfach interessante Entdekkungen. Vielleicht finden Sie heraus, daß Sie über eine Seite Ihrer Familie sehr gut informiert sind und über die andere Seite so gut wie gar nichts wissen. Gerade die Tatsache, daß Sie bestimmte Fakten *nicht* kennen und daß es Ihnen Unbehagen verursacht, danach zu fragen (»Wann und wie ist Tante Jessie gestorben?« »Wann war der genaue Zeitpunkt meiner Adoption?«), kann Ihnen zeigen, wo die »heißen Eisen« in Ihrer Familie liegen und wo Verbindungen abgebrochen wurden. Vielleicht beginnen Sie, bestimmte Muster der Angstbewältigung zu erkennen, die für einen Zweig der Familie typisch sind; Sie bemerken zum Beispiel ein Vorherrschen der Distanz auf der väterlichen Seite, die sich in einer Reihe von Scheidungen, abgebrochenen Verbindungen und einem Mangel an Kommunikation unter Familienmitgliedern äußert. Sie könnten herausfinden, daß Sie zu wenigen Menschen innerhalb Ihres weiteren Familienkreises echte Beziehungen haben und daß die wenigen Beziehungen, die sie haben, sehr spannungsgeladen sind.

Das Genogramm bietet auch wichtige Anhaltspunkte für Schlüsseldaten und Lebensabschnitte, die mit traumatischen Ereignissen verbunden waren; durch diese Zusammenhänge können Sie verstehen, warum Beziehungen zu einem bestimmten Zeitpunkt konflikthaft wurden oder auseinandergingen. Die Altersstufen, in denen Familienmitglieder in vorangegangenen Generationen mit Verlusterfahrungen, Todesfällen, Scheidungen oder krisenhaften Entwicklungen ihres körperlichen oder seelischen Gesundheitszustands konfrontiert waren, geben Ihnen Hinweise darauf, warum bestimmte Jahre (oder die Auseinandersetzung mit bestimmten Themen) in Ihrer eigenen Vergangenheit besonders konflikthaft verliefen und welche Altersstufen für Sie in Zukunft spannungsgeladen sein könnten. Vielleicht erkennen Sie bestimmte Muster und Dreieckskonstellationen, die sich seit Generationen wiederholen, oder Sie nehmen Zusammenhänge wahr, die sich auf die Positionen in der Geschwisterreihe beziehen (wie bei Adrienne, die herausfand, daß es in ihrer Familie ein Problem mit zweitgeborenen Söhnen gab). Je mehr Fakten Sie sammeln, desto deutlicher werden die offenen Fragen vor Ihnen erscheinen.

Auf lange Sicht hilft uns die Arbeit am Genogramm dabei, in dem für uns wichtigsten und einflußreichsten Lebenszusammenhang – unserer Herkunftsfamilie – die Hauptaufmerksamkeit auf das eigene Selbst zu richten. Wir können Beziehungskonflikte aus einem weiteren Blickwinkel heraus betrachten, im Zusammenhang mit Ereignissen, die in vorangegangenen Generationen stattgefunden haben, und müssen uns nicht ausschließlich auf einige Familienmitglieder konzentrieren, die wir idealisieren oder auf die wir alles Negative projizieren. Wenn wir fähig werden, objektiver über unser familiäres Erbe nachzudenken und mit mehr Menschen im weiteren Familienkreis in Kontakt zu treten, fällt es uns leichter, uns über unsere eigene Identität klarzuwerden und in der Familie eine eindeutige Haltung einzunehmen, wie es bei Cathy in der Beziehung zu ihrer Mutter der Fall war. Es ist unwahrscheinlich, daß wir je eine komplette und lückenlose Familiengeschichte zusammenstellen oder unserer Familie völlig objektiv gegenüberstehen können. Offensichtlich sind wir dazu nicht in der Lage. Aber wir können daran arbeiten, auf diesem Weg mehr Klarheit über uns selbst zu gewinnen.

# XIII. Konzentration auf das Selbst – die Grundlagen echter Nähe

Im Vergleich zu den guten alten Zeiten (oder schlechten alten Zeiten – das kommt auf den Standpunkt an) haben sich die Rezepte für Intimität verbessert. Wir werden heute – im Prinzip jedenfalls – dazu ermuntert, ein starkes, durchsetzungsfähiges, eigenständiges, unabhängiges, authentisches Selbst in unsere Beziehungen einzubringen. Die Qualitäten »eigenständig«, »unabhängig«, »authentisch« und so fort sind jedoch zu kulturellen Klischees geworden, und die Bedeutung dieser Wörter ist trivialisiert oder verzerrt. Populäre Vorstellungen von »Eigenständigkeit« lassen sich nicht leicht in klare Richtlinien für echte Intimität und solide Verbundenheit mit anderen übersetzen. Vielleicht vermeiden wir es unter dem Vorwand des Selbstschutzes, in einer wichtigen Frage Stellung zu beziehen, oder wir brechen unter dem Vorwand der Selbstbehauptung die Beziehung zu wichtigen Menschen ab, agieren auf ihre Kosten oder verhalten uns so, als hätten wir die universale Wahrheit gepachtet.

Ich hoffe, daß ich durch dieses Buch zu einem besseren Verstandnis von Intimität und ihren Voraussetzungen beitragen konnte. Das Bemühen um echte Intimität ist nichts Geringeres als eine Lebensaufgabe. Das Ziel ist, in Beziehungen zu leben, in denen die Individualität beider Seiten akzeptiert und verstärkt werden kann und in denen die Stärken und die Schwächen des eigenen Selbst und des anderen nicht aus dem Blickfeld geraten. Die Voraussetzungen für Intimität sind ein klares Selbst, unablässige Selbstbeobachtung, offene Kommunikation und tiefer Respekt für unterschiedliche Lebensauffassungen. Zu echter Nähe gehört die Fähigkeit, mit wichtigen anderen Menschen auch in Zeiten angstvoller Spannung emotional verbunden zu bleiben und gleichzeitig in der Beziehung eine klare Haltung zu vertreten, die auf den eigenen Wertvorstellungen, Überzeugungen und Lebensprinzipien beruht.

Es ist so schwer, die Grundlagen für echte Intimität zu schaffen, weil das, was wir »von Natur aus« tun, uns natürlich in die falsche Richtung führt. Wie wir gesehen haben, bringen unsere normalen, reflexartigen Strategien der Angstbewältigung uns unweigerlich dazu, in Verhaltensmuster, Polarisierungen und Reaktionsweisen zu verfallen, die uns in leidvoller Stagnation festhalten. Je stärker die Ängste sind und je länger sie anhalten, desto rigider werden die Beziehungsmuster und desto mehr Mut und Motivation müssen wir aufbringen, um auch nur kleine Veränderungen zu erreichen.

## Wie Sie dieses Buch am besten anwenden

Zunächst einmal: Gehen Sie langsam und mit Überlegung vor! Die Fallgeschichten und theoretischen Überlegungen, die ich in diesem Buch vorgestellt habe, sind so komplex, daß sie sich unmöglich in eine Liste von »Wie-werde-ich...«-Anweisungen übersetzen lassen. Dennoch können Sie der Geschichte jeder Frau bei aufmerksamer Betrachtung genügend Anregungen dafür entnehmen, was für Sie in den nächsten Jahren zur Bearbeitung anstehen könnte. In meinem ersten Buch »Wohin mit meiner Wut« ging es auch um Beziehungskonflikte und um Wege zu ihrer Bewältigung. Wenn Sie mehr über Reaktivität, Gegenreaktionen, Muster der Angstbewältigung und Dreieckskonstellationen erfahren wollen, schlage ich vor, daß Sie »Wohin mit meiner Wut« ebenfalls lesen. Beide Bücher rollen die zentrale Problematik von Beziehungskonflikten auf – von unterschiedlichen Ausgangspunkten aus. Vielleicht entschließen Sie sich auch, gemeinsam mit anderen Frauen eine Gruppe zu begründen und die Bücher als Ausgangsmaterial für Diskussionen und für die Arbeit an wichtigen Beziehungen zu benutzen.

Sie werden aus diesem Buch den größten Nutzen ziehen, wenn Sie bereit sind, sich mit *Theorien* auseinanderzusetzen und sich nicht in erster Linie an *Techniken* zu orientieren. Wenn eine Beziehung konflikthaft wird oder in die Krise gerät, wünschen wir uns natürlich »Techniken«; das heißt, wir wollen wissen, was wir *tun* können, um die Situation zu verändern. Vielleicht hätten wir am liebsten ein überschaubares Programm, an dem wir uns orientieren können, eine Liste der Dinge, die wir tun oder lassen sollen. Aber auch die besten »Techniken« werden im günstigsten Fall kurzlebige Resultate hervorbringen, wenn wir uns nicht bemühen, die zugrundeliegende Theorie oder die Grundprinzipien zu verstehen – in diesem Fall die Theorie der Muster von Angstbewältigung und der Dynamik von Beziehungssystemen unter Streß.

In Wahrheit gibt es keine Techniken, durch die man Intimität »erzeugen« kann, obwohl zahllose Selbsthilfebücher diese Versprechung machen. Intimität kann sich erst dann einstellen, wenn wir uns auf ein stabileres Selbst zubewegen und unseren eigenen Anteil an Beziehungsmustern erkennen, die uns in der Stagnation festhalten. So, wie ich sie an den Fallgeschichten von Frauen demonstriert habe, erscheinen die grundlegenden Ideen dieses Buches vielleicht klar und simpel. Wenn Sie jedoch versuchen, das Gelernte auf Ihre eigenen Beziehungen zu übertragen, werden Sie feststellen, wie schnell Ambivalenzgefühle aufsteigen und mit welchen komplexen Schwierigkeiten der Prozeß der Veränderung verbunden ist. In diesem letzten Kapitel werde ich daher die wichtigsten theoretischen Überlegungen noch einmal zusammenfassend darstellen. Je solider Ihr Grundlagenwissen ist, desto klarer werden Sie entscheiden können, ob, wie, wann und mit wem Sie das Experiment der Veränderung wagen wollen. Dazu werden wir zunächst noch einmal auf Gefühle und Reaktivität eingehen und uns dann dem komplexen Problem der Konzentration auf das eigene Selbst zuwenden.

## Über Gefühle nachdenken

Als ich dieses Buch zu schreiben begann, bat ich acht Menschen, zu definieren, was sie unter einer »intimen Beziehung« verstehen. Die meisten kamen, mit kleinen Varianten, zu derselben Definition: »Eine intime Beziehung ist eine Beziehung, in der man seine wirklichen Gefühle ausdrücken kann.« Das

Wort »Gefühle« wurde von allen betont, und es herrschte Übereinstimmung darüber, daß der freie und spontane Ausdruck der Emotionen das Entscheidende sei. Auch ich stimme dem zu: In einer intimen Beziehung kann ich die sein, die ich bin; das heißt, ich kann mein eigenes Selbst offen zeigen. Der offene Ausdruck von Gefühlen ist natürlich ein wesentlicher Bestandteil von Intimität.

Und dennoch – wenn Sie auf die vorangegangenen Kapitel dieses Buches zurückblicken, werden Sie feststellen, daß vom »Ausdruck der eigenen Gefühle« wenig und vom »Alles-Rauslassen« gar nicht die Rede ist. Ich habe vielmehr das Schwergewicht auf das Beobachten, Nachdenken und Planen gelegt und betont, wie wichtig es ist, in einer spannungsgeladenen Situation Ruhe zu bewahren. Bedeutet das, Gefühle seien »falsch« oder »schlecht« und ihr freier und spontaner Ausdruck behindere den Prozeß der Intimität? Keineswegs!

In flexiblen Beziehungen ist das Maß an Emotionalität, das wir aufwenden, um unseren Standpunkt zu vertreten, von untergeordneter Bedeutung; es ist eine Frage des individuellen Temperaments. Ich kann mich mit meinem Mann, meinen Kindern, meinen Freunden gelegentlich heftig darüber streiten, wer »recht hat«, und ich genieße diese Art von Austausch, wenn er keine allzu rigiden Formen annimmt. Zu bestimmten Zeiten und in anderen Beziehungen gehe ich jedoch mit so viel Überlegung und Ruhe vor, wie ich aufbringen kann.

Es ist grundsätzlich wichtig, daß wir uns unserer Gefühle *bewußt* sind. Unsere Gefühle haben immer eine Ursache, und sie verdienen unsere Aufmerksamkeit und unseren Respekt. Selbst unangenehme Gefühle wie Wut oder Verzweiflung, die wir vielleicht lieber meiden möchten, können dazu dienen, die Würde und die Integrität des Selbst zu bewahren. Sie signalisieren uns, daß es hier ein Problem gibt, daß wir so nicht weitermachen können, und sie führen uns die Notwendigkeit von Veränderungen vor Augen. Aber wie ich in meinem ersten Buch »Wohin mit meiner Wut« ausführlich darlegte, führt es nicht unbedingt zu einer Lösung unserer Probleme, wenn wir diesen Gefühlen freien Lauf lassen.

Wenn wir unsere Gefühle »herauslassen«, kann das die Atmosphäre bereinigen (oder verdüstern), und vielleicht geht es uns besser (oder auch schlechter). Heftige emotionale Auseinandersetzungen sind einfach ein unvermeidlicher Aspekt des Zusammenlebens in nächster Nähe, und es ist beruhigend zu wissen, daß unsere Beziehungen diese Stürme überstehen oder sogar dadurch gestärkt werden können. Aber das Abreagieren der Gefühle als solches wird an eingefahrenen Beziehungsmustern nichts ändern. In festgefahrenen Beziehungen führt das »Herauslassen« der Gefühle nur dazu, daß die Beteiligten noch rigider an den alten Verhaltensmustern festhalten und daß keine Veränderungen zustande kommen.

In manchen Fällen kann ein leidenschaftlicher Gefühlsausbruch ein Wendepunkt sein, sogar in einer konflikthaften Beziehung, denn er zeigt uns selbst und anderen, daß wir es wirklich ernst meinen. Ein solcher Ausbruch ist Teil eines Prozesses, in dem wir uns abgrenzen und klarstellen, was wir akzeptieren werden und was nicht. Aber ebenso häufig trifft das Umgekehrte zu: Reaktivität dient dazu, »Dampf abzulassen«, und danach läuft alles wieder im alten Gleis. Durch Reaktivität und negative Gefühlsintensität entsteht oft eine Eigendynamik: Es kommt immer wieder zu denselben Reaktionen. Wenn dieser Zustand chronisch wird, blockiert die Reaktivität die Konzentration auf das eigene Selbst – die einzige Grundlage, auf der eine intime Beziehung aufgebaut werden kann.

Gefühle können nicht »schlecht« oder »falsch« sein, und das alte Vorurteil, Frauen seien »zu emotional«, trifft ganz einfach nicht zu. Gefühle wahrnehmen und ausdrücken zu können ist eine hochentwickelte Fähigkeit – eine Stärke und nicht etwa eine Schwäche. Es hilft jedoch niemandem, von den eigenen Gefühlen gebeutelt und überschwemmt zu werden. Dagegen ist es durchaus sinnvoll, über Gefühle nachzudenken. Mit »Nachdenken« meine ich allerdings nicht die intellektualisierende Gefühlsabwehr, die Männern oft so wunderbar gelingt. Ich meine damit einfach, daß wir uns unsere Gefühle bewußtmachen und darüber nachdenken können und daß wir bewußte Entscheidungen darüber treffen können, wie, wann und wem gegenüber wir sie ausdrücken wollen.

Selbst wenn wir uns ehrlich um Objektivität bemühen, ist es nicht einfach, zwischen authentischen Gefühlen und angstgetriebener Reaktivität zu unterscheiden. Als Adrienne (Kap. V) und ihr Vater bei einem Gespräch über seinen bevorstehenden Tod gemeinsam weinten, teilten sie ein starkes Gefühlserlebnis miteinander. Aber vorher, als Adrienne die Auseinandersetzung mit der Krebserkrankung ihres Vaters abwehrte und statt dessen mit ihrem Mann stritt – oder sich von ihm zurückzog –, da war es Reaktivität. Als Linda ihrer Schwester Claire von ihrer Furcht erzählte, sie zu verlieren, und als sie Claire später sagte, sie habe Angst davor, ihre Beziehung als Schwestern könne so distanziert werden wie die zwischen der Mutter und ihrer Schwester Sue, war sie mit ihren wirklichen Gefühlen in Kontakt. Aber vorher, als sie ihrer Schwester oder ihrer Mutter voller Wut Vorträge darüber hielt, was sie anders machen sollten – das war Reaktivität. Reaktivität ist ein angstgetriebenes Verhalten, das einen wirklich intimen Austausch blockiert – einen Austausch, der zur offenen Darlegung von Gefühlen und Gedanken ermutigt und der es erleichtert, Auswege aus Konfliktsituationen zu finden.

Da wir immer und in allen Lebensbereichen Ängsten ausgesetzt sein werden, ist Reaktivität ein Tatbestand des emotionalen Lebens, mit dem wir rechnen müssen. Die Frage ist aber: Wie gehen wir mit unserer Reaktivität um? Um uns in Richtung einer befriedigenden Form von Verbundenheit und eines authentischen Austauschs zu bewegen, müssen wir die Situation vielleicht erst »entschärfen«, um die angstvolle Spannung herabzusetzen. Wenn eine wichtige Beziehung in die Sackgasse geraten ist, kann der größte Mut zur Veränderung darin bestehen, einen vorsichtigen, kleinen Schritt in eine neue Richtung zu machen, eine neue Haltung mit Humor und Schlagfertigkeit zu vertreten, unseren Standpunkt in einigen kurzen Sätzen darzustellen, statt einen langen Vortrag zu halten. Das allmähliche, schrittweise und ruhige Vorgehen erlaubt uns auch, unsere eigenen Ängste und Schuldgefühle im Zaum zu halten, so daß wir bei unserem Weg und bei der Konzentration auf das eigene Selbst bleiben können, wenn die Welle der »Tests« und der Gegenreaktionen anrollt.

## Konzentration auf das eigene Selbst

Wenn Paare wegen ihrer Beziehungsprobleme in Therapie kommen, sind sie grundsätzlich partnerfixiert, das heißt, jeder Partner sieht den anderen als »das Problem« an und meint, das Problem sei gelöst, wenn der (oder die) andere zur Veränderung bereit sei. (Was ich hier über Paare sage, trifft im übrigen auf alle Formen emotionaler Partnerschaft zwischen zwei Menschen zu.) Was geschieht, wenn ein Paar über einen längeren Zeitraum partnerfixiert bleibt? *Sie* besteht darauf, daß die Beziehung sich nur verbessern kann, wenn *er* endlich mehr Verantwortung übernimmt. *Er* sagt, es liege nur an ihr: *sie* sollte weniger nörgeln und mehr Sensibilität für seine Bedürfnisse aufbringen. Also was geschieht? Es kommt zu keiner Veränderung. Ich habe noch nie erlebt, daß eine Beziehung sich positiv verändert, wenn es nicht wenigstens einem Partner gelingt, die negative oder überbesorgte Fixierung auf den anderen aufzugeben und die in der Fixierung gebundene Energie in sein oder ihr eigenes Leben zurückzuleiten.

Jeder mutige Akt der Veränderung, den ich in diesem Buch beschrieben habe, und jeder Veränderungsschritt erfordert eine Bewegung in Richtung »mehr Selbst« oder stärkerer Konzentration auf das eigene Selbst. Ob das Gegenüber der Partner oder Ehemann ist, ein Kind, Bruder, Schwester, Vater, Mutter oder der Chef – wenn wir uns auf das eigene Selbst konzentrieren, müssen wir unsere unproduktiven Versuche, die andere Partei zu bessern oder zu verändern, aufgeben (denn das ist ohnehin nicht möglich) und die Energie, die wir auf diesen Versuch verwendet haben, in die Arbeit an uns selbst investieren.

Nur dann können wir uns aus eingefahrenen Mustern befreien und in der Beziehung neue Wege beschreiten. Wir dürfen Selbstkonzentration jedoch nicht mit Selbstbeschuldigung verwechseln. Arbeit am eigenen Selbst bedeutet *nicht*, daß wir uns anklagen und uns allein für unsere Probleme verantwortlich machen. Wir müssen sehen, daß unsere Konflikte mit den spezifischen Bedingungen in Familie und Gesellschaft, unter denen wir leben, in Zusammenhang stehen. Arbeit am eigenen Selbst heißt keinesfalls, daß wir Diskriminierungen und Ungerechtigkeiten schweigend hinnehmen.

Betrachten wir die Veränderungen, die durch die zweite Welle der Frauenbewegung in Gang gesetzt worden sind, um diesen Punkt zu verdeutlichen: Dieser entscheidende Wandel in der gesellschaftlichen Stellung der Frau hätte sich nicht vollzogen, wenn wir unsere Wut auf die Männer und die männliche Kultur verleugnet oder unterdrückt und wenn wir uns ausschließlich auf die Frage konzentriert hätten: Was stimmt nicht mit *mir*? Andererseits hätte die feministische Bewegung keine effektiven Veränderungen hervorbringen können, wenn wir in einer Position der Reaktivität steckengeblieben wären und unsere Hauptenergien darauf ausgerichtet hätten, Männer zu verändern und nettere oder gerechtere Menschen aus ihnen zu machen. Die Frauenbewegung hat unser aller Leben deshalb so stark verändert, weil die Feministinnen eins sehr deutlich erkannten: Wenn wir uns nicht selbst über unsere Bedürfnisse klarwerden, wenn wir nicht selbst definieren, wie wir leben wollen, wenn wir nicht selbst aktiv für unsere Ziele kämpfen, wird es auch niemand anderes für uns tun. Damit begann die wichtige Bewegung der feministischen Sprach- und Geschichtsforschung; zahllose Programme und Einrichtungen, die für das Leben von Frauen von zentraler Bedeutung sind, wurden etabliert, die Frauenforschung wurde ins Leben gerufen, und neue, feministisch orientierte wissenschaftliche Zeitschriften wurden begründet – um nur einige der neuen Aktivitäten zu benennen. Nur unsere eigenen Veränderungsprozesse, unser individuelles und kollektives Aktivwerden in eigener Sache konnten schließlich auch Männer dazu herausfordern, sich zu verändern.

Arbeit am eigenen Selbst bedeutet keine Einengung des Blickwinkels. Im Gegenteil: Sie bringt uns dazu, unsere Beziehungsprobleme im weitestmöglichen Kontext von Familie und Kultur zu sehen. Dieser erweiterte Blickwinkel hilft uns, ruhiger und objektiver über unsere Situation nachzudenken und zu überlegen, wie wir unseren eigenen Anteil daran verändern können. Und hier – in unserem eigenen Verhalten – liegt auch die einzige Möglichkeit zu aktiver Veränderung.

## Arbeit am Selbst und Bescheidenheit

Die Arbeit am eigenen Selbst erfordert mehr als die Anerkennung der Tatsache, daß wir den anderen nicht verändern können und daß dies auch nicht unsere Aufgabe ist; sie verlangt auch eine Veränderung des Bewußtseins, eine andere Einstellung zum Leben, die sich nicht von selbst ergibt. Ich meine damit eine tiefe Einsicht in das geringe Wissen über menschliches Verhalten, das uns zur Verfügung steht. Es ist unmöglich, Experte für einen anderen Menschen zu sein. Wie ich eingangs betonte, können wir nicht wissen, wann und unter welchen Umständen jemand bereit ist, an bestimmten Problemen zu arbeiten, und wie gut er oder sie die Konsequenzen der Veränderung verkraften kann. Es ist schon schwer genug, das für uns selbst zu erkennen. Dennoch verfallen wir im Namen der Liebe und der guten Absichten sehr leicht in eine besserwisserische Haltung und geben vor, zu wissen, was andere tun oder lassen sollten. Diese Haltung schließt die Möglichkeit echter Intimität aus und macht es anderen viel schwerer, die Verantwortung für die Lösung ihrer Probleme zu übernehmen und mit ihrem eigenen Leid umzugehen.

## Am Selbst arbeiten und ein Selbst sein

Die Lösung aus der Fixierung auf andere hat jedoch nichts mit Schweigen, Distanz, Kontaktvermeidung oder einer Laissez-aller-Politik zu tun. Wenn wir es aufgeben, Experten für andere sein zu wollen, heißt das vielmehr, daß wir unserem eigenen Selbst näherkommen. Durch Konzentration auf das Selbst gelingt es uns *besser*, anderen Interesse entgegenzubringen, anderen unsere Sichtweise eines Problems zu vermitteln, unsere Wertvorstellungen und Überzeugungen darzustellen und auch dazu zu stehen. Wie wir am Beispiel Adriennes und Lindas sahen, verhalten wir uns so, weil es der Selbstklärung dient, und nicht, weil wir die Lösungen für die Probleme anderer parat haben. Die folgende Geschichte ist ein weiteres Beispiel dafür, wie eine Frau den Weg zum eigenen Selbst finden kann.

Reginas Ehemann, Richard, wurde schwer depressiv, als sein

Vater gestorben war und er kurz darauf seinen Arbeitsplatz verlor. Er blieb immer häufiger im Bett, isolierte sich von anderen und brachte nicht viel Energie für die Arbeitssuche auf. Regina, ein klassischer überfunktionierender Typ, organisierte ihr Leben um die Probleme ihres Mannes herum. Neben ihrem Beruf übernahm sie die gesamte Hausarbeit und die Fürsorge für die Kinder, weil Richard behauptete, er komme nicht damit zurecht. Sie gab Annoncen auf und brachte Richard die Zeitungen mit, die Stellenanzeigen enthielten. Sie lehnte Einladungen ab, wenn ihr Mann soziale Kontakte vermeiden wollte, stellte sich mehr und mehr auf seine Probleme ein und versuchte, sie zu lösen. Richards Depressionen verschlimmerten sich.

Nach einigen Monaten fühlte Regina sich völlig ausgebrannt. Sie erklärte Richard, daß sie in letzter Zeit sehr schlecht mit sich selbst umgegangen sei und daß sie sich jetzt in erster Linie um eine Veränderung dieser Situation kümmern müsse. Sie meldete sich bei einer Gymnastikgruppe an, begann wieder mehr mit Freunden auszugehen und nahm Einladungen an, auch wenn Richard nicht mitkam. Außerdem hörte sie auf, ihn zu decken oder für ihn zu funktionieren. Wenn Freunde anriefen, ließ Richard sich zum Beispiel gern verleugnen: »Sag Al, daß ich nicht da bin. Ich bin zu deprimiert, um mit ihm zu reden.« Jetzt reichte Regina ihm den Telefonhörer und sagte freundlich: »Sag es ihm selbst!«

Als Richard darauf bestand, daß sie seine Depressionen vor anderen geheimhalten sollte, überlegte sie sich eine Lösung, bei der sie selbst ein gutes Gefühl hatte: »Ich werde deiner Mutter oder Al nichts sagen, denn ich denke, das ist deine Sache. Aber ich habe mit meinen Eltern und mit Sue schon darüber gesprochen, denn sie sind mir wichtig, und ich mag vor ihnen keine solchen Geheimnisse haben.« Regina bemühte sich zunehmend darum, für sich selbst zu einer verantwortlichen Position zu finden; sie richtete ihr Verhalten nicht mehr auf Richards Symptome und Erwartungen aus.

Richard blieb weiterhin in seinem winterschlafähnlichen Zustand. An einem Samstag betrat Regina das Schlafzimmer und sagte: »Richard, wenn das noch eine Woche so weitergeht, werde ich selbst so depressiv, daß ich mich hier genauso wie du im Bett verkrieche und nichts mehr unternehme. Dann sitzt die Familie wirklich in der Patsche. Was schlägst du also vor?«

Regina machte keine leeren Worte; sie meinte es wirklich ernst. Sie konnte Richard Anregungen zur Lösung seines Problems geben, wenn er interessiert war, aber sie hatte keine Patentrezepte für ihn parat. Sie wußte jedoch sehr genau, daß sie den Zustand nicht mehr lange ertragen konnte, um ihrer selbst willen und auch aus Sorge um ihn und um die Familie. An diesem Punkt war sie nicht mehr bereit, seine Depressionen vor Freunden oder vor seiner Familie geheimzuhalten.

Schließlich kam Regina zu einer Grundsatzentscheidung. Richard mußte etwas unternehmen, denn sie konnte mit der Situation nicht mehr leben. Er wurde für kurze Zeit in eine Klinik eingewiesen und begann danach eine Psychotherapie. Regina konnte ihm genügend Spielraum lassen, selbst mit seinen Depressionen fertig zu werden, denn sie hatte Mitgefühl mit seinem Leiden, fixierte sich aber nicht darauf. Sie verwendete ihre Energien für die Arbeit an ihren eigenen Problemen und erzählte ihm auch davon. Als er ihr anfangs kein Interesse entgegenbrachte, sprach sie dieses Problem offen an (»Richard, du gibst mir dauernd zu verstehen, daß meine Gefühle nicht zählen, weil deine Probleme so sehr viel schwerer sind. Aber meine Arbeitssituation bringt mich wirklich zur Verzweiflung, und es muß möglich sein, daß ich mit dir darüber spreche – wenn nicht jetzt im Augenblick, dann in nächster Zeit«).

Der Wechsel von der Fixierung auf andere zur Konzentration auf das eigene Selbst ist für Überfunktionierende, die wirklich glauben, daß der andere ohne ihre Hilfe umkommt, besonders schwierig. Vielleicht wird uns nicht bewußt, daß unsere Hilfe auch schädlich sein kann.

Bewirkt die Arbeit am eigenen Selbst, daß in einer konflikthaften Beziehung Intimität entsteht? Nicht auf Anhieb. Wenn wir unsere Grenzen neu abstecken, reagiert der andere zunächst meistens negativ. Diese Regel gilt in unterschiedlich schweren Fällen, ob Sie Ihrem Mann sagen, daß Sie ihm kein Frühstückspaket mehr zurechtmachen werden, oder ob Sie Ihrer bulimiekranken Tochter mitteilen, daß sie selbst saubermachen muß, wenn sie morgens erbricht, auch wenn sie dann zu spät zur Schule kommt.

Jede Bewegung in Richtung »mehr Selbst« in einer Beziehung löst Ängste und Gegenreaktionen aus (»Wie kannst du nur so egoistisch sein!?«). Wenn es uns jedoch gelingt, ohne Distanzierung und ohne Schuldzuweisungen an einer neuen Position festzuhalten, kann sich allmählich mehr Intimität entwickeln – zumindest geben wir der Beziehung damit die beste Chance. Aber Sie können an Veränderungsprozesse nicht mit der Erwartung herangehen, daß Sie für Ihre Anstrengungen geliebt werden. Der andere liebt Sie vielleicht ganz und gar nicht dafür, zumindest nicht sofort und möglicherweise auch nie.

## Arbeit am Selbst und emotionale Unabhängigkeit

Wenn wir uns mehr auf unser eigenes Selbst konzentrieren, nehmen wir eine verantwortliche Position in einer Beziehung ein, die auf unseren eigenen Wertvorstellungen, Überzeugungen und Grundsätzen beruht, statt nur darauf zu reagieren, wie der andere die Beziehung definiert. Wie wir gesehen haben, erfordert diese Selbstkonzentration das Aufgeben der Reaktivität und ein hohes Maß an emotionaler Unabhängigkeit von anderen.

Nehmen wir Janine als Beispiel, eine Frau, die außerhalb ihrer Konfession heiratete und zum Katholizismus übertrat. Als Reaktion darauf weigerten sich ihre Mutter und ihr älterer Bruder, an der Hochzeit teilzunehmen, und betrachteten sie nicht mehr als Mitglied der Familie. Sie ignorierten Janines Bemühungen, ihnen die Gründe für ihre Konversion zu erklären. Ihr Entschluß, den Kontakt zu Janine abzubrechen, war so unumstößlich, daß sie die Geburt des ersten Kindes nicht zur Kenntnis nahmen.

Janine gelang es schließlich, die Entscheidung ihrer Mutter und ihres Bruders zu akzeptieren, obwohl sie nicht damit einverstanden war. Als sie sich mit der Geschichte ihrer Familie beschäftigte, fand sie heraus, daß es seit Generationen solche Zerwürfnisse unter Familienmitgliedern gegeben hatte, die auf unterschiedlichen Lebensauffassungen beruhten. Im weiteren

Familienkreis gab es zwei Parteien, die miteinander im Krieg lagen; manche der Verwandten hatten seit Jahren kein Wort miteinander gewechselt. Janine mußte sich nun überlegen, ob sie dieses Muster der Angstbewältigung übernehmen und an die nächste Generation weitergeben wollte.

Sie entschied sich, daß sie von sich aus den Kontakt nicht aufgeben würde. Obwohl ihre Mutter und ihr älterer Bruder sie für »tot« erklärt hatten, schickte sie beiden Geburtstags- und Urlaubskarten und hielt sie mit kurzen Notizen über die wichtigsten Ereignisse in ihrem Leben auf dem laufenden. In ihren Mitteilungen versuchte sie nie, ihre Mutter und ihren Bruder zur Meinungsänderung oder zur Versöhnung zu bewegen. Sie machte klar, daß sie ihre Verletztheit durchaus verstehe und die Tatsache akzeptiere, daß sie mit ihr keine Beziehung haben wollten. Sie erklärte aber auch, daß es ihr selbst nicht möglich sei, vorzugeben, sie habe keine Mutter und keinen Bruder; es sei ihr einfach zu schmerzlich, die Existenz zweier so wichtiger Menschen in ihrem Leben zu verleugnen.

Kurz nachdem Janine sich zu einer Position der Verbundenheit entschlossen hatte, schrieb sie ihrer Mutter und ihrem Bruder in kurzen Briefen, sie sei sich der Tatsache bewußt, daß viele ihrer Verwandten nicht mehr miteinander in Verbindung ständen. Sie machte deutlich, daß sie die Notwendigkeit einer solchen Entscheidung für manche Menschen respektiere, daß sie selbst aber entsetzlich darunter leide, den Kontakt zu einem Familienmitglied abzubrechen. Obwohl Janines eigener Entschluß, den Kontakt aufrechtzuerhalten, feststand, blieb sie in ihren Mitteilungen an Mutter und Bruder kurz und zurückhaltend; sie erkannte, daß sie durch ein anderes Verhalten die Distanzposition, zu der ihre Mutter und ihr Bruder sich entschlossen hatten, mißachten würde. Sie hielt sich auch anderen Familienmitgliedern gegenüber zurück, übte keine Kritik an ihrer Mutter und ihrem Bruder und machte keinen Versuch, ihr Verhalten zu erklären. Damit vermied sie die Bildung von Dreieckskonstellationen.

Vier Jahre später erhielt sie einen Anruf von ihrer Mutter. Kurz zuvor hatte Janine ihr mit einer Karte zum fünfzigsten Geburtstag gratuliert. Die Mutter erklärte, sie sei am Sonntag in der Kirche gewesen, und plötzlich sei ihr klargeworden, Gott könne nicht wollen, daß sie ihre Tochter von sich stoße. »Es ist nicht Gottes Wille, daß ich eine so gute Tochter verlieren soll«, sagte sie mit tiefer Bewegtheit. Dann nahm sie sich zusammen und fügte in sachlichem Ton hinzu: »Das Leben ist kurz. Ich möchte mein Enkelkind sehen!« Janines Bruder hielt zu diesem Zeitpunkt noch an seiner Ablehnung fest.

Wäre diese Versöhnung auch zustande gekommen, wenn Janine auf die wütende Ablehnung ihrer Mutter ebenfalls mit wütender Abwehr reagiert hätte? Wir wissen es nicht. Wichtig war, daß Janine für sich selbst entschied, die Verbindung aufrechtzuerhalten, unabhängig davon, ob ihre Mutter und ihr Bruder je wieder mit ihr reden würden. Janine fand zu einer Haltung, die ihr das Gefühl innerer Sicherheit und des Verantwortungsbewußtseins als Individuum innerhalb ihrer Familie gab. Sie leitete Veränderungsschritte innerhalb eines familiären Beziehungsmusters ein, das über Generationen weitergegeben worden war. Dieses Beispiel zeigt, was mit »emotionaler Unabhängigkeit« gemeint ist. Es ist eine Art von Unabhängigkeit, die uns letztlich eine solidere Verbundenheit mit anderen ermöglicht.

## Nachdenken über unsere Herkunftsfamilie

Die langsame Entwicklung zu mehr Verbundenheit – statt mehr Distanz – mit den Angehörigen unserer Verwandtschaftsgruppe ist die beste Voraussetzung dafür, daß wir auch in andere Beziehungen ein stabileres Selbst einbringen. Wenn wir mit dem weiteren Familienkreis kaum in Verbindung stehen und zu ein oder zwei Angehörigen unserer Herkunftsfamilie den Kontakt abgebrochen haben, gleichen unsere anderen Beziehungen vielleicht einem Dampfkochtopf – besonders dann, wenn wir selbst eine Familie gründen. Das Maß an Distanz oder Kontaktverlust im Verhältnis zu unserer Herkunftsfamilie steht in unmittelbarem Zusammenhang mit dem Grad an negativer Intensität und Reaktivität in unseren anderen Beziehungen. Nähe um jeden Preis – irgendeine Form von Nähe – ist natürlich nicht das Ziel. Es geht vielmehr um eine Form von Verbundenheit, in der die Integrität des Selbst und der Persönlichkeit des anderen gewahrt bleibt und die der Entstehung echter Intimität Raum gibt. Jedes in diesem Buch angeführte Beispiel illustriert eine Bewegung in diese Richtung; die Geschichte jeder Frau ist es wert, noch einmal sorgfältig nachgelesen zu werden, wenn Sie glauben, daß es darin Elemente gibt, die auf Sie zutreffen.

Wenn Sie sich inspiriert fühlen, eigene Veränderungsschritte zu planen, empfehle ich Ihnen, zuerst Ihr Genogramm zu erstellen und es sorgfältig zu studieren. Schon diese Aufgabe allein kann mutige neue Verhaltensweisen erfordern, denn Sie werden die notwendigen Informationen nicht erhalten, ohne mit Familienmitgliedern Verbindung aufzunehmen. Wie ich zum Schluß des letzten Kapitels schon erwähnte, wird die Beschäftigung mit dem Genogramm Ihnen helfen, die Konzentration auf Ihr Selbst beizubehalten, und Sie werden die familiäre Dynamik aus einer weiteren Perspektive sehen, über die wenigen Menschen hinaus, mit denen Sie unmittelbar zu tun haben. Die unangenehmen oder leidvollen Erfahrungen, die wir mit ein oder zwei Mitgliedern unserer Herkunftsfamilie gemacht haben, sind nicht an unseren gegenwärtigen Beziehungsproblemen »schuld«. Sie sind vielmehr Bestandteile eines viel größeren, über mehrere Generationen ausgedehnten Bildes von Ereignissen, Verhaltensmustern und Dreieckskonstellationen, das an uns weitergegeben wurde.

Außerdem kann das Genogramm Ihnen helfen, das Ausmaß von Ängsten in Ihrer Familie einzuschätzen. Wie spannungsgeladen sind die Dreieckskonstellationen? Sind Konflikte und Distanz die vorherrschenden Muster? Haben Familienmitglieder den Kontakt zueinander abgebrochen? Wie extrem sind die Polaritäten (Überfunktionieren – Unterfunktionieren) ausgebildet?

Bis zu welchem Grad wurden grundlegende Konflikte in der Familie offen ausgesprochen und verarbeitet? Welches Maß an offener Kommunikation ist möglich? Wie groß ist die Toleranz für unterschiedliche Lebensauffassungen? Wie extrem reagieren Familienmitglieder auf »heiße Eisen« wie Sexualität, Religion, Scheidung, Krankheit, Verantwortung für Alte, Alkoholismus?

Wenn über Generationen hinweg extreme Positionen existierten, spiegelt sich darin ein hohes Maß chronischer Ängste, und das bedeutet, daß Sie den Veränderungsprozeß sehr langsam und mit kleinen Schritten angehen müssen.

## Die Wahl des richtigen Zeitpunkts

Ein langsames Vorgehen ist vermutlich für uns alle eine gute Idee. Ich betone diesen Punkt immer wieder, weil die Beispiele dieses Buches zu einer übermäßig ehrgeizigen Haltung verleiten könnten. Ich habe Veränderungsprozesse von Frauen geschildert, die sich über mehrere Jahre hinzogen, oft mit Hilfe von Psychotherapie, und sie zu einem Kapitel verdichtet oder auf wenige Seiten reduziert. Dadurch erscheinen die Veränderungsprozesse unweigerlich zu einfach, auch wenn ich ständig das Gegenteil behaupte. Behalten Sie immer im Auge, daß entscheidende Veränderungsprozesse nur durch kleine, verkraftbare neue Schritte in Gang gesetzt werden können und daß Frustrationen und Rückfälle unvermeidlich sind. Wie klein die Schritte sein müssen (und wie groß die Frustrationen sind), hängt davon ab, welches Maß an Ängsten existiert und wie sehr sich die Verhaltensmuster verhärtet haben. Wenn wir versuchen, zuviel auf einmal zu tun, und enttäuscht werden, liefern wir uns die beste Rechtfertigung, daß »doch alles keinen Sinn hat«. Sehen wir uns zwei Beispiele kleiner Veränderungsschritte an, die sehr viel Mut erforderten.

Marsha hatte schon mehrere Jahre Psychotherapie hinter sich, als sie es wagte, ihren Vater nach den Namen und Geburtsdaten seiner Eltern zu fragen. Ihr Vater war im Alter von vier Jahren adoptiert worden, nachdem seine Mutter bei einer Grippeepidemie gestorben war. Es gab zahllose Fragen, die nie berührt und nie ausgesprochen worden waren: Was war mit Marshas Großvater geschehen, nachdem die Großmutter gestorben war? Warum wurde ihr Vater nicht von seinem Vater oder von einem anderen Familienmitglied aufgezogen? Was wußte ihr Vater über seine leiblichen Eltern und deren Familien? Marshas Vater sprach nie über seine frühe Kindheit und seine Vergangenheit und hatte sich übermäßig auf die Familie seiner Frau fixiert. Er war auch anfällig für schwere Depressionen – zu denen auch Marsha neigte –, und es war eine unausgesprochene Familienregel, den Vater nie nach seiner Vergangenheit zu fragen und nie mit ihm über wichtige emotionale Probleme zu sprechen. In Marshas Genogramm war die väterliche Seite ein weißer Fleck, was die leiblichen Verwandten anging.

Marsha litt selbst unter Depressionen und war aus diesem Grund in Psychotherapie gegangen. Sie lebte in ziemlicher Isolation, und ihr Selbstwertgefühl war gering. Ihr Vater war in extremer Weise auf seine Kinder fixiert – ein Resultat des völligen Abgeschnittenseins von seiner eigenen Herkunftsfamilie. Für Marsha war es ein mutiger Schritt zur Veränderung, als sie ihren Vater nach den Namen und Geburtsdaten seiner leiblichen Eltern fragte, und es war auch das einzige Wagnis innerhalb eines langen Zeitraums, zu dem sie bereit war. Es war ein bedeutsamer Schritt auf dem Weg zu einem stärkeren Selbstgefühl und zu mehr Verbundenheit mit anderen. Marsha stellte ihre Frage mit klopfendem Herzen – aber sie sprach sie aus.

Ein Jahr später (und vielleicht als Reaktion auf Marshas Veränderungsprozeß) zeigte ihr Vater ebenfalls Mut und machte einen ersten, vorsichtigen Versuch, nach seiner Herkunft zu forschen. Er hatte die Neugier über seine Vergangenheit unterdrückt aus Loyalität seinen Adoptiveltern gegenüber und aus starker, unbewußter Angst vor dem, was er entdecken könnte. Dieses innere Verbot war ein wichtiger Faktor bei seinen Depressionen, und es beeinflußte alle seine Beziehungen. Obwohl er bis heute dabei geblieben ist, »nur ein bißchen« nachzuforschen, macht dieses »bißchen« in seinem Leben vielleicht einen bedeutsamen Unterschied aus.

Wenn Verhaltensmuster sich stark verfestigt haben und ein hohes Maß an Reaktivität besteht, kann es sinnvoll und manchmal notwendig sein, professionelle Hilfe heranzuziehen. Eine meiner Freundinnen, Eleanor, war in eine extrem rigide Dreieckskonstellation mit ihren Eltern eingebunden; die Eltern waren legal geschieden, hatten sich emotional aber nie voneinander gelöst, und die negative Intensität zwischen ihnen war so stark, daß vielleicht nur Eleanors Begräbnis sie dazu gebracht hätte, sich für eine Weile an demselben Ort aufzuhalten. Eleanor spielte in dieser Dreieckskonstellation die Rolle der Verbündeten des Vaters und hatte zu ihrer Mutter eine sehr distanzierte Beziehung. Die Mutter hatte während der Ehe wiederholt Affären gehabt, die sie zu verheimlichen versucht hatte. Eleanor sah in ihrem Vater den »Betrogenen« und hatte, um ihn zu schützen, unbewußt die Beziehung zu ihrer Mutter geopfert. Diese zentrale Dreieckskonstellation und Eleanors Unfähigkeit, sowohl zum Vater als auch zur Mutter eine eigenständige Beziehung aufzubauen, die von der negativen Intensität der Paarbeziehung frei war, beeinträchtigte alle Beziehungen, die sie einging. Eleanors Position in der Dreieckskonstellation machte es auch unwahrscheinlich, daß ihre Eltern den ungelösten Ehekonflikt je angehen und sich wirklich voneinander trennen würden. Sobald eine Dreiecksdynamik sich einmal so stark verfestigt hat, geht sie auf Kosten aller Beteiligten.

Familiensystem-Therapeuten legen ihren Klienten nicht nahe, sich auf Biegen oder Brechen anders zu verhalten. Eleanor traf sich einmal im Monat mit ihrer Therapeutin und arbeitete daran, eine objektivere Einstellung zu der emotionalen Dynamik in ihrer Familie zu bekommen. Sie brauchte lange, bis sie aufhören konnte, ihrer Mutter die Schuld zuzuweisen, und bis sie erkennen konnte, daß die zentrale Dreieckskonstellation mit anderen, ineinander verflochtenen »Problemdreiecken« und familiären Schlüsselereignissen, die sich über mehrere Generationen erstreckten, in Zusammenhang stand. Erst nachdem sie zu dieser ruhigeren, objektiveren Sichtweise gekommen war, brachte sie die Bereitschaft auf, über ihren eigenen Anteil an der zentralen Dreieckskonstellation nachzudenken und ihn allmählich zu verändern.

Eleanors erster mutiger Schritt zur Veränderung in der Beziehung zu ihrem Vater war eine vorsichtige Anspielung auf die Existenz ihrer Mutter. »Ich habe heute morgen bei Mama den Rasen gemäht, und ich glaube, ich habe mir dabei einen leichten Sonnenbrand geholt«, sagte sie und redete dann weiter über das ungewöhnlich heiße Wetter. Wenn Sie jetzt *nicht* beeindruckt sind, kann ich nur sagen, Sie kennen Eleanor und die Dynamik in ihrer Familie nicht!

## Postskriptum zum Thema Selbstkonzentration:
Einen eigenen Lebensplan entwerfen

In festgefahrenen Beziehungsmustern können wir uns nur selbst verändern und nur unser eigenes Verhalten kontrollieren. In einem Beziehungssystem haben jedoch nicht alle der beteiligten Personen dieselbe Macht, Veränderungen in Gang zu setzen. Kinder, die von ihren Eltern abhängen, haben nicht dieselben Möglichkeiten, neue Wege zu gehen, wie die Erwachsenen. Eine Frau, die von ihrem Mann abhängig ist, was ihren Lebensunterhalt angeht, hat nicht dieselbe Handlungsfreiheit wie ihr Partner.

Wenn wir wirklich davon überzeugt sind, daß wir ohne die Unterstützung unseres Ehemannes, ohne das Geld, das unsere Mutter hinterlassen wird, ohne unseren gegenwärtigen Job oder ohne das Zimmer im Haus unserer Eltern nicht überleben können, lautet unser oberster Grundsatz vielleicht: »Zusammengehörigkeit um jeden Preis!« Wir artikulieren diesen Grundsatz nicht und sind uns seiner vielleicht nicht einmal bewußt, aber unter solchen Bedingungen kann es uns unmöglich erscheinen, entscheidende Veränderungsschritte zu unternehmen.

Kimberly zum Beispiel hätte vielleicht niemals den Mut gefunden, ihren Eltern zu sagen, daß sie lesbisch ist, wenn die Eltern die Miete für ihre Wohnung bezahlt hätten und wenn sie keine Möglichkeit der finanziellen Unabhängigkeit von ihnen gesehen hätte. Oder denken Sie an Jo-Anne, unsere anonyme Briefschreiberin aus dem zweiten Kapitel, die nach ihren eigenen Aussagen ihr Abonnement auf die Zeitschrift *Ms* kündigte, um ihre Ehe zu retten. Vielleicht verstrickt sie sich in endlose Zyklen von unproduktiven Streitigkeiten, Vorwürfen und Schuldzuweisungen. Vielleicht appelliert sie an Tausende von *Ms*-Leserinnen, gemeinsam mit ihr Stellung gegen ihren Mann zu beziehen. Aber letzten Endes bewahrt sie den Status quo, statt ihn in Frage zu stellen. Nur wenn Jo-Anne genügend Selbstvertrauen entwickelt hat, nur wenn sie weiß, daß sie selbst für ihre Sicherheit, ihr Überleben und einen angemessenen Lebensstandard sorgen kann, wird sie fähig sein, ihrem Mann gegenüberzutreten und zu sagen: »Ich werde mein Abonnement auf das *Ms Magazine* nicht kündigen!« Nur dann kann sie diese Position mit Festigkeit und Würde vertreten.

Paradoxerweise können wir in einer Beziehung so lange keine klare Linie finden, wie wir nicht fähig sind, auch ohne diese Beziehung zu leben. Für Frauen stellt das ein offensichtliches Dilemma dar. Die wenigsten von uns wurden in ihrer Erziehung dazu angehalten, ihre Hauptenergien auf den Entwurf eines eigenen Lebensplans zu verwenden, der die Ehe weder zur Voraussetzung macht noch ausschließt. Wir wurden über Generationen hinweg dazu erzogen, *nicht* in diese Richtung zu denken. Zahllose innere Widerstände und reale äußere Hindernisse blockieren unseren Weg, wenn es darum geht, unsere eigene Zukunft finanziell abzusichern und langfristige Berufs- und Karrierepläne zu entwerfen. Eine solche Planung, die sowohl individuelle als auch soziale Veränderungen voraussetzt, ist aber nicht nur für das Selbstwertgefühl von ausschlaggebender Bedeutung. Sie gibt uns auch eine solide Basis für die Gestaltung unserer engsten Beziehungen.

Es ist durchaus nicht meine Absicht, die Arbeit von Hausfrauen herabzusetzen oder das Problem der unbezahlten und unterbezahlten Arbeit von Frauen zu verkleinern. Die Spaltung der Frauen in zwei feindliche Lager ist vor allem auf den Einfluß der Medien zurückzuführen, die sich alle Mühe gaben, die »Mamas« und die »Karrierefrauen« gegeneinander aufzuhetzen. Die Frage ist nicht – und war auch nie –, ob die Hausfrauenrolle besser oder schlechter, langweiliger oder interessanter, befriedigender oder frustrierender ist als die leitende Position in einem Unternehmen. Wer von uns könnte solche Urteile fällen? Das wirkliche Problem liegt darin, daß die Hausfrauenrolle die meisten Frauen in eine Position extremer ökonomischer Abhängigkeit bringt – vor allem, wenn man bedenkt, wie hoch die Scheidungsraten sind, wie schwer es Frauen gemacht wird, nach einer längeren Berufspause ins Arbeitsleben zurückzukehren oder sich weiterzuqualifizieren, wie gering die staatlichen Erziehungsbeihilfen und die gesetzlich festgelegten Unterhaltszahlungen sind. Diese Tatsachen schlagen sich in den alarmierend hohen statistischen Zahlen alleinerziehender Mütter nieder, die am Rand des Existenzminimums leben.

Vielleicht fallen Sie bereits unter diese Statistik. Oder Sie ängstigen sich unbewußt so sehr davor, Teil dieser Statistik zu werden, daß Sie es noch nicht wagen, in der Beziehung zu jemandem, von dem Sie finanziell abhängig sind, eine entscheidende Veränderung zu vollziehen.

Zum Entwurf eines eigenen Lebensplans gehört jedoch noch mehr als das Streben nach größtmöglicher finanzieller Autonomie. Wir müssen auch daran arbeiten, uns über unsere Wertvorstellungen, Ziele und Prioritäten klarzuwerden und sie auf unser tägliches Leben anzuwenden. Wir müssen darüber nachdenken, welche unserer Talente und Fähigkeiten wir in den nächsten zwei – oder zwanzig – Jahren weiterentwickeln und nutzen wollen. Natürlich ist ein Lebensplan kein in Stein gehauenes starres Gebilde, sondern ein flexibler, offener Entwurf, der immer wandelbar bleibt.

Und schließlich: Einen Lebensplan entwerfen heißt *nicht*, daß wir die Wertvorstellungen der männlichen Kultur unkritisch übernehmen und ausschließlich Karriereziele verfolgen sollten. Einige von uns bemühen sich vielleicht sogar um eine Reduzierung ihres beruflichen Engagements, um mehr Zeit mit Freunden und mit ihrer Familie verbringen zu können oder um andere geistige oder gesellschaftspolitische Ziele zu verfolgen. Das Entscheidende an einem eigenen Lebensplan ist, daß er uns hilft, unser eigenes Leben (und nicht das eines anderen) so gut zu leben, wie wir können. Authentizität in der Gestaltung des eigenen Lebens und der Beziehungen zu unserer Herkunftsfamilie ist das wichtigste Vermächtnis, das wir an die nächste Generation weitergeben können.

Wenn wir es versäumen, unsere Hauptenergien auf den eigenen Lebensentwurf zu konzentrieren, wirkt sich das negativ auf unsere intimen Beziehungen aus, ebenso wie sich das Abbrechen der Kontakte zu unserer Herkunftsfamilie negativ auf die Familie auswirkt, die wir selbst begründen. Unsere intimen Beziehungen werden zu stark belastet, wenn wir keinen eigenen Lebensplan haben. Wir erwarten dann von anderen, daß sie unserem Leben Sinn geben oder für unser Glück sorgen, was nicht ihre Aufgabe ist. Vielleicht versuchen wir, unser Selbstwertgefühl von unserem Partner zu beziehen, aber andere können uns nun einmal kein Selbstwertgefühl geben.

Wir bringen uns in eine Situation, in der wir von den seelischen Hochs und Tiefs eines anderen Menschen abhängig werden, weil wir unserem eigenen Selbst zu wenig Aufmerksamkeit widmen.

Intime Beziehungen können einen eigenen Lebensentwurf nicht ersetzen. Aber ein Lebensplan muß intime Beziehungen mit einschließen, um sinnerfüllt und umsetzbar zu sein. Welche Bedeutung kommt intimen Beziehungen in einem Leben tatsächlich zu?

Ich selbst kenne Phasen, in denen meine persönlichen Projekte mich so sehr in Anspruch nehmen, daß mir die liebsten Menschen in meinem Leben wie eine Ablenkung erscheinen; mein größter Wunsch ist es dann, in Ruhe gelassen zu werden, damit ich tun kann, was ich tun will. Zu anderen Zeiten, zum Beispiel wenn es in meiner Familie zu einer Krise kommt, gibt es für mich nichts Wichtigeres als die Liebe meiner Familie und meiner Freunde und die Unterstützung der Gemeinschaft, in der ich lebe. Diese Liebe und meine Verbundenheit mit anderen ist dann von so hoher Bedeutung, daß daneben alles andere unwichtig erscheint.

Wir werden unser Leben lang unterschiedliche und wechselnde Bedürfnisse nach Distanz und Nähe haben; selbst im Lauf eines Tages oder einer Woche bleiben diese Bedürfnisse nicht völlig konstant. Der Wunsch nach Distanz ist ebenso normal wie der Wunsch nach Nähe; es gibt kein universell gültiges Maß an Intimität, das für alle Paare und alle Beziehungen »richtig« wäre. Wir brauchen jedoch einen gewissen Grad von lebendiger Verbundenheit mit der Familie, dem Freundeskreis und der Gemeinschaft, um Krisenzeiten und Konflikte durchzustehen. Und da das Leben jedes Menschen gewisse Härten und Tragödien enthält, können wir sicher sein, daß es hin und wieder zu Krisen kommt.

Jahrhundertelang war es die Aufgabe der Frauen, für Nähe zu sorgen, Beziehungen zu pflegen und die Verbindungen zwischen den Generationen aufrechtzuerhalten. Unglücklicherweise haben wir diese Aufgabe oft auf Kosten des eigenen Selbst erfüllt; wir haben persönliche und berufliche Ziele geopfert, die sowohl für unser Selbstwertgefühl als auch für unsere materielle Sicherheit von ausschlaggebender Bedeutung sind.

Das Gelingen, wenn nicht das Überleben unserer intimen Beziehungen hängt von unserer Fähigkeit ab, diese Kräfte ins Gleichgewicht zu bringen. Dasselbe gilt für das Überleben unserer Welt.

# Nachwort

Unsere weibliche Rollentradition bereitet uns weder darauf vor, einen eigenen Lebensplan zu entwerfen, noch legt sie uns nahe, uns selbst als die Initiatorinnen entscheidender Veränderungen zu betrachten. Frauen fühlen sich oft machtlos, wenn es darum geht, Veränderungen zu bewirken, sei es in der privaten oder in der öffentlichen Sphäre. Vielleicht hegen wir bewußt oder unbewußt die Überzeugung, wir müßten wie die Heldinnen unserer Märchen schlafend und passiv hinter der Dornenhecke oder im Glassarg ausharren, bis der Prinz kommt und uns erlöst. Unsere Sozialisation hat uns vermittelt, daß wir das passiv-abhängige Geschlecht sind und daß es die Aufgabe der Männer ist, die Dinge in die Hand zu nehmen und in der realen Welt Veränderungen zu bewirken.

Diese Gefühle der Machtlosigkeit sind begreiflich, denn Frauen wurden tatsächlich von der Macht ausgeschlossen. Es waren Männer, die Länder erforschten, Erde und Himmel kartographierten, Sprache und Kultur, wie wir sie kennen, prägten und die historischen Entwicklungen so aufzeichneten, wie sie in ihrer Sicht erschienen. Männer haben die uns bekannte Umwelt gebaut und zerstört; Männer beherrschen bis heute jede wichtige Institution, die mit Macht, Politik und Geld zu tun hat. Bevor die feministische Bewegung an Einfluß gewann, wurde die männliche Definition von »Realität« als allgemeingültig akzeptiert – ich zumindest war eine von denen, die sie als etwas Gegebenes hinnahmen. Obwohl Frauen als Mütter immer eine gewisse Macht ausübten, konnten sie nicht über die Bedingungen bestimmen, unter denen sie ihre Mutterrolle lebten, und die vorherrschenden Theorien darüber, was eine »gute Mutter« sei, wurden ebenfalls nicht von Frauen geschaffen. Selbst heute gibt es in Amerika kein weibliches Äquivalent zu den bekannten und meistgelesenen Experten für Säuglingspflege und Kindererziehung: Dr. Spock und Dr. Brazelton – und das liegt sicherlich nicht daran, daß Frauen weniger von Kinderpflege und -erziehung verstehen als Männer.

Die ungleiche Stellung der Geschlechter in unserer Gesellschaft läßt in Frauen leicht Ohnmachtsgefühle aufkommen und legt den Gedanken nahe, Frauen seien nicht fähig, entscheidende Veränderungen zu bewirken. Nichts könnte jedoch von der Wahrheit weiter entfernt sein. In den letzten zwei Jahrzehnten haben Frauen und Minderheiten nach den Spuren ihrer eigenen Geschichte gesucht und erstaunliche Erkenntnisse zutage gefördert. Wenn wir uns heute die Resultate der feministischen Geschichtsforschung ansehen, sind wir erstaunt und überrascht über die große Anzahl bedeutender Frauen und erschüttert darüber, daß ihre Pionierleistungen von der »offiziellen« Geschichtsschreibung nicht wahrgenommen oder unterdrückt und verleugnet wurden. Ein detailliertes Genogramm Ihrer eigenen Familie über drei oder vier Generationen wird Ihnen vermutlich zu der Entdeckung verhelfen, daß es auch unter Ihren Ahninnen mutige Frauen gab, die entscheidende Veränderungen einleiteten. Das Wissen um einen solchen Hintergrund kann uns sehr viel Kraft geben.

Ich habe mich in diesem Buch auf individuelle Veränderungen und auf Intimität konzentriert, also auf ein ganz persönliches Thema. Dennoch hoffe ich, daß wir uns auch zu mutigen und tatkräftigen Initiatorinnen sozialer Veränderungen entwickeln werden. Die größeren Lebenszusammenhänge, die wir »sozial«, »politisch«, »gesellschaftlich« oder »kulturell« nennen, wirken unmittelbar auf unser persönliches Leben und auf unsere Definition von Familie ein.

Obwohl diese Zusammenhänge nicht immer offen zutage liegen, sind individuelle Veränderungen von sozialen und politischen Veränderungen nicht zu trennen. Intime Beziehungen können sich unter den Bedingungen der Ungleichheit und der Ungerechtigkeit nicht zu einer wirklich lebendigen Form entfalten. Tatsächlich würden unsere intimen Beziehungen völlig anders aussehen, wenn Frauen wirklich als den Männern ebenbürtig betrachtet würden und wenn sie zu gleichen Anteilen wie Männer in allen Bereichen des öffentlichen Lebens repräsentiert wären. Wie solche Beziehungen konkret aussehen werden und wann diese Zukunftsvision lebendige Gegenwart sein wird, können wir uns im Augenblick nur vorstellen – aber wir müssen weiter daran arbeiten, diese Zukunftsvision zu realisieren.

# Anhang: Das Genogramm

Das Genogramm oder Familiendiagramm ist die bildliche Darstellung von Ereignissen und Fakten innerhalb eines Familiensystems über mindestens drei Generationen. Anhand dieser Darstellung können Sie einen guten Überblick über Entwicklungen in Ihrer Familie gewinnen. In manchen Zweigen der Psychotherapie und der Familienberatung ist das Genogramm mittlerweile ein häufig benutztes Instrument. Manche Therapeuten verwenden es nur, um einen Überblick über die Personen und Daten in einer bestimmten Familie zu erhalten. Anderen dient es als Ausgangspunkt für Hypothesen, die sich auf komplexe emotionale Strukturen in einer Familie beziehen. Das Genogramm stellt die Stärken und Schwächen eines bestimmten Individuums oder eine besonders konfliktgeladene familiäre Beziehung in einen größeren Zusammenhang und ermöglicht so eine komplexere und genauere Deutung bestimmter Probleme und Verhaltensweisen.

Obwohl das Genogramm von Therapeuten verschiedener psychologischer Schulen (und von Hausärzten, Historikern, Biographen und ähnlichen Berufszweigen) verwendet wird, assoziiert man es am häufigsten mit der Familiensystem-Theorie von Murray Bowen. Weitere Informationen dazu und Literaturhinweise finden Sie am Schluß dieses Anhangs.

Die Symbole des Genogramms

Weiblich ○

Geben Sie den Namen, das Alter, das Geburtsdatum, den Ausbildungsstand, die erreichte Berufsqualifikation und wichtige Krankheiten mit dem Monat und dem Jahr der Diagnose (D) an.

Sue
\* 18.5.53
Hochschulabschluß/Diplom
Sozialpädagogin
Migräne (D. 2/79)

Männlich □

Geben Sie den Namen, das Alter, den Ausbildungsstand, die Berufsqualifikation, wichtige Krankheiten und das Datum der Diagnose an.

>
> Al
> \* 2.9.52
> Abitur/Fachschulabschluß
> Versicherungsagent

*Zielperson*
Sie sind die Zielperson in Ihrem Genogramm. Umranden Sie Ihr Geschlechtssymbol mit einer dunkleren Linie

○ □

*Todesfälle*
Geben Sie das Alter, den Namen, das Datum und die Todesursache an

\* 12.2.10   \* 9.2.70
† 21.3.80    † 12.5.75
Herzanfall   Leukämie

*Eheschließungen*
Geben Sie das Datum der Heirat (H) an

*Trennung/Scheidung*
Trennung (T): eine diagonale Linie und das Datum
Scheidung (S): zwei diagonale Linien und das Datum

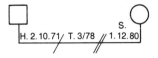

*Zusammenleben/wichtige Partnerbeziehung*
Zeichnen Sie eine gestrichelte Linie

*Mehrere Eheschließungen*
Mary war zweimal geschieden, bevor sie Joe heiratete. Joe war verwitwet

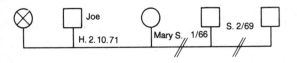

*Kinder*
Geben Sie die Reihenfolge der Geburten wieder, mit dem ältesten Kind auf der linken Seite beginnend

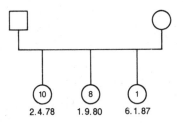

*Zwillinge*
Geben Sie an, ob es sich um eineiige (e) oder zweieiige (z) Zwillinge handelt.

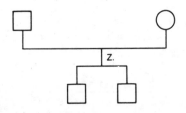

*Adoption*
Geben Sie das Geburtsdatum an, das Datum der Adoption (A) und alle vorhandenen Informationen über die leiblichen Eltern.

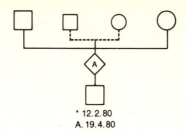

*Aufwachsen bei Pflegeeltern*
Ziehen Sie eine gestrichelte Verbindungslinie zu den leiblichen Eltern. Geben Sie an, wann Sie (oder die betreffende Person) in Pflege gegeben wurden (Pf.).

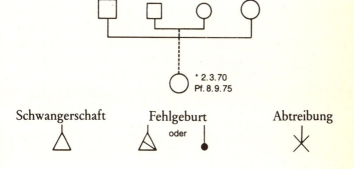

## Das Genogramm der Familie Strauss

Sarah ist die Zielperson. Sie ist das zweite Kind und die erstgeborene Tochter in der Geschwistergruppe. Joe, ihr älterer Bruder, wurde adoptiert, nachdem die Mutter eine Fehlgeburt gehabt hatte. Bill ist Sarahs jüngerer Bruder. Sarahs Vater, Gregory, ist der jüngste von drei Söhnen. Gregorys älterer Bruder, der erstgeborene Sohn, starb im Alter von neunzehn Jahren bei einem Autounfall. Sarahs Mutter, Edith, steht in der Mitte der Geschwisterreihe. Ihre älteren Geschwister, Roger und Eve, sind Zwillinge. Eve hat eine Tochter, Karen. Sie lebt mit dem Vater des Kindes zusammen, wollte aber nicht heiraten. Ediths jüngerer Bruder Paul ist dreimal geschieden und hat keine Kinder aus seinen Ehen. Er ist Alkoholiker.

Wir können aus dem Genogramm ersehen, daß Sarahs Vater, Gregory, mit der Wiederkehr einer traumatischen Erinnerung konfrontiert ist. Sein jüngster Sohn, Bill, ist dreizehn Jahre alt geworden – und in diesem Alter war Gregory, als sein Bruder Ralph bei einem Autounfall getötet wurde. Joe (der in derselben Geschwisterposition ist wie Ralph) wird neunzehn, erreicht also bald das Alter, in dem Ralph starb.

Außerdem ist der Gesundheitszustand aller noch lebenden Großeltern sehr schlecht. Schon aus diesen Informationen kann man schließen, daß Sarahs Familie zu diesem Zeitpunkt vermutlich unter hohen Spannungen steht.

Das Genogramm zeigt auch, daß Sarahs jüngerer Bruder Bill in ein Spannungsfeld besonders starker Ängste hineingeboren wurde. In dem Jahr, als Bill geboren wurde, trennten seine Eltern sich und versöhnten sich dann wieder; seine Großmutter väterlicherseits starb in demselben Jahr an Krebs. Im Verlauf von Bills erstem Lebensjahr wurde sein Onkel Edward geschieden, und seine Großmutter mütterlicherseits erlitt einen Herzinfarkt. Die Ereignisse, die Bills Eintritt in die Familie umgaben, könnten zu einer emotional aufgeladenen Beziehung eines Elternteils oder beider Eltern zu ihrem jüngsten Sohn führen. Als jüngstes Kind nimmt Bill dieselbe Position in der Geschwisterreihe ein wie sein unterfunktionierender Onkel Paul. Wie könnte dieser Zusammenhang die Beziehung zwischen Bill und seiner Mutter beeinflussen?

## Beispiel: Genogramm der Familie Strauss

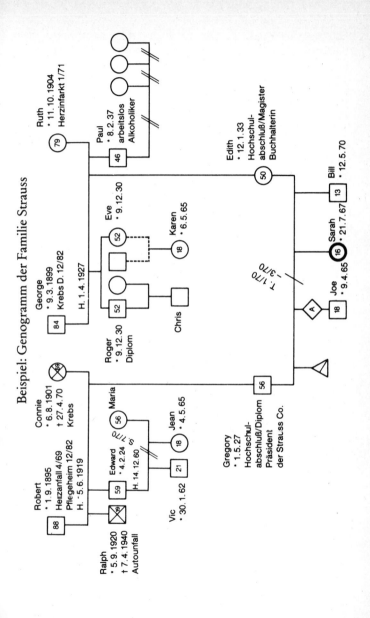

Dieses Genogramm wurde nur teilweise ausgefüllt, um die wesentlichen Zusammenhänge besser zu verdeutlichen. Denken Sie daran, daß zu den üblichen Informationen in einem Genogramm das Alter, die Geburtsdaten (oder Adoptionsdaten), der höchste Ausbildungsstand, die Berufsqualifikation, wichtige Krankheiten (und die Daten der Diagnosen), die Todesdaten und Todesursachen aller Familienmitglieder gehören, soweit Sie die Familiengeschichte zurückverfolgen können.

Vielleicht werden Sie es sinnvoll finden, auch andere wichtige Informationen in Ihr Genogramm aufzunehmen, zum Beispiel Ortsveränderungen oder Emigrationen, Eintritt in den Ruhestand, Alkohol- oder andere Drogenprobleme; Sie können Ihre eigenen Kürzel oder Symbole erfinden, um Platz zu sparen (z. B. A für »Alkoholiker«). Benutzen Sie ein großes Papierformat, damit Ihr Genogramm übersichtlich bleibt; so können Sie auch weitere wichtige Informationen nachtragen (Berufswechsel, Umzüge, ethnische oder religiöse Hintergründe, Einweisungen in psychiatrische Kliniken usw.).

Bibliographischer Hinweis: Monica McGoldrick and Randy Gerson: Genograms in Family Assessment; New York 1985.

# Anmerkungen

Kapitel I

S. 15: Über den Einfluß der Ehe auf die seelische Gesundheit von Frauen s.: E. Carmen, N. F. Rosso, J. B. Miller: Ineqality and Women's Mental Health; in: American Journal of Psychiatry 138/10 (1981), S. 1319–1330.

S. auch: Jessie Bernard: The Future of Marriage; New Haven 1982, und M. Walters, B. Carter, P. Papp, O. Silverstein: The Invisible Web; Gender Patterns in Family Relationships; New York 1988.

S. 16: s. dazu: Jean Baker Miller: Toward a New Psychology of Women, Boston 1986.

Die Autorin stellt die komplexen Zusammenhänge zwischen der Beziehungsorientiertheit von Frauen und ihrem Status als gesellschaftlich untergeordnete Gruppe dar. Diese Pionierarbeit von Jean Baker Miller hat in der Psychoanalyse zu einer neuen Betrachtungsweise des Engagements von Frauen für Nähe und Verbundenheit geführt.

S. auch: The Stone Center Working Papers on Women; Wellesley College; s. dazu auch: Carol Gilligan: Die andere Stimme. Lebenskonflikte und die Moral der Frau, München 1988.

Kapitel II

S. 22: Zum Thema Widerstand gegen Veränderungen in Familien s. Peggy Papp: The Process of Change, New York 1983.

Kapitel III

S. 33: »Letter to the Editor« (Brief an die Herausgeberin) in: Ms Magazine September 1980.

S. 34: Die traditionellen psychoanalytischen Konzepte des Selbst und die traditionellen Theorien über Abhängigkeit und Autonomie bei Frauen werden heute von feministischen Theoretikerinnen hinterfragt und neu formuliert; s. dazu die Arbeiten von Jean Baker Miller und die Forschungsarbeiten des Stone Centers, a.a.O. Dazu auch H. Lerner: Wohin mit meiner Wut?, Stuttgart 1987; Luise Eichenbaum und Susie Orbach: Was wollen die Frauen?, Reinbek bei Hamburg 1986; Carol Gilligan, a.a.O. und Nancy Chodorow: Das Erbe der Mütter, München 1985.

S. 42: Das Konzept des Selbst und das komplexe Zusammenspiel von Eigenständigkeit und Verbundenheit mit anderen wurden von der psychoanalytischen Theorie und von der Familiensystem-Theorie Bowens am ausführlichsten untersucht und beschrieben. Einen umfassenden Überblick über die Familiensystem-Theorie von Bowen bietet: Michael Kerr: Family Systems Theory and Therapy, in: Alan Gurman, David Knistern

(Ed): Handbook of Familiy Therapy, New York 1981, S. 226–264, und: Michael Kerr: Chronic Anxiety and Defining a Self, in: The Atlantic Monthly 262/3 Sept. 1988, S. 35–58.

S. auch: Michael Kerr, Murray Bowen: Family Evaluation, New York 1988.

Die Familiensystem-Theorie Bowens unterscheidet sich von anderen Systemtheorien dadurch, daß sie sich eher auf die evolutionäre Biologie beruft als auf die allgemeine Systemtheorie. Da die Schriften Bowens und seiner Mitarbeiter in Sprache und Weltanschauung vollständig androzentrisch sind, mag es schwierig sein, den Wert von Bowens Ideen für die Psychotherapie von Frauen zu erkennen. Eine feministische Kritik Bowens findet sich in: Deborah A. Luepnitz: The Family Interpreted: Feminist Theory in Clinic Practice, New York 1988, Kap. 3, S. 36–47.

Zur Anwendung der Ideen Bowens durch eine feministische Therapeutin s. Lerner, a.a.O., und Lerner: The Challenge of Change, in: Carol Tavris (Ed): Everywoman's Emotional Well-Being, New York 1986, Kap. 18.

S. 44: Das Wechselspiel von Überfunktionieren und Unterfunktionieren, Streit, Distanz und Kindfixierung wurde in der Familiensystem-Literatur als Muster der Angstbewältigung und des Umgangs mit Beziehungen unter Streß ausführlich beschrieben. S. Murray Bowen: Family Therapy in Clinical Practice, New York 1978; s. auch: M. Kerr, a.a.O., und Kerr and Bowen, a.a.O.

Kapitel IV

S. 48: Das Interaktionsmuster Bedrängen–Distanzieren wurde in der familientherapeutischen Literatur häufig und ausführlich beschrieben. S. Philipp Guerin, Katherine Buckley Guerin: Theoretical Aspects and Clinical Relevance of the Multigenrational Model of Family Therapy; in: Ph. Guerin (Ed): Family Therapy, New York 1976, S. 91–110.

Zum Durchbrechen des Zyklus Bedrängen–Distanzieren s. das Beispiel Sandra und Larry in: H. Lerner: Wohin mit meiner Wut?, a.a.O.

S. 58: Die meisten therapeutischen Richtungen bemühen sich um eine Verminderung der Ängste und um die Bewußtmachung ihrer Ursachen. Über den Einfluß von Ängsten, die über Generationen weitergegeben werden, s.: Betty Carter, Monica McGoldrick: The Changing Familiy Life Cycle, New York 1988, S. 8–9. S. auch: Betty Carter: The Transgenerational Scripts and Nuclear Family Stress. Theory and Clinical Implications, in: R. R. Sager (Ed): Georgetown Family Symposium 3 (George Town University 1975–76).

Kapitel V

S. 65: Ich bin Murray Bowen zu Dank verpflichtet für seine ausführliche theoretische Darstellung der Bedeutung von Distanz und Kontaktverlust innerhalb des engeren und weiteren Familienkreises.

Kapitel VI
S. 84: Mein Interesse an ethnischen Zusammenhängen im therapeutischen Prozeß wurde durch einen Workshop geweckt, den die Familientherapeutin Monica McGoldrick leitete; dem Beispiel dieses Kapitels liegen ihre theoretischen Überlegungen zugrunde. S. dazu auch: M. McGoldrick, J. K. Pearce, J. Giordano: Ethnicity and Family Therapy, New York 1982 und: M. McGoldrick, N. Garcia Preto: Ethnic Intermarriage: Implications for Family Therapy, in: Family Process 23/3 (1984) S. 347–364.

S. 91: Reaktivität sollte nicht mit offen geäußerten, konstruktiven Aggressionen verwechselt werden, die dazu dienen, den Status quo in Frage zu stellen und die Selbstachtung zu bewahren. Zur Bedeutung von Wut und Protest bei Frauen s.: Theresa Bernardez-Bonesatti: Women and Anger. Conflicts with Aggression in Contemporary Women, in: Journal of the American Medical Women's Association 33 (1978) S. 215–219. Einen umfassenden Überblick über das Thema Frauen und Aggression bietet: Carol Tavris: Anger: The Misunderstood Emotion, New York 1982.

S. 92: s. Marla Beth Isaacs, Braulio Montalvo, David Abelson: The Difficult Divorce, New York 1986; ein nützliches Buch für Therapeuten und Laien: Die Autoren vermitteln Lösungswege aus spannungsgeladenen kindfixierten Dreieckskonstellationen und Ansätze zu einem neuen Elternverhalten, insbesondere für Paare, die sich scheiden lassen.

Kapitel VIII
S. 121: Ich danke Katherine Glenn Kent, die mir half, die feineren Zusammenhänge des Wechselspiels von Überfunktionieren und Unterfunktionieren in der Praxis zu verstehen. Mehr zu diesem Thema: Bowen, a.a.O. 1978; Kerr, a.a.O. 1981; Kerr and Bowen, a.a.O. 1988.

S. 129: Zur Veränderung der Dynamik Überfunktionieren–Unterfunktionieren s. das Beispiel Lois und ihr jüngerer Bruder in H. Lerner: Wohin mit meiner Wut?, a.a.O. Kap. 4.

Die Familientherapeutin Marianne Ault-Riché arbeitete an einer Video-Produktion mit, in der sie ihre eigenen Versuche beschrieb, ihre überfunktionierende Position in ihrer Herkunftsfamilie zu verändern (Love and Work: One Woman's Study of Her Family of Origin, Menninger Productions, Topeka, Kansas).

Ein Teil dieses Fallbeispiels in »Working Mother«, Dez. 1986, S. 64–72, (H. Lerner: Get Yourself Unstuck from Mom).

Kapitel IX
S. 138: Song-Texte von Jo-Anne Krestan aus dem Musical »Elisabeth Rex or The Well-Bred Mother Goes to Camp«; Abdruck mit Genehmigung der Times Theatre Co., New York, Dezember 1983.

Zum Problem der Beziehung zwischen Lesbierinnen und ihren Müttern s. Jo-Anne Krestan: Lesbian Daughters and Lesbian Mothers: The Crisis of Disclosure from a Family Systems Perspective, in: Lois Braverman (Ed): Women, Feminism and Family Therapy, New York 1988.

S. 140: Zum Problem der Geheimhaltung einer lesbischen Beziehung s.: Jo-Anne Krestan, Claudia Bepko: The Problem of Fusion in the Lesbian Relationship, in: Family Process 19 (1980), S. 277–289.

S. 151: Ich habe Sallyann Roth und Bianca Cody Murphy für diese und andere Fragen zu danken und für ihre ausgezeichnete Arbeit über das Problem der systematischen Befragung bei lesbischen Klientinnen. S. dazu: Sallyann Roth, Bianca Cody: Therapeutic Work with Lesbian Clients: A Systemic View, in: M. Ault-Riché (Ed): Women an Family Therapy, Rockville 1986, S. 78–89.

Kapitel X
S. 157: Dreieckskonstellationen sind ein Schlüsselkonzpet in den meisten Schulen der Familientherapie. Ich danke Katherine Glenn Kent für ihre Informationen über Dreieckskonstellationen in Familie und Beruf. Einen ausführlichen Überblick über das Problem der Dreieckskonstellationen in Ehe und Familie bietet:
Philipp Guerin, L. Fay, S. Burden, J. Gilbert Kautto: The Evaluation and Treatment of Marital Conflict; New York 1987.

Kapitel XI
S. 177: Zur detaillierten Beschreibung der Lösung aus einer kindfixierten Dreieckskonstellation s. H. Lerner: Wohin mit meiner Wut?, a.a.O. Kap. 8; s. dazu auch: Maggie Scarf: Autonomie und Nähe, München 1988.

Kapitel XII
S. 198: Ein Teil dieses Fallbeispiels wurde vorher in »Working Mother« (a.a.O.) veröffentlicht. Mehr zum Thema Unabhängigkeit und Verbundenheit in der Mutter-Tochter-Beziehung in Lerner: Wohin mit meiner Wut?, Kap. 4.

S. 199: In der psychoanalytischen Theorie und in der Familiensystem-Theorie und -Therapie sind die einseitige, mutterzentrierte Sicht der Familie und die Schuldzuweisungen an die Mütter immer noch vorherrschend. S. dazu: Nancy Chodorow, S. Contratto: The Fantasy of the Perfect Mother; in: B. Thorne, M. Yalom (Ed): Rethinking the Family; Some Feminist Questions, New York 1982, S. 54–57.

S. auch: Lerner: a.a.O., und Evan Imber Black: Women, Families and Larger Systems, in: Ault-Riché, a.a.O., S. 25–33. S. auch: Adrienne Rich: Of Woman Born, New York 1976; Lois Braverman: Beyond the Myth of Motherhood, in: McGoldrick, Anderson, Walsh (Ed): Women in Families, New York 1989 Kap. 12; Luepnitz, a.a.O., 1988; Walters, Carter, Papp and Siverstein, a.a.O., 1988.

S. 201: Ich danke der Pionierin der feministischen Familientherapie, Rachel Hare-Mustin, für ihre Aussagen über Schuldgefühle bei Frauen. Die traditionelle psychoanalytische Theorie tendierte dazu, die Mutter-Tochter-Dyade zu »pathologisieren«; es wurde ausschließlich die negative Seite des Kampfes um die Unabhängigkeit gesehen. Neue Sichtweisen dieser

Problematik finden sich in: J. V. Gordon, J. L. Surrey: The Self in Relation: Empathy and the Mother-Daughter-Realtionship; in: T. Bernay, D. W. Cantor (Ed): The Psychology of Today's Woman, Hillsdale 1986, S. 81–104.

Kapitel XIII
S. 233: Zur Konzentration auf das eigene Selbst gehört die Fähigkeit, bei wichtigen Problemen aus einer Ich-Position heraus zu sprechen. Thomas Gordon, der Begründer des »Effektivitätstrainings für Eltern«, hat im Bereich der »Ich-Botschaften« Pionierarbeit geleistet. Vgl. dazu Thomas Gordon: Familienkonferenz, München 1989, und Thomas Gordon: Familienkonferenz in der Praxis, München 1989. S. dazu auch Lerner, a.a.O., Kap. 5.

S. 234: Der Ansatz der Familiensystem-Theorie und -Therapie erweist sich als besonders nützlich, wenn es darum geht, emotionale Prozesse in der eigenen Familie (einschließlich Kontaktverlust und Dreiecksbildung) aus einer weiteren, objektiveren Perspektive zu betrachten und den eigenen Anteil an Verhaltensmustern zu verändern, die die eigene Entwicklung blockieren.

Die Adoptionserfahrung ist das Beispiel eines besonders extremen Kontaktverlusts; der Adoptierte betrachtet die Suche nach seinen leiblichen Eltern bewußt oder unbewußt als Illoyalität, Bedrohung oder Verrat. S. dazu: Betty Jean Lifton: The Adoption Experience, New York 1988 und: Twice Born; Memoirs of an Adopted Daughter, New York 1977. In der Regel sind durch das Abbrechen des Kontakts zu einem wichtigen Familienmitglied Ängste und Gefühle gebunden, die erst im Lauf einer erneuten Kontaktaufnahme (und nicht vorher) wieder an die Oberfläche kommen, und zwar mit großer Intensität.

S. 236: Ich danke Betty Carter und Katherine Glenn Kent für wichtige Hinweise zum Problem des eigenen Lebensentwurfs. Ein eigener Lebensplan ist für Frauen von ausschlaggebender Bedeutung, nicht nur weil Frauen viel leichter als Männer in Armut geraten, sondern auch, weil die ökonomische Abhängigkeit vom Mann es schwer oder unmöglich macht, in der Beziehung eine eigene Grundsatzposition zu bestimmen und das eigene Selbst konsequent zu leben. S. dazu auch Lerner, a.a.O., und Walters, Carter, Papp and Silverstein, a.a.O.

Nachwort
S. 240: Jeder Versuch, menschliches Verhalten unabhängig vom soziopolitischen Kontext (die geschlechtsspezifischen Rollenklischees in Familie und Gesellschaft eingeschlossen) zu verstehen, zu deuten und zu behandeln, muß notwendigerweise problematisch bleiben. Einen provokativen Kommentar zu den üblichen psychiatrischen Diagnosemethoden gibt: Matthew P. Dumont: A Diagnostic Parable (First Edition Unrevised), in: A Journal of Reviews and Commentary of Mental Health 2/4 (1987), S. 9–12.

S. 240/241: Feministische Psychoanalytikerinnen haben seit langem die phallozentrische Betrachtungsweise weiblicher Psychologie kritisiert und neue Denkansätze vorgelegt. Erst in jüngster Zeit fanden die feministische Kritik und die neuen Denkansätze Eingang in die Familientheorie und -therapie.

S. dazu: McGoldrick, Anderson and Walsh, a.a.O. 1989. Im ersten Kapitel wird ein Überblick über feministische Beiträge zur Familientherapie gegeben. S. dazu auch: Judith Meyers Avis: Deepening Awareness: A Private Study Guide to Feminism and Family Therapy, in: Braverman, a.a.O. 1987, S. 15–46; s. auch Walters, Carter, Papp and Silverstein, a.a.O. 1988.

# Große Liebe oder große Illusion?

Stan J. Katz/Aimee E. Liu
**Im siebten Himmel ist die Luft so dünn**
Die große Liebe und andere romantische Illusionen
400 Seiten, Hardcover mit Schutzumschlag

**V**on klein auf wird uns ein Idealbild von der Liebe vermittelt, das mit dem realen Leben nichts zu tun hat. Oft ist das Scheitern der »großen Liebe« damit schon vorgezeichnet. Wir haben mehr von der Liebe, wenn wir nicht zuviel von ihr erwarten, sondern sie als eine Entscheidung begreifen, die wir selbst beeinflussen und an der wir wachsen.

## ⌐K **KREUZ**: Was Menschen bewegt.